HERÓIS DA FÉ

VINTE HOMENS
EXTRAORDINÁRIOS
QUE INCENDIARAM
O MUNDO

ORLANDO BOYER

78ª impressão

CPAD

Rio de Janeiro
2024

Todos os direitos reservados. Copyright © 2002 para a língua portuguesa da Casa Publicadora das Assembleias de Deus. Aprovado pelo Conselho de Doutrina.

É proibida a duplicação ou reprodução deste volume, no todo ou em parte, sob quaisquer formas ou meios (eletrônico, mecânico, gravação, fotocópia, distribuição na web e outros), sem permissão expressa da Editora.

Preparação dos originais: Gláucia Victer
Revisão: Patrícia Oliveira
Capa: Fábio Longo
Editoração: Olga Rocha dos Santos

CDD: 920 – Biografias
ISBN: 978-85-263-1600-3 (Capa Dura)
ISBN: 978-85-263-1278-4 (Brochura)

As citações bíblicas foram extraídas da versão Almeida Revista e Corrigida, edição de 1995 da Sociedade Bíblica do Brasil, salvo indicação em contrário.

Para maiores informações sobre livros, revistas, periódicos e os últimos lançamentos da CPAD, visite nosso site: https://www.cpad.com.br.

SAC — Serviço de Atendimento ao Cliente: 0800-021-7373

Casa Publicadora das Assembleias de Deus
Av. Brasil, 34.401, Bangu, Rio de Janeiro – RJ - Brasil
CEP 21852-002

7ª impressão: 2024 - Capa Dura
78ª impressão: 2024 - Brochura
Impresso no Brasil
Tiragem: 1.000 (Capa Dura)
Tiragem: 8.000 (Brochura)

Apresentação

"Visitei o velho templo de Nova Inglaterra onde Jônatas Edwards pregou o comovente sermão 'Pecadores nas mãos de um Deus irado'. Edwards segurava o manuscrito tão perto dos olhos que os ouvintes não podiam ver-lhe o rosto. Porém, com a continuação da leitura, o grande auditório ficou abalado. Um homem correu para a frente, clamando: 'Sr. Edwards, tenha compaixão!' Outros se agarraram aos bancos, pensando que iam cair no inferno. Vi as colunas que eles abraçaram para se firmarem, pensando que o Juízo Final havia chegado.

"O poder daquele sermão não cessa de operar no mundo inteiro. Mas convém saber algo mais da parte da história geralmente suprimida. Imediatamente antes desse sermão, por três dias Edwards não se alimentara; durante três noites não dormira. Rogara a Deus sem cessar: 'Dá-me a Nova Inglaterra!' Ao levantar-se da oração, dirigindo-se para o púlpito, alguém disse que tinha o semblante de quem fitara, por algum tempo, o rosto de Deus. Antes de abrir a boca para proferir a primeira palavra, a convicção caiu sobre o auditório."

Assim escreveu J. Wilbur Chapman acerca de Jônatas Edwards. Este célebre pregador, contudo, não foi o único que lutou com Deus em oração.

Ao contrário, depois de lermos cuidadosamente as biografias de alguns dos maiores vultos da Igreja de Cristo, concluímos que nunca se pode atribuir o êxito de qualquer deles unicamente a seus próprios talentos e força de vontade. Certamente um biógrafo que não crê no valor da oração, nem conhece o poder do Espírito Santo que opera nos corações, não mencionaria a oração como sendo o verdadeiro mistério da grandeza dos heróis da fé.

Lemos, por exemplo, dois livros, bem escritos, sobre a vida de Adoniram Judson. Quando estávamos quase a concluir que houvesse alguns verdadeiros heróis da Igreja, realmente grandes em si mesmos, encontramos outra biografia dele, escrita por um de seus filhos, Eduardo Judson. Nessa preciosa obra descobre-se que esse talentoso missionário passava diariamente horas a fio, de noite e de madrugada, em íntima comunhão com Deus, em oração.

Qual foi, então, o mistério do incrível êxito dos heróis da fé da Igreja de Cristo? Esse mistério foi a profunda comunhão com Deus que esses homens observaram.

Devemos confessar que a bibliografia abaixo muito nos inspirou ao escrever este livro:

- *Jerônimo Savonarola* (de Lawson).
- *Martinho Lutero* (de Lindsay, Lima, Olson, Stwart, Canuto, Saussure, Knight-Anglin e Frodsham).
- *João Bunyan* (de Gulliver e Lawson).
- *Jônatas Edwards* (de Allen, Hickman e Howard).
- *João Wesley* (de Beltaz, Lawson, Telford, Miller, Fitchett, Winchester, Joy e Buyers).
- *Jorge Whitefield* (de Gledstone, Lawson e Olson).
- *Davi Brainerd* (de Smith, Harrison, Lawson e Edwards).
- *Guilherme Carey* (de Harrison, Dalton, Olson e Marshman).
- *Christmas Evans* (de Davis e Lawson).
- *Henrique Martyn* (de Harrison e Page).
- *Adoniram Judson* (de Harrison e Judson).
- *Carlos Finney* (de Day, Beltz e Finney).

Apresentação

As seguintes obras sobre a vida de outros homens de Deus (heróis também), que figuram neste livro, também nos inspiraram:

- *Jorge Müller*
- *Davi Livingstone*
- *João Paton*
- *Hudson Taylor*
- *Carlos Spurgeon*
- *Pastor Hsi*
- *Dwight Lyman Moody*
- *Jônatas Goforth*

Não empregamos aqui a palavra "herói" no sentido pagão, isto é, de grandes vultos humanos divinizados. A Bíblia fala de "homens ilustres em valor", "os valentes", "os fiéis", "os vencedores". A vida desses homens foi que nos inspirou, com seus sermões ardentes e empolgantes.

Muitos crentes ficam satisfeitos por, apenas, escapar da perdição! Eles ignoram "a plenitude da bênção do evangelho de Cristo" (Rm 15.29). A vida em abundância (Jo 10.10) é muito mais do que ser salvo, como se vê ao ler as biografias referidas.

Que o exemplo dos Heróis da Fé nos incite a procurar as bênçãos sem medida citadas em Malaquias 3.10!

O autor

Sumário

Apresentação iii
O Salvador Espera e o Mundo Carece 1
O Soluço de Um Bilhão de Almas 3
Jerônimo Savonarola
   O Precursor da Grande Reforma 7
Martinho Lutero
   O Grande Reformador 13
João Bunyan
   O Sonhador Imortal 31
Jônatas Edwards
   O Grande Avivalista 39
João Wesley
   A Tocha Tirada do Fogo 47

Jorge Whitefield
O Pregador ao Ar Livre 61
Davi Brainerd
Um Arauto aos Peles-vermelhas 71
Guilherme Carey
O Pai das Missões Modernas 81
Christmas Evans
O "João Bunyan de Gales" 89
Henrique Martyn
Luz Inteiramente Gasta por Deus 95
Adoniram Judson
O Missionário Pioneiro da Birmânia 101
Carlos Finney
O Apóstolo dos Avivamentos 111
Jorge Müller
O Apóstolo da Fé 123
Davi Livingstone
Célebre Missionário e Explorador 135
João Paton
Um Missionário entre os Antropófagos 151
Hudson Taylor
O Pai das Missões no Interior da China 165
Carlos Spurgeon
O Príncipe dos Pregadores 187
Pastor Hsi
O Amado Líder Chinês 197
Dwight Lyman Moody
O Célebre Ganhador de Almas 207
Jônatas Goforth
"Por meu Espírito" 229

O Salvador Espera e o Mundo Carece

"Foi quando Stanley Smith e Carlos Studd se hospedaram em nossa casa, que iniciei o maior período de bênçãos da minha vida. Antes eu era um crente precipitado e inconstante: às vezes ardia de entusiasmo, para depois passar dias inteiros triste e desanimado. Percebi que esses dois jovens possuíam uma coisa que eu não tinha: algo que lhes era uma fonte perene de sossego, força e gozo. Nunca me esquecerei de uma manhã, no mês de novembro, ao nascer o sol, quando a luz entrava pela janela do quarto onde eu meditava sobre as Escrituras desde a madrugada. A palestra que tive, então, com os dois moços, influenciou o resto da minha vida. Não devia eu fazer o que eles tinham feito? Não devia eu ser, também, um vaso (apesar de ser barro) para o uso do Mestre?"

Assim escreveu o amado e santo pregador F. B. Meyer, sobre a sua mudança de vida que resultou em tanta glória para Cristo, na terra.

Iniciamos a leitura das biografias de alguns dos maiores servos de Deus. Não devemos reler e meditar sobre a fiel vida de Savonarola, a estupenda obra de Lutero, o zelo incansável de Wesley, o grande avivamento de Edwards... enfim, sobre cada história? Não devemos deixar cada herói hospedar-se conosco, como Stanley Smith e Carlos Studd hospedaram-se na casa de F. B. Meyer, para nos falarem e influenciarem, transformando-nos profundamente para todo o resto da vida? Isso é o que o Salvador espera e que o mundo carece.

O Soluço de Um Bilhão de Almas

Diz-se que Martinho Lutero tinha um amigo íntimo, cujo nome era Miconio. Ao ver Lutero sentado dias a fio trabalhando no serviço do Mestre, Miconio ficou penalizado e disse-lhe: "Posso ajudar mais onde estou; permanecerei aqui orando enquanto tu perseveras incansavelmente na luta." Miconio orou dias seguidos por Martinho. Mas enquanto perseverava em oração, começou a sentir o peso da própria culpa. Certa noite sonhou com o Salvador, que lhe mostrou as mãos e os pés. Mostrou-lhe também a fonte na qual o purificara de todo o pecado. "Segue-me!", disse-lhe o Senhor, levando-o para um alto monte de onde apontou para o nascente. Miconio viu uma planície que se estendia até o longínquo horizonte. Essa vasta planície estava coberta de ovelhas, de muitos milhares de ovelhas brancas. Havia somente um homem, Martinho Lutero, que se esforçava para apascentar a todas. Então o Salvador disse a Miconio que olhasse para o poente. Ele olhou e viu vastos campos de trigo brancos para a ceifa. O único ceifeiro, que lidava para segá-los, estava quase exausto; contudo, persistia na sua tarefa. Nessa altura, Miconio reconheceu o solitário ceifeiro — seu bom amigo, Martinho Lutero! Ao despertar do sono, tomou esta resolução: "Não posso ficar aqui orando enquanto Martinho se afadiga na obra do Senhor. As ovelhas devem ser pastoreadas; os campos têm de ser ceifados. Eis-me aqui, Senhor; en-

via-me a mim!" Foi assim que Miconio saiu para compartilhar o labor de seu fiel amigo.
Jesus nos chama para trabalhar e orar. É de joelhos que a Igreja de Cristo avança. Foi Lionel Fletcher quem escreveu:

Todos os grandes ganhadores de almas através dos séculos foram homens e mulheres incansáveis na oração. Conheço como homens de oração quase todos os pregadores de êxito da geração atual, tanto como os da geração próxima passada, e sei que, igualmente, foram homens que oravam intensamente.
Certo evangelista tocou-me profundamente a alma quando eu era ainda jovem repórter dum diário. Esse evangelista estava hospedado em casa de um pastor presbiteriano. Bati à porta e pedi para falar-lhe. O pastor, com voz trêmula e com o rosto iluminado por estranha luz, respondeu: "Nunca se hospedou um homem como ele em nossa casa. Não sei quando ele dorme. Se entro no seu quarto durante a noite para saber se precisa de alguma coisa, encontro-o orando. Vi-o entrar no templo cedo de manhã e não voltou para as refeições".
Fui à igreja... Entrei furtivamente para não perturbá-lo. Achei-o sem paletó e sem colarinho. Estava caído de bruços diante do púlpito. Ouvi a sua voz como que agonizante e comovente instando com Deus em favor daquela cidade de garimpeiros, para que dirigisse almas ao Salvador. Tinha orado toda a noite; tinha orado e jejuado o dia inteiro.
Aproximei-me furtivamente do lugar onde ele orava prostrado, ajoelhei-me e pus a mão sobre seu ombro. O suor caía-lhe pelo corpo. Ele nunca me tinha visto, mas fitou-me por um momento e então rogou: "Ore comigo, irmão! Não posso viver se esta cidade não se chegar a Deus". Pregara ali vinte dias sem haver conversões. Ajoelhei-me ao seu lado e oramos juntos. Nunca ouvira alguém insistir tanto como ele. Voltei de lá assombrado, humilhado e estremecendo.
Aquela noite assisti ao culto no grande templo onde ele pregou. Ninguém sabia que ele não comera durante o dia inteiro, que não dormira durante a noite anterior. Mas, ao levantar-se para pregar, ouvi diversos ouvintes dizerem: "A luz do seu rosto não é da terra!" E não era mesmo. Ele era conceituado instrutor bíblico, mas não tinha o dom de pregar. Porém, nessa noite, enquanto ministrava, o auditório inteiro foi toma-

do pelo poder de Deus. Foi a primeira grande colheita de almas que presenciei.

Há muitas testemunhas oculares do fato de Deus continuar a responder às orações como no tempo de Lutero, Edwards e Judson. Transcrevemos aqui um comentário publicado em certo jornal:

A irmã Dabney é uma crente humilde que se dedica a orar... Seu marido, pastor de uma grande igreja, foi chamado para abrir a obra em um subúrbio habitado por pobres. No primeiro culto não havia nenhum ouvinte: somente ele e ela estavam presentes. Ficaram desenganados. Era um campo dificílimo: o povo não era somente pobre, mas depravado também. A irmã Dabney viu que não havia esperança a não ser clamar ao Senhor, e resolveu dedicar-se persistentemente à oração. Fez um voto a Deus que, se Ele atraísse os pecadores aos cultos e os salvasse, ela se entregaria à oração e jejuaria três dias e três noites, no templo, todas as semanas, durante um período de três anos.

Logo que a esposa daquele pastor angustiado começou a orar, sozinha, no salão de cultos, Deus começou a operar, enviando pecadores, a ponto de o salão ficar superlotado de ouvintes. Seu marido pediu que orasse ao Senhor para que Ele lhes desse um salão maior. Deus moveu o coração de um comerciante para desocupar o prédio fronteiro ao salão, cedendo-o para os cultos. Continuou a orar e a jejuar três vezes por semana, e aconteceu que o salão maior também não comportava os auditórios. Seu marido rogou-lhe novamente que orasse e pedisse um edifício onde todos quantos desejassem assistir aos cultos pudessem entrar. Ela orou e Deus lhes deu um grande templo situado na rua principal desse subúrbio. No novo templo, também a assistência aumentou a ponto de muitos dos ouvintes serem obrigados a acompanhar as pregações de pé, na rua. Muitos foram libertos do pecado e batizados. Quando os crentes sentem dores em oração, é que renascem almas. "Os que semeiam em lágrimas segarão com alegria" (Sl 126.5).

O soluço de um bilhão de almas na terra me soa aos ouvidos e comove o coração; esforço-me, pelo auxílio de Deus, para avaliar, ao menos em parte, as densas trevas, a extrema miséria e o indescritível desespero dessa multidão de almas sem Cristo. Medita, irmão, sobre o amor do Mestre, amor profundo como o mar; contempla o horripilante espetáculo de desespero dos povos perdidos, até não poderes censurar, até não poderes descansar, até não poderes dormir.

Sentindo as necessidades dos homens que perecem sem Cristo, foi que Carlos Inwood escreveu o que lemos acima, e é por essa razão que se abrasa a alma dos heróis da Igreja de Cristo através dos séculos.

Na campanha de Piemonte, Napoleão dirigiu-se aos seus soldados com as seguintes palavras: "Ganhastes sangrentas batalhas sem canhões, atravessastes caudalosos rios sem pontes, marchastes incríveis distâncias descalços, acampastes inúmeras vezes sem coisa alguma para comer, tudo graças à vossa audaciosa perseverança! Mas, guerreiros, é como se não tivéssemos feito coisa alguma, pois resta ainda muito para alcançarmos!"

Guerreiros da causa santa, nós podemos dizer o mesmo: é como se não tivéssemos feito coisa alguma. A audaciosa perseverança é-nos ainda indispensável; há mais almas para salvar atualmente do que no tempo de Müller, de Livingstone, de Paton, de Spurgeon e de Moody. "Ai de mim se não anunciar o evangelho!" (1 Co 9.16).

Não podemos tapar os ouvidos espirituais para não ouvir o choro e os suspiros dos atuais seis bilhões de almas na terra que não conhecem o caminho para o lar celestial.

Jerônimo Savonarola

O Precursor da Grande Reforma
(1452 - 1498)

O povo de toda a Itália afluía, em número sempre crescente, a Florença. A famosa catedral Duomo não mais comportava as enormes multidões. O pregador Jerônimo Savonarola, abrasado com o fogo do Espírito Santo e sentindo a iminência do julgamento de Deus, trovejava contra o vício, o crime e a corrupção desenfreada na própria igreja. Como resultado, o povo abandonou a leitura das publicações torpes e mundanas para ler os sermões do ardente pregador; deixou os cânticos das ruas para cantar os hinos de Deus. Em Florença, as crianças fizeram procissões, coletando as máscaras carnavalescas, os livros obscenos e todos os objetos supérfluos que serviam à vaidade. Com isso formaram em praça pública uma pirâmide de vinte metros de altura e atearam-lhe fogo. Enquanto o monte ardia, o povo cantava hinos e os sinos da cidade dobravam em sinal de vitória.

Se o ambiente político fosse o mesmo que depois veio a ser na Alemanha, o intrépido e devoto Jerônimo Savonarola teria sido o instrumento usado para iniciar a Grande Reforma, em vez de Martinho Lutero. Apesar de tudo, Savonarola tornou-se um dos ousados e fiéis arautos que conduziram o povo à fonte pura e às verdades apostólicas registradas nas Sagradas Escrituras.

Jerônimo era o terceiro dos sete filhos da família. Nasceu de pais cultos e mundanos, mas de grande influência. Seu avô paterno era um famoso médico na corte do duque de Ferrara e os pais de Jerônimo planejavam que o filho ocupasse o lugar do avô. No colégio, era aluno esmerado. Mas os estudos da filosofia de Platão e de Aristóteles deixaram-lhe a alma sequiosa. Foram, sem dúvida, os escritos de Tomás de Aquino que mais o influenciaram (a não ser as próprias Escrituras) a entregar inteiramente o coração e a vida a Deus. Quando ainda menino, tinha o costume de orar e, ao crescer, o seu ardor em orar e jejuar aumentou. Passava horas seguidas em oração. A decadência da igreja, cheia de toda qualidade de vício e pecado, e ainda o luxo e a ostentação dos ricos em contraste com a profunda pobreza dos pobres, magoavam-lhe o coração. Passava muito tempo sozinho, nos campos e à beira do rio Pó, em contemplação perante Deus, ora cantando, ora chorando, conforme os sentimentos que lhe ardiam no peito. Quando ainda jovem, Deus começou a falar-lhe em visões. A oração era a sua grande consolação; os degraus do altar, onde se prostrava horas a fio, ficavam repetidamente molhados de suas lágrimas.

Houve um tempo em que Jerônimo começou a namorar certa moça florentina. Mas quando ela mostrou o quanto era desprezível que um membro de sua orgulhosa família Strozzi pudesse se unir a um Savonarola, Jerônimo abandonou para sempre a idéia de casar-se. Voltou a orar com crescente ardor. Enojado do mundo, desapontado acerca dos seus próprios anelos, sem achar uma pessoa compassiva a quem pudesse pedir conselhos, e cansado de presenciar as injustiças e perversidades que o cercavam, coisas que não podia remediar, resolveu abraçar a vida monástica.

Ao apresentar-se no convento, não pediu o privilégio de se tornar monge, mas rogou que o aceitassem para fazer os serviços mais vis — da cozinha, da horta e do mosteiro.

Na vida do claustro, Savonarola passava ainda mais tempo em oração, jejum e contemplação perante Deus. Sobrepujava todos os outros monges em humildade, sinceridade e obediência, sendo apontado para lecionar filosofia, atividade que exerceu até sair do convento.

Depois de passar sete anos no mosteiro de Bolonha, Jerônimo foi para o convento de São Marcos, em Florença. Grande foi o seu desapontamento ao ver que o povo florentino era tão depravado como o dos demais lugares. (Até então ainda não reconhecia que somente a fé em Deus salva o pecador.)

Ao completar um ano no convento de São Marcos, foi apontado instrutor dos noviciados e, por fim, designado pregador do mosteiro. Apesar de ter ao seu dispor uma excelente biblioteca, Savonarola utilizava-se mais e mais da Bíblia como seu livro de instrução.

Sentia cada vez mais o terror e a vingança do Dia do Senhor que se aproxima e, às vezes, entregava-se a trovejar do púlpito contra a impiedade do povo. Eram tão poucos os que assistiam às suas pregações que Savonarola resolveu dedicar-se inteiramente à instrução dos noviciados. Contudo, como Moisés, não podia escapar à chamada de Deus!

Certo dia, ao dirigir-se a uma feira, teve, repentinamente, uma visão dos céus abertos por onde passavam, perante seus olhos, todas as calamidades que sobrevirão à igreja. Então lhe pareceu ouvir uma voz do céu ordenando-lhe anunciar aquelas coisas ao povo.

Convicto de que a visão era do Senhor, começou novamente a pregar com voz de trovão. Sob a nova unção do Espírito Santo, a sua condenação ao pecado era feita com tanto ímpeto que muitos dos ouvintes, ao fim da prédica, saíam andando atordoados, sem falar, nas ruas. Era coisa comum, durante seus sermões, homens e mulheres de todas as idades e de todas as classes romperem em veemente choro.

O ardor de Savonarola na oração aumentava dia após dia e sua fé crescia na mesma proporção. Freqüentemente, ao orar, caía em êxtase. Certa vez, enquanto sentado no púlpito, sobreveio-lhe uma visão durante a qual ficou imóvel por cinco horas. Nesse período, todos os presentes à igreja contemplaram o rosto do pregador brilhando.

Em toda parte onde Savonarola ministrava, seus sermões contra o pecado produziam profundo terror. Os homens mais cultos começaram então a assistir às pregações em Florença; foi necessário realizar as reuniões na Duomo, onde continuou a pregar durante oito anos. O povo se levantava à meia-noite e esperava na rua até a hora de abrir a catedral.

O corrupto regente de Florença, Lorenzo Medici, experimentou todas as formas de abordagem — a bajulação, as peitas, as ameaças e os rogos — para induzir Savonarola a desistir de pregar contra o pecado, e especialmente contra a perversidade do regente. Por fim, vendo que tudo era debalde, contratou o famoso pregador Frei Mariano para falar contra Savonarola. Frei Mariano pregou um sermão, mas, pelo fato de o povo não ter prestado atenção à sua eloqüência e astúcia, ele não ousou continuar.

A essa altura, Savonarola profetizou que Lorenzo, o papa e o rei de Nápoles morreriam dentro de um ano, e assim sucedeu.

Depois da morte de Lorenzo, Carlos VIII, da França, invadiu a Itália, e a influência de Savonarola aumentou ainda mais. O povo abandonou a literatura torpe e mundana para ler os sermões do famoso pregador. Os ricos socorriam os pobres em vez de oprimi-los. Foi nesse tempo que o povo fez a grande fogueira, na *piazza* de Florença, e queimou grande quantidade de artigos usados para alimentar vícios e vaidade. Não cabia mais, na grande Duomo, o seu imenso auditório.

Contudo, o sucesso de Savonarola foi muito curto. O pregador foi ameaçado, excomungado e, por fim, no ano de 1498, por ordem do papa, foi queimado em praça pública. Com as palavras "O Senhor sofreu tanto por mim!", terminou a vida terrestre um dos maiores e mais dedicados mártires de todos os tempos.

Apesar de continuar, até a morte, sustentando muitos dos erros da igreja romana, ensinava que todos os que são realmente crentes estão na verdadeira Igreja. Alimentava continuamente a alma com a Palavra de Deus. As margens das páginas da sua Bíblia estão cheias de notas escritas enquanto meditava nas Escrituras. Conhecia uma grande parte da Bíblia de cor e podia abrir o livro instantaneamente e achar qualquer texto. Passava noites inteiras em oração e recebia revelações quando em êxtase ou por meio de visões. Seus livros sobre a humildade, a oração, o amor e outros temas continuam a exercer grande influência sobre os homens. Destruíram o corpo desse precursor da Grande Reforma, mas não puderam apagar as verdades que Deus, por seu intermédio, gravou no coração do povo.

Martinho Lutero

O Grande Reformador
(1483 — 1546)

No cárcere, sentenciado pelo papa a ser queimado vivo, João Huss disse: "Podem matar o ganso [em alemão, sua língua natal, *huss* é ganso], mas daqui a cem anos, Deus suscitará um cisne que não poderão queimar".

Enquanto caía a neve e o vento frio uivava como fera em redor da casa, nascia esse "cisne" em Eisleben, Alemanha. No dia seguinte, o recém-nascido era batizado na Igreja de São Pedro e São Paulo. Como era Dia de São Martinho, recebeu o nome de Martinho Lutero.

Cento e dois anos depois de João Huss expirar na fogueira, o "cisne" afixou, na porta da Igreja em Wittenberg, as suas noventa e cinco teses contra as indulgências, ato que gerou a Grande Reforma. João Huss enganara-se em apenas dois anos, na sua predição.

Para dar o valor devido à obra de Martinho Lutero, é necessário conhecer algo das trevas e confusão dos tempos em que nasceu.

Calcula-se que, pelo menos, um milhão de albigenses* foram mortos na França a fim de cumprir a ordem do papa de que esses "hereges" fossem cruelmente exterminados. Wyclif, "a estrela da alva da Reforma", traduzira a Bíblia para a língua inglesa. João Huss, discípulo de Wyclif, morrera na fogueira, na Boêmia, suplicando ao Senhor que perdoasse os seus perseguidores. Jerônimo de Praga, companheiro de Huss e também erudito, sofrera o mesmo suplício, cantando hinos, nas chamas, até o último suspiro. João Wessália, notável pregador de Erfurt, fora preso por ensinar que a salvação é pela graça; seu frágil corpo fora metido entre ferros, onde morreu quatro anos antes do nascimento de Lutero. Na Itália, quinze anos depois de Lutero nascer, Savonarola, homem dedicado a Deus e fiel pregador da Palavra, foi enforcado e seu corpo reduzido a cinzas, por ordem da igreja romana.

Em tempos assim, nasceu Martinho Lutero. Como muitos dos mais célebres entre os homens, era de família pobre. Dizia ele: "Sou filho de camponeses; meu pai, meu avô e meu bisavô eram verdadeiros camponeses". A isso acrescentava: "Há tanta razão para vangloriarmo-nos de nossa ascendência quanto há para o diabo se orgulhar da sua linhagem angélica".

Para vestir, alimentar e educar seus sete filhos, os pais de Martinho esforçavam-se incansavelmente. O pai trabalhava nas minas de cobre; a mãe, além do serviço doméstico, trazia lenha às costas, da floresta.

Os pais não somente se interessavam pelo desenvolvimento físico e intelectual dos filhos, mas também pelo espiritual. Quando Martinho chegou à idade de compreender, seu pai ensinou-o a ajoelhar-se ao lado da sua cama, à noite, e rogava a Deus que fizesse o menino lembrar-se do nome de seu Criador (Ec 12.1).

Sua mãe era sincera e devota; ensinou seus filhos a considerar todos os monges como homens santos e a sentir todas as transgressões dos regulamentos da igreja como transgressões das leis de Deus. Martinho aprendeu a recitar os Dez Mandamentos e a oração do pai-nosso, a respeitar a Santa Sé na distante e sagrada Roma, e a olhar, tremendo, para qualquer osso ou fragmento de roupa que tivesse pertencido a algum santo. A base da sua religião formava-se mais em que Deus é um juiz vingativo do que um amigo de crianças (Mt 19.13-15). Quando já adulto, Lutero escreveu: "Estremecia e tornava-me pálido ao ouvir alguém mencionar o nome de Cristo, porque fui ensinado a considerá-lo como um juiz encolerizado. Fomos ensinados que devíamos, nós mesmos, fazer propiciação por nossos pecados; que não podemos fazer compensação suficiente por nossa culpa; que é necessário recorrer aos santos nos céus e clamar a Maria para desviar de nós a ira de Cristo".

O pai de Martinho, satisfeitíssimo pelos trabalhos escolares do filho, na vila onde morava, mandou-o, aos 13 anos, para a escola franciscana na cidade de Magdeburgo.

O moço apresentava-se freqüentemente no confessionário, onde o padre lhe impunha penitências e o obrigava a praticar boas obras para obter a absolvição. Esforçava-se incessantemente para adquirir o favor de Deus pela piedade, desejo esse que o levou mais tarde à vida em convento.

Para conseguir a sua subsistência em Magdeburgo, Martinho era obrigado a esmolar pelas ruas, cantando canções de porta em porta. Seus pais, achando que em Eisenach passaria melhor, mandaram-no estudar nessa cidade, onde moravam parentes de sua mãe. Esses parentes, porém, não o auxiliaram, e o moço continuou a mendigar o pão.

Quando estava a ponto de abandonar os estudos e começar a trabalhar com as mãos, certa senhora de recursos, D. Úrsula Cota, atraída por suas orações na igreja e comovida pela humilde maneira de receber quaisquer restos de comida, nas portas das casas, acolheu-o entre a família. Pela primeira vez Lutero experimentara fartura. Mais tarde, ele referiu-se a Eisenach como a "cidade bem-amada". Quando Lutero se tornou famoso, recebeu em sua casa, em Wittenberg, um dos filhos da família Cota, que cursava naquela cidade.

Domiciliado na casa da sua extremosa mãe adotiva, D. Úrsula, Martinho desenvolveu-se rapidamente, recebendo uma sólida educação. Seu mestre, João Trebunius, era homem culto e de métodos esmerados. Não maltratava os alunos como os demais mestres. Conta-se que, ao encontrar os moços da sua escola, cumprimentava-os tirando o chapéu, porque "ninguém sabia quais seriam dentre eles os doutores, regentes, chanceleres e reis..." O ambiente da escola e no lar era-lhe favorável para produzir um caráter forte e inquebrantável, tão necessário para enfrentar os mais temíveis inimigos de Deus.

Martinho Lutero era mais sóbrio e devoto que os demais rapazes da sua idade. Acerca desse fato, D. Úrsula, na hora da morte, disse que Deus tinha abençoado o seu lar grandemente desde o dia em que Lutero entrara em sua casa.

Logo depois, os pais de Martinho alcançaram certa abastança. O pai alugou um forno para fundição de cobre e depois passou a possuir mais dois. Foi eleito vereador na sua cidade e começou a fazer planos para educar seus filhos. Mas Martinho nunca se envergonhou dos dias da sua provação e miséria; antes, reconhecia que fora a mão de Deus dirigindo-o e qualificando-o para a sua grande obra.

Como poderia alguém, depois de homem feito, encarar fiel e destacadamente as vicissitudes da vida, se não aprendesse por experiência enquanto jovem?

Aos 18 anos, Martinho ansiava estudar numa universidade. Seu pai, reconhecendo a idoneidade do filho, enviou-o a Erfurt, o centro intelectual do país, onde cursavam mais de mil estudantes. O moço estudou com tanto afinco que, no fim do terceiro semestre, obteve o grau de bacharel em filosofia. Com a idade de 21 anos, alcançou o segundo grau acadêmico e o de doutor em filosofia. Os estudantes, professores e autoridades prestaram-lhe significativa homenagem.

Havia, dentro dos muros de Erfurt, cem prédios que pertenciam à igreja, inclusive oito conventos. Havia também uma importante biblioteca, que pertencia à universidade, e ali Lutero passava todo o tempo de que podia dispor. Sempre suplicava fervorosamente a Deus que o abençoasse nos estudos. Dizia ele: "Orar bem é a melhor parte dos estudos." Acerca dele escreveu certo colega: "Cada manhã ele precede seus estudos com uma visita à igreja e uma prece a Deus".

Seu pai, desejoso de que seu filho se formasse em direito e se tornasse célebre, comprou-lhe a caríssima obra *Corpus Juris*.

Mas a alma de Lutero suspirava por Deus, acima de todas as coisas. Vários acontecimentos influenciaram-no a entrar para a vida monástica, passo que entristeceu profundamente seu pai e horrorizou seus companheiros de universidade.

Primeiro, achou na biblioteca o maravilhoso Livro dos livros, a Bíblia completa, em latim. Até aquela ocasião, supunha que as pequenas porções escolhidas pela igreja para serem lidas aos domingos constituíssem o todo da Palavra de Deus. Depois de uma longa leitura, exclamou: "Oh! se a Providência me desse um livro como este, só para mim!" Continuando a ler as Escrituras, seu coração começou a perceber a luz, e sua alma a sentir ainda mais sede de Deus.

A essa altura, quando se bacharelou, os estudos custaram-lhe uma doença que o levou às portas da morte. Assim, a fome pela Palavra de Deus ficou ainda mais enraizada no coração de Lutero. Algum tempo depois da sua enfermidade, em viagem para visitar a família, sofreu um golpe de espada e duas vezes quase morreu antes que um cirurgião pudesse tratar-lhe a ferida.

Para Lutero, a salvação da sua alma ultrapassava qualquer outro anelo.

Certo dia, um de seus íntimos amigos na universidade foi assassinado. "Ah!", exclamou Lutero, horrorizado, "o que seria de mim se eu tivesse sido chamado desta para a outra vida tão inopinadamente!"

Mas, de todos esses acontecimentos, o que mais o abalou em espírito foi o que experimentou durante uma terrível tempestade, quando voltava de visitar seus pais. Não havia abrigo próximo. Os céus estavam em brasa, os raios rasgavam as nuvens a cada instante. De repente um raio caiu ao seu lado. Lutero, tomado de grande susto, e sentindo-se perto do inferno, prostrou-se gritando: "Sant'Ana, salva-me e tornar-me-ei monge!"

Lutero chamava a esse incidente "A minha estrada, caminho de Damasco", e não tardou em cumprir a sua promessa feita a Sant'Ana. Convidou então os seus colegas para cearem com ele. Depois da refeição, enquanto eles se divertiam com palestras e música, repentinamente anunciou-lhes que dali em diante poderiam considerá-lo como morto, pois ia entrar para o convento. Debalde os seus companheiros procuraram dissuadi-lo do seu plano. Na escuridão daquela mesma noite, o moço, antes de completar 22 anos, dirigiu-se ao convento dos agostinianos e bateu. A porta abriu-se e Lutero entrou. O professor admirado e festejado, a glória da universidade, aquele que passara os dias e as noites curvado sobre os livros, tornara-se irmão agostiniano!

O mosteiro dos agostinianos era o melhor dos claustros de Erfurt. Seus monges eram os pregadores da cidade, estimados por suas obras entre os pobres e oprimidos. Nunca houve, naquele convento, um monge mais submisso, mais devoto, mais piedoso, do que Martinho Lutero. Submetia-se aos serviços mais humildes, como o de porteiro, coveiro, varredor da igreja e das celas dos monges. Não recusava mendigar o pão cotidiano para o convento, nas ruas de Erfurt.

Durante o ano de noviciado, antes de Lutero ser feito monge, seus amigos fizeram tudo para dissuadi-lo de confirmar esse passo. Os companheiros, os quais convidara para a ceia e anunciara a intenção de ser monge, ficaram no portão do convento dois dias, esperando que ele voltasse. Seu pai, vendo que seus rogos eram inúteis e que todos os seus anelantes planos acerca do filho iam fracassar, quase enlouqueceu.

Assim se justificou Lutero: "Fiz a promessa a Sant'Ana para salvar a minha alma. Entrei para o convento e aceitei esse estado espiritual somente para servir a Deus e ser-lhe agradável durante a eternidade."

Quão grande, porém, era a sua ilusão. Depois de procurar crucificar a carne pelos jejuns prolongados, pelas privações mais severas, e com vigílias sem conta, achou que, embora encarcerado na sua cela, tinha ainda de lutar contra os maus pensamentos. Sua alma clamava: "Dá-me santidade ou morro por toda a eternidade; leva-me ao rio de água pura e não a estes mananciais de águas poluídas; traze-me as águas da vida que saem do trono de Deus!"

Certo dia Lutero achou, na biblioteca do convento, uma velha Bíblia latina, presa à mesa por uma cadeia. Achara, enfim, um tesouro infinitamente maior que todos os tesouros literários do convento. Ficou tão embevecido que, durante semanas inteiras, deixou de repetir as orações diurnas da ordem. Então, despertado pelas vozes da sua consciência, arrependeu-se de seu desleixo: era tanto o remorso, que não podia dormir. Apressou-se a reparar o seu erro: fê-lo com tanto anseio que não se lembrava de alimentar-se.

Então, enfraquecidíssimo por tantos jejuns e vigílias, sentiu-se oprimido pelas apreensões até perder os sentidos e cair por terra. Aí os outros monges o acharam, admirados novamente de sua excepcional piedade! Lutero somente voltou a si depois de um grupo de coristas o haver rodeado, cantando. A suave harmonia penetrou-lhe o coração e despertou o seu espírito. Ainda assim lhe faltava a paz perpétua para a alma; ainda não havia ouvido cantar o coro celestial: "Glória a Deus nas maiores alturas, paz na terra, boa vontade para com os homens!" Nessa altura, o vigário geral da ordem agostiniana, Staupitz, visitou o convento. Era homem de grande discernimento e devoção enraizada. Compreendendo logo o problema do jovem monge, ofereceu-lhe uma Bíblia na qual Lutero leu que "o justo viverá da fé". Por quanto tempo tinha ele anelado: "Oh! se Deus me desse um livro destes só para mim!" Agora ele o possuía!

Na Bíblia achou grande consolação, mas a leitura não podia completar-se em um dia. Ficou mais determinado do que nunca a alcançar paz para a sua alma, na vida monástica, jejuando e passando noites a fio sem dormir. Gravemente enfermo, exclamou: "Os meus pecados! Os meus pecados!" Apesar de sua vida ter sido livre de manchas, como ele afirmava e outros testificavam, sentia sua culpa perante Deus, até que um velho monge lembrou-lhe uma palavra do credo: "Creio na remissão dos pecados". Viu então que Deus não somente perdoara os pecados de Daniel e de Simão Pedro, mas também os seus.

Pouco tempo depois desses acontecimentos, Lutero foi ordenado padre. A primeira missa que celebrou foi um grande evento. O pai, irreconciliável desde o dia em que o filho abandonara os estudos de advocacia, assistiu à primeira missa de Lutero, vindo a cavalo de Mansfield, com uma boa oferta para o convento, acompanhado de vinte e cinco amigos.

Depois de completar 25 anos de idade, Lutero foi nomeado para a cadeira de filosofia em Wittenberg, para onde se mudou a fim de viver no convento da sua ordem. Sua alma, porém, anelava pela Palavra de Deus e pelo conhecimento de Cristo. No meio das ocupações do professorado, dedicou-se ao estudo das Escrituras e, no primeiro ano, conquistou o grau de *baccalaureus ad biblia*. Sua alma ardia com o fogo dos céus; de todas as partes acorriam multidões para ouvir os seus discursos, os quais fluíam abundante e vivamente do seu coração sobre as maravilhosas verdades reveladas nas Escrituras. Um dos mais afamados professores de Leipzig, conhecido como "luz do mundo", disse: "Este frade há de envergonhar todos os doutores; há de propalar uma doutrina nova e reformar toda a igreja, porque ele se baseia na Palavra de Cristo, Palavra à qual ninguém no mundo pode resistir e que ninguém pode refutar, mesmo atacando-a com todas as armas da filosofia".

Um dos pontos iluminantes da biografia de Lutero é a sua visita a Roma. Havia surgido uma disputa renhida entre sete conventos dos agostinianos, os quais decidiram deixar os pontos de dissidência para o papa resolver. Lutero, sendo o homem mais hábil e eloquente, além de altamente apreciado e respeitado por todos os que o conheciam, foi escolhido para representar o seu convento em Roma.

Fez a viagem a pé, acompanhado de outro monge. Nesse tempo, Lutero ainda continuava a dedicar-se fiel e inteiramente à igreja romana. Quando, por fim, chegaram ao ponto da estrada onde se avistava a famosa cidade, Lutero caiu em terra e exclamou: "Saúdo-te, santa cidade!"

Os dois monges passaram um mês em Roma, visitando os vários santuários e os lugares de peregrinação. Lutero celebrou missa dez vezes. Lastimou, ao mesmo tempo, que seus pais ainda não tivessem morrido a fim de poder "resgatá-los do purgatório"! Um dia, subindo a "santa escada" de joelhos, desejando a indulgência que o chefe da igreja prometia por esse ato, ressoaram nos seus ouvidos, como voz de trovão, as palavras de Deus: "O justo viverá da fé". Lutero ergueu-se e saiu envergonhado.

Depois da corrupção generalizada que viu em Roma, sua alma aderiu à Bíblia mais que nunca. Ao chegar novamente ao seu convento, o vigário geral insistiu em que desse os passos necessários para obter o título de doutor, com o qual teria o direito de pregar. Lutero, porém, reconhecendo a grande responsabilidade perante Deus e não querendo ceder, disse: "Não é de pouca importância que o homem fale em lugar de Deus... Ah, senhor doutor, fazendo isto me tirais a vida; não resistirei mais que três meses". O vigário geral respondeu-lhe: "Seja assim, em nome de Deus, pois o Senhor Deus também necessita nos céus de homens dedicados e hábeis".

O coração de Lutero, elevado à dignidade de doutor em teologia, abrasava-se ainda mais do desejo de conhecer as Sagradas Escrituras e foi nomeado pregador da cidade de Wittenberg. Os livros que estudou e as margens cheias de anotações que escreveu, em letras miúdas, servem aos eruditos atuais como exemplo de como cuidadosa e minuciosamente estudava tudo em ordem.

Acerca da grande transformação da sua vida, nesse tempo, ele mesmo escreve:

> Desejando ardentemente compreender as palavras de Paulo, comecei o estudo da Epístola aos Romanos. Porém, logo no primeiro capítulo, consta que a justiça de Deus se revela no Evangelho (vv.16,17). Eu detestava as palavras "a justiça de Deus" porque, conforme fui ensinado, eu a considerava como um atributo do Deus santo que o leva a castigar os pecadores. Apesar de viver irrepreensivelmente, como monge, a consciência perturbada me mostrava que era pecador perante Deus. Assim, odiava a um Deus justo, que castiga os pecadores... Senti-me ferido de consciência, revoltado intimamente, contudo voltava sempre para o mesmo versículo, porque queria saber o que Paulo ensinava. Depois de meditar sobre esse ponto durante muitos dias e noites, Deus, na sua graça, me mostrou a palavra: "O justo viverá da fé". Vi então que a justiça de Deus, nesta passagem, é a justiça que o homem piedoso recebe de Deus, pela fé, como dádiva.

Dessa forma, a alma de Lutero saiu da escravidão. A respeito disso, ele mesmo escreveu: "Então me achei recém-nascido e no paraíso. Todas as Escrituras tinham para mim outro aspecto; perscrutava-as para ver tudo quanto ensinam sobre a justiça de Deus. Antes, estas palavras eram-me detestáveis; agora as recebo com o mais intenso amor. A passagem me servia como a porta do paraíso".

Depois dessa experiência, pregava diariamente; em certas ocasiões, pregava até três vezes ao dia, conforme ele mesmo conta: "O que o pasto é para o rebanho, a casa para o homem, o ninho para o passarinho, a penha para a cabra montês, o arroio para o peixe, a Bíblia é para as almas fiéis". A luz do Evangelho, por fim, tomara o lugar das trevas e a alma de Lutero abrasava por conduzir os seus ouvintes ao Cordeiro de Deus, que tira todo o pecado.

Lutero levou o povo a considerar a verdadeira religião — não como uma mera profissão ou sistema de doutrinas, mas como vida em Deus.

A oração não era mais um exercício sem sentido, mas o contato do coração com Deus, que cuida de nós com amor indizível. Nos seus sermões, Deus revelou o seu próprio coração a milhares de ouvintes por meio do coração de Lutero.

Convidado a pregar durante uma convenção dos agostinianos, não deu uma mensagem doutrinal de sabedoria humana, como se esperava, mas fez um discurso ardente contra a língua maldizente dos monges. Os agostinianos, levados pela mensagem, elegeram-no diretor sobre onze conventos!

Lutero não somente pregava a virtude, mas praticava-a, amando verdadeiramente o próximo. Nesse tempo, a peste vinda do Oriente visitou Wittenberg. Calcula-se que a quarta parte do povo da Europa, inclusive a metade da população alemã, foi ceifada pela morte. Quando professores e estudantes fugiram da cidade, instaram que Lutero fugisse também, porém ele respondeu: "Para onde hei de fugir? O meu lugar é aqui: o dever não me permite ausentar-me do meu posto até que aquEle que me mandou para aqui me chame. Não que eu deixe de temer a morte, mas espero que o Senhor me dê ânimo". Assim ele ministrava à alma e ao corpo do próximo durante esse tempo de aflição e angústia.

A fama do jovem monge espalhou-se até longe. Entretanto, sem o perceber, enquanto trabalhava incansavelmente para a igreja, já havia deixado o rumo liberal que ela seguia em doutrina e prática.

Em outubro de 1517, Lutero afixou, à porta da Igreja do Castelo, em Wittenberg, as suas 95 teses, cujo teor resume-se em que Cristo requer o arrependimento e a tristeza pelo pecado, e não a penitência. Lutero as afixou para um debate público, na porta da igreja, como era costume nesse tempo. Mas as proposições, escritas em latim, foram logo traduzidas para o alemão, holandês e espanhol. Antes de decorrido um mês, para surpresa de Lutero, já estavam na Itália, fazendo estremecer os alicerces do velho edifício de Roma. Foi do ato de pregar em lugar público as 95 teses que nasceu a Reforma, isto é, que tomou forma o grande movimento de almas que em todo o mundo ansiavam voltar para a fonte pura, a Palavra de Deus. Contudo, Lutero não tencionara atacar a igreja romana; antes, pensou em fazer a defesa do papa contra os vendedores de indulgências.

Em agosto de 1518, Lutero foi chamado a Roma para responder a uma denúncia de heresia. Frederico, entretanto — um dos que o elegeram para assumir a direção dos conventos —, não consentiu que fosse levado para fora do país. Sendo assim, foi intimado a apresentar-se em Augsburgo. "Eles te queimarão vivo", insistiram seus amigos. Lutero, porém, respondeu resolutamente: "Se Deus sustenta a causa, ela será sustentada".

A ordem do núncio do papa em Augsburgo foi: "Retrate-se ou não voltará daqui". Contudo, Lutero conseguiu fugir passando por uma pequena cancela no muro da cidade, na escuridão da noite. Ao chegar de novo em Wittenberg, um ano depois de afixar as teses, era o homem mais popular em toda a Alemanha. Não havia jornais nesse tempo, mas fluíam da pena de Lutero respostas a todos os seus críticos, as quais eram publicadas em folhetos. O que escreveu dessa forma, hoje seriam cem volumes.

O célebre Erasmo, da Holanda, assim escreveu a Lutero: "Seus livros estão despertando todo o país... Os mais eminentes da Inglaterra gostam de seus escritos..."

Quando a bula de excomunhão, enviada pelo papa, chegou em Wittenberg, Lutero respondeu com um tratado dirigido ao papa Leão X, exortando-o, no nome do Senhor, a que se arrependesse. A bula do papa foi queimada fora do muro da cidade de Wittenberg, perante grande ajuntamento do povo. Assim escreveu Lutero ao vigário geral: "No momento de queimar a bula, estava tremendo e orando, mas agora estou satisfeito de ter praticado este ato enérgico". Lutero não esperou até que o papa o excomungasse, mas deu logo o pulo da igreja romana para a Igreja do Deus vivo.

Nesse ínterim, o imperador Carlos V, que ia convocar sua primeira dieta (assembléia política) na cidade de Worms, queria que Lutero comparecesse para responder, pessoalmente, aos seus acusadores. Os amigos de Lutero insistiam em que se recusasse a ir. Não fora João Huss entregue a Roma para ser queimado, apesar da garantia de vida por parte do imperador?! Mas em resposta a todos os que se esforçavam por dissuadi-lo de comparecer perante seus terríveis inimigos, Lutero, fiel à chamada de Deus, respondeu: "Ainda que haja em Worms tantos demônios quantas sejam as telhas nos telhados, confiando em

Deus, eu aí entrarei". Depois de dar ordens acerca do trabalho, no caso de ele não voltar, partiu.

Na sua viagem para Worms, o povo afluía em massa para ver o grande homem que teve coragem de desafiar a autoridade do papa. Em Mora, pregou ao ar livre, porque as igrejas não mais comportavam as multidões que queriam ouvir seus sermões. Ao avistar as torres das igrejas de Worms, levantou-se na carroça em que viajava e cantou o hino de sua autoria *Ein Feste Berg* — "Castelo forte" —, que se tornaria o mais famoso da Reforma.

Ao entrar, por fim, na cidade, estava acompanhado de uma multidão muito maior do que a que fora ao encontro de Carlos V. No dia seguinte, foi levado perante o imperador, ao lado do qual se achavam o delegado do papa, seis eleitores do império, vinte e cinco duques, oito margraves, trinta cardeais e bispos, sete embaixadores, os deputados de dez cidades e grande número de príncipes, condes e barões.

É fácil imaginar que o reformador era um homem de grande coragem e de físico forte para enfrentar tantas feras que ansiavam despedaçar-lhe o corpo. A verdade é que passara uma grande parte da vida afastado dos homens e, mais ainda, achava-se fraco da viagem durante a qual foi necessário que um médico o atendesse. Entretanto, mostrou-se corajoso, não em sua própria força, mas no poder de Deus.

Sabendo que tinha de comparecer perante uma das mais imponentes assembléias de autoridades religiosas e civis de todos os tempos, Lutero passou a noite anterior em vigília. Prostrado com o rosto em terra, lutou com Deus, chorando e suplicando. Um dos seus amigos ouviu-o orar assim: "Oh! Deus todo-poderoso! A carne é fraca, o diabo é forte! Ah! Deus, meu Deus, que perto de mim estejas contra a razão e a sabedoria do mundo! Fá-lo, pois somente tu o podes fazer. Não é a minha causa, mas sim a tua. Que tenho eu com os grandes da terra? É a tua causa, Senhor, a tua justa e eterna causa. Salva-me, oh! Deus fiel! Somente em ti confio, oh! Deus! meu Deus... Vem, estou pronto a dar, como um cordeiro, a minha vida. O mundo não conseguirá prender a minha consciência, ainda que esteja cheio de demônios, e se o meu corpo tem de ser destruído, a minha alma te pertence, e estará contigo eternamente..."

Conta-se que, no dia seguinte, na ocasião de Lutero transpor a porta para comparecer perante a dieta, o veterano general Freudsburgo, colocou a mão no ombro do reformador e disse-lhe: "Pequeno monge, vais a um encontro diferente, que eu ou qualquer outro capitão jamais experimentamos, mesmo nas nossas conquistas mais ensangüentadas. Contudo, se a causa é justa, e sabes que o é, avança no nome de Deus, e não temas nada! Deus não te abandonará". O grande general não sabia que Martinho Lutero vencera a batalha em oração e que entrava somente para declarar-lhes que a havia vencido de maiores inimigos.

Quando o núncio do papa exigiu de Lutero, perante a augusta assembléia, que se retratasse, ele respondeu: "Se não me refutardes pelo testemunho das Escrituras ou por argumentos — uma vez que não creio somente nos papas e nos concílios, por ser evidente que já muitas vezes se enganaram e se contradisseram uns aos outros —, a minha consciência tem de ficar submissa à Palavra de Deus. Não posso retratar-me, nem me retratarei de qualquer coisa, pois não é justo nem seguro agir contra a consciência. Deus me ajude! Amém".

De volta ao seu aposento, Lutero levantou as mãos ao céu e exclamou com o rosto todo iluminado: "Está cumprido! Está cumprido! Se eu tivesse mil cabeças, preferiria que todas fossem decepadas antes de me retratar".

A cidade de Worms, ao receber as notícias da ousada resposta de Lutero ao núncio do papa, alvoroçou-se. As palavras do reformador foram publicadas e espalhadas entre o povo, que afluiu para honrá-lo.

Apesar de os papistas não conseguirem influenciar o imperador a violar o salvo-conduto — para que pudessem queimar numa fogueira o assim chamado herege —, Lutero teve de enfrentar outro grave problema. O edito de excomunhão entraria imediatamente em vigor, e Lutero, por causa dessa penalidade, era considerado criminoso. Ao findar o prazo do seu salvo-conduto, devia ser entregue ao imperador; todos os seus livros deviam ser apreendidos e queimados; e o ato de ajudá-lo, de qualquer maneira, era também considerado crime capital.

Mas para Deus é fácil cuidar dos seus filhos. Lutero, regressando a Wittenberg, foi repentinamente rodeado num bosque por um bando de cavaleiros mascarados que, depois de despedirem as pessoas que o acompanhavam, conduziram-no, alta noite, ao castelo de Wartburgo, perto de Eisenach. Isto foi um estratagema do príncipe da Saxônia para salvar Lutero dos inimigos que planejavam assassiná-lo antes de chegar a casa.

No castelo, Lutero passou muitos meses disfarçado. Usou o nome de "cavaleiro Jorge" e foi tido como morto. Fiéis servos de Deus oravam dia e noite pelo reformador. As palavras do pintor Alberto Durer exprimem o sentimento do povo: "Oh! Deus! Se Lutero fosse morto, quem agora nos exporia o evangelho?"

Contudo, no seu retiro, livre dos inimigos, foi-lhe concedida a liberdade de escrever, e o mundo logo soube, pela grande quantidade de literatura produzida, que a obra saía da sua pena e que, de fato, Lutero vivia. O reformador conhecia bem o hebraico e o grego, e em três meses tinha vertido todo o Novo Testamento para o alemão. Em poucos meses mais a obra estava impressa e nas mãos do povo. Cem mil exemplares foram vendidos, em quarenta anos, além das cinqüenta e duas edições impressas em outras cidades. Era circulação imensa para aquele tempo, mas Lutero não aceitou um centavo de direitos.

A maior obra de toda a sua vida, sem dúvida, fora a de dar ao povo alemão a Bíblia na sua própria língua, depois de seu retorno a Wittenberg. Já existiam outras traduções, mas escritas numa forma de alemão latinizado que o povo não compreendia. A língua alemã desse tempo era um agregado de dialetos, mas Lutero, ao traduzir a Bíblia, deu ao povo a língua que serviu depois a homens como Goethe e Schiler na elaboração de suas próprias obras. O êxito de Lutero em traduzir as Sagradas Escrituras para o uso dos mais humildes verifica-se no fato de que, depois de quatro séculos, sua tradução permanece como a principal.

Outra coisa que contribuiu para o êxito da tradução de Lutero é que ele era erudito em hebraico e grego e traduziu direto das línguas originais. Contudo, o valor da sua obra não se baseia tão-somente em seus indiscutíveis dotes literários. O que lhe conferiu realidade foi que o reformador conhecia a Bíblia, como ninguém podia conhecê-la, sem primeiro sentir a angústia eterna, e achar nas Escrituras a verdadeira e profunda consolação. Lutero conhecia intimamente e amava com sinceridade o Autor do Livro. O resultado foi que o seu coração abrasou-se com o fogo e poder do Espírito Santo. Foi esse o segredo de ele traduzir tudo para o alemão em tão pouco tempo.

Como todos sabem, a fortaleza de Lutero e da Reforma foi a Bíblia. Escreveu de Wartburgo para o seu povo em Wittenberg: "Jamais em todo o mundo se escreveu um livro mais fácil de compreender do que a Bíblia. Comparada aos outros livros, é como o sol em contraste com todas as demais luzes. Não vos deixeis levar a abandoná-la sob qualquer pretexto da parte deles. Se vos afastardes dela por um momento, tudo estará perdido; podem levar-vos para onde quer que desejem. Se permanecerdes com as Escrituras, sereis vitoriosos".

Depois de abandonar o hábito de monge, Lutero resolveu deixar por completo a vida monástica, casando-se com Catarina von Bora, freira que também saíra do claustro por ver que tal vida é contra a vontade de Deus. O vulto de Lutero sentado ao lume, com a esposa e seis filhos que amava ternamente, inspira os homens mais que o grande herói ao apresentar-se perante o legado em Augsburgo.

Nos cultos domésticos, a família rodeava um harmônio, com o qual louvavam a Deus juntos. O reformador lia o Livro que traduzira para o povo e depois louvavam a Deus e oravam até sentirem a presença divina entre eles.

Havia entre Lutero e sua esposa profundo amor de um para com o outro. São de Lutero estas palavras: "Sou rico; Deus me deu a minha freira e três filhos. Não me importo das dívidas: Catarina paga tudo". Catarina von Bora era estimada por todos. Alguns, de fato, censuravam-na porque era demasiado econômica; mas que teria acontecido a Martinho Lutero e à família se ela tivesse feito como ele? Dizia-se que ele, aproveitando-se da doença dela, cedeu o seu prato de comida a certo estudante que estava com fome. Não aceitava um *kreuzer* (moeda) dos seus alunos e recusava vender seus escritos, deixando todo o lucro para os tipógrafos.

Nas suas meditações sobre as Escrituras, muitas vezes se esquecia das refeições. Ao escrever o comentário sobre o Salmo 23, passou três dias no quarto comendo somente pão e sal. Quando a esposa chamou um serralheiro e quebraram a fechadura, acharam-no escrevendo, mergulhado em pensamentos e esquecido de tudo em redor.

É difícil concebermos a magnitude das coisas que devemos atualmente a Martinho Lutero. O grande passo que deu para que o povo ficasse livre para servir a Deus, como Ele mesmo ensina, está além da nossa compreensão. Era grande músico e escreveu alguns dos hinos mais espirituais cantados atualmente. Compilou o primeiro hinário e inaugurou o costume de todos os participantes dos cultos cantarem juntos. Insistiu em que não somente os do sexo masculino, mas também os do feminino, fossem instruídos, tornando-se, assim, o pai das escolas públicas.

Antes dele, o sermão nos cultos era de pouca importância. Mas Lutero fez do sermão a parte principal do culto. Ele mesmo serviu de exemplo para acentuar esse costume: era pregador de grande porte. Considerava-se como sendo nada; mas a mensagem saía-lhe do íntimo do coração, e o povo sentia a presença de Deus. Em Zwiekau pregou a um auditório de 25 mil pessoas na praça pública. Calcula-se que tenha escrito cento e oitenta volumes na língua materna e quase um número igual em latim. Apesar de sofrer de várias doenças, sempre se esforçava dizendo: "Se eu morrer na cama, será uma vergonha para o papa".

Os homens geralmente querem atribuir o grande êxito de Lutero à sua extraordinária inteligência e aos seus destacados dons. O fato é que Lutero também tinha o costume de orar horas a fio. Dizia que se não passasse duas horas de manhã orando, receava que Satanás ganhasse a vitória sobre ele durante o dia. Certo biógrafo seu escreveu: "O tempo que ele passa em oração produz o tempo para tudo o que faz. O tempo que passa com a Palavra vivificante enche-lhe o coração até transbordar em sermões, correspondência e ensinamentos".

Sua esposa contou que as orações de Lutero "eram, às vezes, como os pedidos insistentes do seu filhinho Hanschen, confiando na bondade de seu pai; outras vezes, eram como a luta de um gigante na angústia do combate".

Souer, autor da *História da Igreja Cristã* (vol. 3, pág. 406), atesta: "Martinho Lutero profetizava, evangelizava, falava línguas e interpretava; revestido de todos os dons do Espírito".

Com 62 anos de vida pregou seu último sermão sobre a seguinte passagem: "Ocultaste estas coisas aos sábios e instruídos e as revelaste aos pequeninos". No mesmo dia escreveu para a sua querida Catarina: "Lança o teu cuidado sobre o Senhor, e Ele te susterá. Amém". Essas palavras constam da última carta que escreveu.

Vivia sempre esperando que o papa conseguisse executar a repetida ameaça de queimá-lo vivo. Contudo, não era essa a vontade de Deus: Cristo o chamou enquanto sofria de um ataque do coração, em Eisleben, cidade onde nascera. São estas as últimas palavras de Lutero: "Vou render o espírito". Então louvou a Deus em alta voz:

> Oh! Meu Pai celeste! Meu Deus, Pai de nosso Senhor Jesus Cristo, em quem creio e a quem preguei e confessei, amei e louvei! Oh! Meu querido Senhor Jesus Cristo, encomendo-te a minha pobre alma. Oh! Meu Pai celeste! Em breve tenho de deixar este corpo, mas sei que ficarei eternamente contigo e que ninguém me pode arrebatar das tuas mãos.

Então, depois de recitar João 3.16 três vezes, repetiu as palavras: "Pai, em tuas mãos entrego o meu espírito, pois tu me resgataste, Deus fiel". Assim, fechou os olhos e adormeceu.

Um imenso cortejo de crentes que o amavam ardentemente, com cinqüenta cavaleiros à frente, saiu de Eisleben para Wittenberg. Passando pela porta da cidade onde o reformador queimara a bula de excomunhão, entrou pelas portas da igreja onde, há vinte e nove anos, afixara suas 95 teses. No culto fúnebre, Bugenhangen, o pastor, e Melancton, inseparável companheiro de Lutero, discursaram. Depois abriram a sepultura, preparada ao lado do púlpito, e ali depositaram o corpo.

Quatorze anos depois, o corpo de Melancton achou descanso do outro lado do púlpito. Em redor dos dois, jazem os restos mortais de mais de noventa mestres da universidade.

As portas da Igreja do Castelo, destruídas pelo fogo no bombardeio de Wittenberg em 1760, foram substituídas por portas de bronze em 1812, nas quais estão gravadas as 95 teses. Contudo, este homem que perseverou em oração deixou gravadas, não no metal que perece, mas em centenas de milhões de almas imortais, a Palavra de Deus, que dará fruto para toda a eternidade.

* Considerados os heréticos de maior importância dentro da igreja católica durante a Idade Média. Devem seu nome à cidade de Albi, na França. O papa Inocêncio III lançou a Cruzada albigense (1209 — 1229), que reprimiu seus seguidores de forma brutal. Só pequenos grupos sobreviveram e, mesmo assim, logo foram perseguidos pela Inquisição até fins do século XIV.

João Bunyan

O Sonhador Imortal
(1628 — 1688)

"Caminhando pelo deserto deste mundo, parei num sítio onde havia uma caverna (a prisão de Bedford): ali deitei-me para descansar. Em breve adormeci e tive um sonho. Vi um homem coberto de andrajos, de pé, e com as costas voltadas para a sua habitação, tendo sobre os ombros uma pesada carga e nas mãos um livro".

Faz três séculos que João Bunyan assim iniciou o seu livro *O Peregrino*. Os que conhecem as suas obras literárias podem testificar de que ele é, de fato, "o sonhador imortal" — estando ele morto, ainda fala. Contudo, enquanto miríades de crentes conhecem *O Peregrino*, poucos conhecem a história da vida de oração desse valente pregador.

Bunyan, na sua obra *Graça Abundante ao Principal dos Pecadores*, nos informa que seus pais, apesar de viverem em extrema pobreza, conseguiram ensiná-lo a ler e escrever. Ele mesmo intitulou-se "o principal dos pecadores"; outros atestam que mesmo em sua impiedade jamais foi beberrão ou imoral. Contudo, casou-se com uma moça de família cujos membros eram crentes fervorosos. Bunyan era funileiro e, como acontecia com todos os funileiros, era paupérrimo. Ele não possuía nem um prato nem uma colher, apenas dois livros: *O Caminho do Homem Simples para os Céus* e *A Prática da Piedade*, obras que seu pai, ao falecer, lhe deixara. Apesar de Bunyan achar algumas coisas que lhe interessavam nesses dois livros, somente nos cultos é que se sentiu convicto de estar no caminho para o inferno.

Descobre-se nos seguintes trechos, transcritos de *Graça Abundante ao Principal dos Pecadores*, como ele lutava em oração no tempo da sua conversão:

> Veio-me às mãos uma obra dos Ranters, livro estimado por alguns doutores. Não sabendo julgar os méritos dessas doutrinas, dediquei-me a orar desta maneira: "Ó Senhor, não sei julgar entre o erro e a verdade. Senhor, não me abandones por aceitar ou rejeitar essa doutrina cegamente; se ela for de ti, não me deixes desprezá-la; se for do diabo, não me deixes abraçá-la!" Louvado seja Deus — Ele que me dirigiu a clamar, desconfiando da minha própria sabedoria —, Ele mesmo me guarda do erro dos Ranters. A Bíblia já era para mim muito preciosa nesse tempo.
>
> Enquanto me sentia condenado às penas eternas, admirei-me de como o próximo se esforçava para ganhar bens terrestres, como se esperasse viver aqui eternamente... Se eu pudesse ter a certeza da salvação da minha alma, como me sentiria rico, mesmo que não tivesse mais para comer a não ser feijão.
>
> Busquei ao Senhor, orando e chorando, e do fundo da alma clamei: "Ó Senhor, mostra-me, eu te rogo, que me amas com amor eterno!" Logo que clamei, voltaram para mim as palavras, como um eco: "Eu te amo com amor eterno!" Deitei-me para dormir em paz e, ao acordar, no dia seguinte, a mesma paz permanecia na minha alma. O Senhor me assegurou: "Amei-te enquanto vivias no pecado, amei-te antes, amo-te depois e amar-te-ei por todo o sempre".

Certa manhã, enquanto tremia na oração, porque pensava que não houvesse palavra de Deus para me sossegar, Ele me deu esta frase: "A minha graça te basta".

O meu entendimento foi tão iluminado como se o Senhor Jesus olhasse dos céus para mim, pelo telhado da casa, e me dirigisse essas palavras. Voltei para casa chorando, transbordando de gozo e humilhado até o pó. Contudo, certo dia, enquanto andava no campo, a consciência inquieta, de repente estas palavras entraram na minha alma: "Tua justiça está nos céus". E parecia que, com os olhos da alma, via Jesus Cristo à destra de Deus, permanecendo ali como minha justiça... Vi, além disso, que não é o meu bom coração que torna a minha justiça melhor, nem que a prejudica; porque a minha justiça é o próprio Cristo, o mesmo ontem, hoje e para sempre. As cadeias então caíram-me das pernas; fiquei livre das angústias; as tentações perderam a força; o horror da severidade de Deus não mais me perturbava, e voltei para casa regozijando-me na graça e no amor de Deus. Não achei na Bíblia a frase "Tua justiça está nos céus", mas achei "o qual para nós foi feito por Deus sabedoria e justiça, e santificação, e redenção" (1 Co 1.30), e vi que a outra frase era verdade.

Enquanto eu assim meditava, o seguinte trecho das Escrituras penetrou no meu espírito com poder: "Não pelas obras de justiça que houvéssemos feito, mas segundo a sua misericórdia, nos salvou". Assim fui levantado para as alturas e me achei nos braços da graça e misericórdia. Antes temia a morte, mas depois clamei: "Quero morrer". A morte tornou-se para mim uma coisa desejável. Não se vive verdadeiramente antes de passar para a outra vida. "Oh!", pensava eu, "esta vida é apenas um sonho em comparação à outra!" Foi nessa ocasião que as palavras "herdeiros de Deus" se tornaram tão cheias de sentido, que eu não tenho como explicá-las aqui neste mundo. "Herdeiros de Deus!" O próprio Deus é a porção dos santos. Isso vi e disso me admirei, contudo, não posso contar o que vi... Cristo era um Cristo precioso na minha alma, era o meu gozo; a paz e o triunfo por Cristo eram tão grandes que tive dificuldade em conter-me e ficar deitado.

Bunyan, ainda que lutando para sair da escravidão do vício do pecado, não fechava a alma aos perdidos que ignoravam os horrores do inferno. Acerca disto ele escreveu:

Percebi pelas Escrituras que o Espírito Santo não quer que os homens enterrem os seus talentos e dons, mas antes que despertem esses dons... Dou graças a Deus por me haver concedido uma medida de entranhas e compaixão pela alma do próximo, e me enviou a esforçar-me grandemente para falar uma palavra que Deus pudesse usar para apoderar-se da consciência e despertá-la. Nisso o bom Senhor respondeu ao apelo de seu servo, e o povo começou a mostrar-se comovido e angustiado de espírito ao perceber o horror do seu pecado e a necessidade de aceitar a Jesus Cristo.

De coração, clamei a Deus com grande insistência que Ele tornasse a Palavra eficaz para a salvação da alma... De fato, disse repetidamente ao Senhor que, se o meu enforcamento perante os olhos dos ouvintes servisse para despertá-los e confirmá-los na verdade, eu o aceitaria alegremente. O maior anelo em cumprir meu ministério era o de entrar nos lugares mais escuros do país... Na pregação, realmente sentia dores de parto para que nascessem filhos para Deus. Sem fruto, não ligava importância a qualquer louvor aos meus esforços; com fruto, não me importava com qualquer oposição.

Os obstáculos que Bunyan tinha de encarar eram muitos e variados. Satanás, vendo-se grandemente prejudicado pela obra desse servo de Deus, começou a levantar barreiras de todas as formas. Bunyan resistia fielmente a todas as tentações de vangloriar-se sobre o fruto de seu ministério e cair na condenação do diabo. Quando, certa vez, um dos ouvintes lhe disse que pregara um bom sermão, ele respondeu: "Não precisa dizer-me isso, o diabo já cochichou a mesma coisa no meu ouvido antes de sair da tribuna".

Então o inimigo das almas suscitou calúnias e boatos em todo o país, a fim de induzi-lo a abandonar seu ministério. Chamavam-no de feiticeiro, jesuíta, cangaceiro, e afirmavam que vivia amancebado, que tinha duas esposas e que os seus filhos eram ilegítimos.

Quando o maligno falhou em todos esses planos de desviar Bunyan do seu ministério glorioso, seus opositores denunciaram-no por não observar os regulamentos dos cultos da igreja oficial. As autoridades civis o sentenciaram à prisão perpétua, recusando terminantemente a revogação da sentença, apesar de todos os esforços de seus amigos e dos rogos da sua esposa — tinha de ficar preso até se comprometer a não mais pregar.

Acerca de sua prisão, ele diz:

Nunca tinha sentido a presença de Deus ao meu lado em todas as ocasiões como depois de ser encerrado... fortalecendo-me tão ternamente com esta ou aquela Escritura até me fazer desejar, se fosse lícito, maiores provações para receber maiores consolações.

Antes de ser preso, eu previ o que aconteceria, e duas coisas ardiam no coração acerca de como poderia encarar a morte, se chegasse a tal ponto. Fui dirigido a orar pedindo a Deus que me fortalecesse com toda a força, segundo o poder da sua glória, em toda a fortaleza e longanimidade, dando com alegria graças ao Pai. Quase nunca orei, durante o ano que precedeu minha prisão, sem que essa Escritura me entrasse na mente e eu compreendesse que para sofrer com toda a paciência devia ter toda a fortaleza, especialmente para sofrer com alegria.

A segunda consideração foi na passagem que diz: "Mas nós temos tido dentro de nós mesmos a sentença de morte para que não confiássemos em nós mesmos, porém em Deus que ressuscita os mortos". Cheguei a ver, por essa Escritura, que se eu chegasse ao ponto de sofrer como devia, primeiramente tinha de sentenciar à morte todas as coisas que pertencem à nossa vida, considerando-me a mim mesmo, minha esposa, meus filhos, a saúde, os prazeres, tudo, enfim, como mortos para comigo e eu morto para com eles.

Resolvi, como Paulo disse, não olhar para as coisas que se vêem, mas sim para as que se não vêem, porque as coisas que se vêem são temporais, mas as coisas que se não vêem são eternas. E compreendi que se eu fosse prevenido apenas de ser preso, poderia, de improviso, ser chamado, também, para ser açoitado, ou amarrado ao pelourinho. Ainda que esperasse apenas esses castigos, não suportaria o castigo de desterro. Mas a melhor maneira para passar os sofrimentos seria confiar em Deus, quanto ao mundo vindouro; quanto a este mundo, devia considerar o sepulcro como minha morada, estender o meu leito nas trevas e dizer à corrupção: "Tu és meu pai!", e aos vermes: "Vós sois minha mãe e minha irmã" (Jó 17.13,14).

Contudo, apesar desse auxílio, senti-me um homem cercado de fraquezas. A separação da minha esposa e de nossos filhos, aqui na prisão, torna-se, às vezes, como se fosse a separação da carne dos ossos. E isto não somente porque me lembro das tribulações e misérias que meus queridos têm de sofrer; especialmente a filhinha cega. Minha pobre filha, quão triste é a tua porção neste mundo! Serás maltratada, pedirás esmolas; passarás fome, frio, nudez e outras calamidades! Oh! os sofrimentos da minha ceguinha quebrar-me-iam o coração aos pedaços!

Eu meditava muito, também, sobre o horror ao inferno dos que temiam a cruz a ponto de se recusarem a glorificar a Cristo, suas palavras e leis perante os filhos dos homens. Além do mais, pensava sobre a glória que Ele preparara para os que, em amor, fé e paciência, testificavam dEle. A lembrança destas coisas servia para diminuir a mágoa que sentia ao lembrar-me de que eu e meus queridos sofríamos pelo testemunho de Cristo.

Nem todos os horrores da prisão abalaram o espírito de João Bunyan. Quando lhes ofereciam a sua liberdade sob a condição de ele não pregar mais, respondia: "Se eu sair hoje da prisão, pregarei amanhã, com o auxílio de Deus".

Mas se alguém pensar que, afinal de contas, João Bunyan era apenas um fanático, deve ler e meditar sobre as obras que nos deixou: *Graça Abundante ao Principal dos Pecadores*; *Chamado ao Ministério*; *O Peregrino*; *A Peregrina*; *A Conduta do Crente*; *A Glória do Templo*; *O Pecador de Jerusalém É Salvo*; *As Guerras da Famosa Cidade de Alma-humana*; *A Vida e a Morte de Homem Mau*; *O Sermão do Monte*; *A Figueira Infrutífera*; *Discursos sobre Oração*; *O Viajante Celestial*; *Gemidos de uma Alma no Inferno*; *A Justificação É Imputada*, entre outros.

Passou mais de doze anos encarcerado. É fácil dizer que foram doze longos anos, mas é difícil conceber o que isso significa — passou mais da quinta parte da sua vida na prisão, na idade de maior energia. Foi um quacre* chamado Whitehead que conseguiu a sua libertação. Depois de liberto, pregou em Bedford, Londres, e muitas outras cidades. Era tão popular que foi alcunhado de "Bispo Bunyan". Continuou o seu ministério fielmente até a idade de 60 anos, quando foi atacado de febre e faleceu. O seu túmulo é visitado por dezenas de milhares de pessoas.

O orador, o escritor, o pregador, o professor da Escola Dominical e o pai de família, cada um conforme o seu ofício, podem lucrar grandemente com um estudo do estilo e méritos de seus escritos, apesar de ele ter sido apenas um humilde funileiro sem instrução. Mas como se pode explicar o maravilhoso sucesso de Bunyan? Como pode um iletrado pregar como ele pregava e escrever num estilo capaz de interessar à criança e ao adulto; ao pobre e ao rico; ao douto e ao indouto? A única explicação do seu êxito é que ele era um homem em constante comunhão com Deus. Apesar de seu corpo estar preso no cárcere, a sua alma estava liberta. Porque foi ali, numa cela, que João Bunyan teve as visões descritas nos seus livros — visões muito mais reais do que os seus perseguidores e as paredes que o cercavam. Depois de desaparecerem os perseguidores da terra e as paredes virarem pó, o que Bunyan escreveu continua a iluminar e alegrar todas as terras e gerações.

O que vamos citar mostra como Bunyan lutava com Deus em oração: "Há, na oração, o ato de desvelar a própria pessoa, de abrir o coração perante Deus, de derramar afetuosamente a alma em pedidos, suspiros e gemidos. 'Senhor', disse Davi, 'diante de ti está todo o meu desejo e o meu gemido não te é oculto' (Sl 38.9). E outra vez: 'A minha alma tem sede de Deus, do Deus vivo; quando entrarei e me apresentarei ante a face de Deus? Quando me lembro disto, dentro de mim derramo a minha alma!' (Sl 42.2-4). Note: 'Derramo a minha alma!' é um termo demonstrativo de que em oração sai a própria vida e toda a força para Deus".

Em outra ocasião escreveu: "As melhores orações consistem, às vezes, mais em gemidos do que em palavras, e estas palavras não são mais que a mera representação do coração, vida e espírito de tais orações".

Como ele "insistia e importunava" em oração a Deus fica claro no trecho seguinte: "Eu te digo: Continua a bater, chorar, gemer e prantear; se Ele se não levantar para te dar porque és teu amigo, ao menos por causa da tua importunação levantar-se-á para dar-te tudo o que precisares".

Sem contestação, o grande fenômeno da vida de João Bunyan consistia no seu conhecimento íntimo das Escrituras, as quais amava; e na perseverança em oração ao Deus que adorava. Se alguém duvidar de que Bunyan seguia a vontade de Deus nos doze longos anos que passou na prisão de Bedford, deve lembrar-se de que esse servo de Cristo, ao escrever *O Peregrino* atrás das grades, pregou um sermão que já dura quase três séculos e que hoje é lido em cento e quarenta línguas. É o livro de maior circulação depois da Bíblia. Sem tal dedicação, não seria possível conseguir o incalculável fruto eterno desse sermão pregado por um funileiro cheio da graça de Deus!

* Forma aportuguesada de *quakers*, como eram mais conhecidos os membros da Sociedade dos Amigos, nome de uma comunidade de cristãos protestantes surgida no século XVII. No início, eram seguidores de um pregador leigo, o inglês George Fox, que em 1647 começou a pregar a doutrina de "Cristo dentro" (todas as pessoas podem sentir a Palavra de Deus em suas almas, caso se esforcem para ouvi-la). Interpretavam literalmente as palavras de Jesus Cristo nas Escrituras, eram contra prestar juramentos e contra a guerra. Destacavam-se sempre pela solidariedade. Em 1947 os comitês britânico e americano de Socorro Quacker Internacional receberam o Prêmio Nobel da Paz (Enciclopédia Encarta).

Jônatas Edwards

O Grande Avivalista
(1703 — 1758)

Há dois séculos o mundo fala do famoso sermão "Pecadores nas mãos de um Deus irado" e dos ouvintes que se agarravam aos bancos pensando que iam cair no fogo eterno. Esse fato foi, apenas, um dos muitos que aconteceram nas reuniões em que o Espírito Santo desvendava os olhos dos presentes para contemplarem as glórias do céu e a realidade do castigo que está bem perto dos que se encontram afastados de Deus.

Jônatas Edwards, entre os homens, era o vulto maior nesse avivamento, intitulado, na ocasião, "Grande Despertamento". Sua vida é um exemplo destacado de consagração ao Senhor para o desenvolvimento maior do intelecto e, sem qualquer interesse próprio, de deixar o Espírito Santo usar o mesmo intelecto como instrumento nas suas mãos.

Amava a Deus, não somente de coração e alma, mas também de todo o entendimento. "Sua mente prodigiosa apoderava-se das verdades mais profundas". Contudo, "sua alma era, de fato, um santuário do Espírito Santo". Sob aparente calma exterior, ardia nele o fogo divino, como um vulcão.

Os crentes atuais devem a esse herói, graças à sua perseverança em orar e estudar sob a direção do Espírito, a volta às várias doutrinas e práticas da Igreja Primitiva. Grande foi o fruto da dedicação do lar em que Edwards nasceu e se criou. Seu pai foi o amado pastor de uma só igreja durante um período de sessenta e quatro anos. Sua piedosa mãe era filha de um pregador que pastoreou uma igreja durante mais de cinqüenta anos.

Das dez irmãs de Jônatas, quatro eram mais velhas do que ele e seis mais novas. "Muitas foram as orações que os pais ofereceram a Deus para que o único e amado filho fosse cheio do Espírito Santo, e que se tornasse grande perante o Senhor. Não somente oravam assim, fervorosa e constantemente, mas mostravam-se igualmente zelosos em criá-lo para Deus. As orações, à volta da lareira, os estimularam a se esforçarem, e seus esforços redobrados os motivaram a orar mais fervorosamente... O ensino religioso e permanente resultou em Jônatas conhecer intimamente a Deus, quando ainda criança".

Quando Jônatas tinha 7 ou 8 anos, houve um despertamento na igreja de seu pai, e o menino acostumou-se a orar sozinho, cinco vezes, todos os dias, e a chamar outros da sua idade para orarem com ele.

Citamos aqui as suas palavras sobre esse assunto:

A primeira experiência de que me lembro, de sentir no íntimo a delícia de Deus e das coisas divinas, foi ao ler as palavras de 1 Timóteo 1.7: "Ora, ao Rei dos séculos, imortal, invisível; ao único Deus seja honra e glória para todo o sempre. Amém". Sentia a presença de Deus até arder o coração e abrasar a alma de tal maneira, que não sei descrevê-la... Gostava de passar o tempo olhando para a lua e, de dia, contemplar as nuvens e os céus. Passava muito tempo observando a glória de Deus, revelada na natureza e cantando as minhas contemplações do Criador e Redentor... Antes me sentia demasiado assombrado ao ver os relâmpagos e ouvir o troar do trovão. Porém, mais tarde, eu me regozijava ao ouvir a majestosa e terrível voz de Deus na trovoada.

Antes de completar 13 anos, iniciou seu curso em Yale College, onde, no segundo ano, leu atentamente *Ensaio sobre o Entendimento Humano*, a famosa obra de Locke. Vê-se, nas suas próprias palavras acerca dessa obra, o grande desenvolvimento intelectual do moço: "Achei mais gozo nisso do que o mais ávido avarento em ajuntar grandes quantidades de ouro e prata de tesouros recém-adquiridos".

Edwards, antes de completar 17 anos, diplomou-se no Yale College com as maiores honras. Sempre estudava com esmero, mas também conseguia tempo para meditar na Bíblia, diariamente. Depois de diplomar-se, continuou seus estudos em Yale, durante dois anos, e foi então separado para o ministério.

Foi nessa altura que seu biógrafo escreveu acerca de seu costume de dedicar certos dias para jejuar, orar e examinar-se a si mesmo.

Acerca da sua consagração, com a idade de 20 anos, Edwards escreveu: "Dediquei-me solenemente a Deus e o fiz por escrito, entregando a mim mesmo e tudo o que me pertencia ao Senhor, para não ser mais meu em qualquer sentido, para não me comportar como quem tivesse direitos de forma alguma... travando, assim, uma batalha com o mundo, a carne e Satanás até o fim da vida".

Alguém assim se referiu a Jônatas: "Sua constante e solene comunhão com Deus, em secreto, fazia com que o rosto dele brilhasse perante o próximo, e sua aparência, semblante, palavras e todo o seu comportamento eram acompanhados de seriedade, gravidade e solenidade".

Aos 24 anos casou-se com Sara Pierrepont, filha de um pastor, e desse enlace nasceram, como na família do pai de Edwards, onze filhos.

Por ocasião do "Grande Despertamento", ao lado de Jônatas Edwards estava o nome de Sara Edwards, sua fiel esposa e ajudadora em tudo. Tal qual seu marido, ela nos serve como exemplo de rara intelectualidade. Profundamente estudiosa, inteiramente entregue ao serviço de Deus, ela era conhecida por sua santa dedicação ao lar, pelo modo de criar seus filhos e pela economia que praticava, movida pelas palavras de Cristo: "Para que nada se perca". Mas antes de tudo, tanto ela como seu marido eram conhecidos por suas experiências com a oração. Faz-se menção destacada de um período de três anos, especialmente, durante o qual, apesar de gozar de perfeita saúde, ficava repetidas vezes sem forças por causa das revelações do céu. A sua vida inteira foi de intenso gozo no Senhor.

Jônatas Edwards costumava passar treze horas, todos os dias, estudando e orando. Sua esposa também o acompanhava na oração, diariamente. Depois da última refeição, ele deixava toda a lida a fim de passar uma hora com a família.

Mas que doutrinas a igreja havia esquecido e que Edwards começou a ensinar e a observar de novo, com manifestações tão sublimes?

Basta uma leitura superficial para descobrir que a doutrina à qual deu mais ênfase foi a do novo nascimento, apresentando-a como uma experiência certa e definida, em contraste com a idéia da igreja romana e de várias denominações.

O evento que marcou o começo do "Grande Despertamento" foi uma série de sermões feitos por Edwards sobre a doutrina da justificação pela fé, que fez os ouvintes sentirem a verdade das Escrituras. O foco de seus sermões era de que toda boca ficará fechada no dia do juízo, e que "não há coisa alguma que, por um momento, evite que o pecador caia no inferno, senão o bel-prazer de Deus".

É impossível avaliar o grau do poder de Deus, derramado para despertar milhares de almas para a salvação, sem primeiro nos lembrarmos das condições das igrejas da Nova Inglaterra e do mundo inteiro, nessa época. Quem, até hoje, não se admira do heroísmo dos puritanos que colonizaram as florestas da Nova Inglaterra? Passara, porém, essa glória, e a igreja, indiferente e cheia de pecado, encontrava-se face ao maior desastre. Parecia que Deus não queria abençoar a obra dos puritanos, obra que existiu unicamente para a sua glória. Por isso, no mesmo grau em que havia coragem e ardor entre os pioneiros, houve entre seus filhos perplexidade e confusão. Se não pudessem alcançar, de novo, a espiritualidade, só lhes restava esperar o juízo dos céus.

O famoso sermão de Edwards — "Pecadores nas mãos de um Deus irado" — merece menção especial.

O povo, ao entrar para o culto, mostrava um espírito leviano, e mesmo de desrespeito, diante dos cinco pregadores que estavam presentes. Jônatas Edwards foi escolhido para pregar. Era homem de dois metros de altura; seu rosto tinha aspecto quase feminino, e o corpo magro de jejuar e orar. Sem quaisquer gestos, encostado num braço sobre a tribuna, segurando o manuscrito na outra mão, falava com voz monótona. Discursou sobre o texto de Deuteronômio 32.35: "Ao tempo em que resvalar o seu pé".

Depois de explicar a passagem, acrescentou que nada evitava, por um momento, que os pecadores caíssem no inferno, a não ser a própria vontade de Deus; que Deus estava mais encolerizado com alguns dos ouvintes do que com muitas pessoas que já estavam no inferno; que o pecado era como um fogo encerrado dentro do pecador e, com a permissão de Deus, pronto a transformar-se em fornalhas de fogo e enxofre, e que somente a vontade do Deus indignado os guardava da morte instantânea.

Prosseguiu, então, aplicando o texto ao auditório:

Aí está o inferno com a boca aberta. Não existe coisa alguma sobre a qual vós vos possais firmar e segurar. Entre vós e o inferno existe apenas a atmosfera... Há, atualmente, nuvens negras da ira de Deus pairando sobre vossas cabeças, predizendo tempestades espantosas, com grandes trovões. Se não existisse a vontade soberana de Deus, que é a única coisa para evitar o ímpeto do vento até agora, seríeis destruídos e vos tornaríeis como a palha da eira... O Deus que vos segura na mão, sobre o abismo do inferno, mais ou menos como o homem segura uma aranha ou outro inseto nojento sobre o fogo, durante um momento, para deixá-lo cair depois, está sendo provocado em extremo... Não há que admirar, se alguns de vós com saúde e calmamente sentados aí nos bancos, passarem para lá antes de amanhã...

O resultado do sermão foi como se Deus arrancasse um véu dos olhos da multidão para contemplar a realidade e o horror da posição em que estavam. Nessa altura, o sermão foi interrompido pelos gemidos dos homens e os gritos das mulheres; quase todos ficaram de pé ou caídos no chão. Foi como se um furacão soprasse e destruísse uma floresta. Durante a noite inteira a cidade de Enfield ficou como uma fortaleza sitiada. Ouvia-se, em quase todas as casas, o clamor das almas que, até àquela hora, confiavam na sua própria justiça. Esperavam que, a qualquer momento, o Cristo descesse dos céus com os anjos e apóstolos ao lado, e que os túmulos entregassem os mortos que neles havia.

Tais vitórias contra o reino das trevas foram ganhas de joelhos. Edwards não abandonara nem deixara de gozar os privilégios das orações, costume que vinha desde a meninice. Continuou a freqüentar, também, os lugares solitários da floresta, onde podia ter comunhão com Deus. Como exemplo, citamos a sua experiência com a idade de 34 anos, quando entrou na floresta a cavalo. Lá, prostrado em terra, foi-lhe concedido ter uma visão tão preciosa da graça, amor e humilhação de Cristo como Mediador, que passou uma hora vencido por uma torrente de lágrimas e pranto.

Como era de esperar, o maligno tentou anular a obra gloriosa do Espírito Santo no "Grande Despertamento", atribuindo tudo ao fanatismo. Em sua defesa, Edwards escreveu:

> Deus, conforme as Escrituras, faz coisas extraordinárias. Há motivos para crer, pelas profecias da Bíblia, que sua obra mais maravilhosa seria feita nas últimas épocas do mundo. Nada se pode opor às manifestações físicas, como as lágrimas, gemidos, gritos, convulsões, falta de forças... De fato, é natural esperar, ao nos lembrarmos da relação entre o corpo e o espírito, que tais coisas aconteçam. Assim falam as Escrituras: do carcereiro que caiu perante Paulo e Silas, angustiado e tremendo; do salmista que exclamou, sob a convicção do pecado: "Envelheceram os meus ossos pelo meu bramido durante o dia todo" (Sl 32.3); dos discípulos, que, na tempestade do lago, clamaram de medo; da Noiva do Cântico dos Cânticos, que ficou vencida pelo amor de Cristo, até desfalecer..."

Certo é que na Nova Inglaterra começou, em 1740, um dos maiores avivamentos dos tempos modernos. É igualmente certo que este movimento se iniciou não com os sermões célebres de Edwards, mas com a firme convicção deste de que há uma "obra direta que o Espírito divino faz na alma humana". Note-se bem: não foram seus sermões monótonos, nem a eloqüência extraordinária de alguns, como Jorge Whitefield, mas, sim, a obra do Espírito Santo no coração dos mortos espiritualmente, que, "começando em Northampton, espalhou-se por toda a Nova Inglaterra e pelas colônias da América do Norte, chegando até a Escócia e a Inglaterra". No meio de uma época da maior decadência, a Igreja de Cristo, entre a população escassa da Nova Inglaterra, despertou, e foram arrebatadas de 30 a 50 mil almas do inferno durante um período de dois a três anos.

No meio das suas lutas, sem ninguém esperar, a vida de Jônatas Edwards foi tirada da terra. Apareceu a varíola em Princeton e um hábil médico foi chamado da Filadélfia para inocular os estudantes. O nosso pregador e duas de suas filhas foram também vacinados. Na febre que resultou, as forças de nosso herói diminuíram gradualmente até que, um mês depois, faleceu.

Assim diz um de seus biógrafos: "Em todo o mundo onde se falava o inglês, era considerado o maior erudito desde os dias do apóstolo Paulo ou de Agostinho".

Para nós, a vida de Jônatas Edwards é uma das muitas provas de que Deus não quer que desprezemos as faculdades intelectuais que Ele nos concede, mas que as desenvolvamos, sob a direção do Espírito Santo, e que as entreguemos desinteressadamente para o seu uso.

João Wesley

A Tocha Tirada do Fogo
(1703 — 1791)

O céu, à meia-noite, era iluminado pelo reflexo sombrio das chamas que devoravam vorazmente a casa do pastor Samuel Wesley. Na rua, ouviam-se os gritos: "Fogo! Fogo!" Contudo, a família do pastor continuava a dormir tranqüilamente, até que os escombros ardentes caíram sobre a cama de uma filha, Hetty. A menina acordou sobressaltada e correu para o quarto do pai. Sem poder salvar coisa alguma das chamas, a família foi obrigada a sair casa a fora, vestindo apenas as roupas de dormir, numa temperatura gélida.

A ama, ao ser despertada pelo alarme, arrebatou a criança menor, Carlos, do berço. Chamou os outros meninos, insistindo que a seguissem, e desceu a escada; João, porém, que então contava 5 anos e meio, ficou dormindo.

Três vezes a mãe, Susana Wesley, que se achava doente, tentou, debalde, subir a escada. Duas vezes o pai tentou, em vão, passar pelo meio das chamas, correndo. Sentindo o perigo, ajuntou a família no jardim, onde todos caíram de joelhos e suplicaram em favor da criança presa pelo fogo.

Enquanto a família orava, João acordou e, depois de tentar descer pela escada, subiu numa mala que estava em frente a uma janela, onde um vizinho o viu em pé. O vizinho chamou outras pessoas e, juntos, conceberam o plano de um deles subir nos ombros de um primeiro enquanto um terceiro subia nos ombros do segundo, até alcançarem a criança. Dessa maneira, João foi salvo da casa em chamas, apenas instantes antes de o teto cair com grande fragor.

O menino foi levado, pelos intrépidos homens que o salvaram, para os braços do pai. "Cheguem, amigos!", clamou Samuel Wesley ao receber o filhinho. "Ajoelhemo-nos e agradeçamos a Deus! Ele me restituiu todos os meus filhos. Deixem a casa arder; os meus recursos são suficientes". Quinze minutos depois, casa, livros, documentos e mobiliário não existiam mais.

Anos mais tarde, em certa publicação, apareceu o retrato de João Wesley e embaixo a representação de uma casa ardendo, com as palavras: "Não é este um tição tirado do fogo?" (Zc 3.2).

Nos escritos de Wesley foi encontrada uma referência interessante acerca desse histórico sinistro: "Em 9 de fevereiro de 1750, durante um culto de vigília, cerca das 11 horas da noite, lembrei-me de que era esse o dia e a hora, havia quarenta anos, em que me tiraram das chamas. Aproveitei-me do ensejo para relatar a maravilhosa providência. Os louvores e as ações de graças subiram às alturas e grande foi o regozijo perante o Senhor". Tanto o povo, como João Wesley, já sabiam naquele tempo por que o Senhor o poupara do incêndio.

O historiador Lecky nomeia o "Grande Avivamento" como sendo a influência que salvou a Inglaterra de uma revolução igual à que, na mesma época, deixou a França em ruínas. Dos quatro vultos que se destacaram no "Grande Avivamento", João Wesley era o maior. Jônatas Edwards, que nasceu no mesmo ano de Wesley, faleceu trinta e três anos antes dele; Jorge Whitefield, nascido onze anos depois de Wesley, faleceu vinte anos antes dele; e Carlos Wesley continuou o seu itinerário efetivo somente por dezoito anos, enquanto João continuou durante meio século. Mas a biografia deste célebre pregador, para ser completa, deve incluir a história de sua mãe, Susana. De fato, é como certo biógrafo escreveu: "Não se pode traçar a história do 'Grande Avivamento' do século passado (1700), na Inglaterra, sem dar uma grande parte da herança merecida à mãe de João e Carlos Wesley; isso não somente por causa da instrução que inculcou profundamente aos filhos, mas por causa da direção que deu ao avivamento".

A mãe de Susana era filha de um pregador. Esforçada na obra de Deus, casou-se com o eminente ministro Samuel Annesley. Dos vinte e cinco filhos desse enlace, Susana era a vigésima quarta. Durante a vida, seguiu o exemplo da sua mãe, passando uma hora de madrugada e outra à noite, orando e meditando sobre as Escrituras. Pelo que escreveu certo dia, vê-se como se dedicava à oração: "Que Deus seja louvado por todos os dias em que nos comportamos bem. Mas estou ainda descontente, porque não desfruto muito de Deus. Sei que me conservo demasiadamente longe dEle. Anseio ter a alma mais intimamente ligada a Ele pela fé e amor".

João era o décimo-quinto rebento dos dezenove filhos de Samuel e Susana Wesley. O que vamos transcrever, escrito pela mãe de João, mostra como ela era fiel em "ordenar a seus filhos e a sua casa depois" dela (Gn 18.19): "Para formar a mente da criança, a primeira coisa é vencer-lhe a vontade. A obra de instruir o intelecto leva tempo e deve ser gradual, conforme a capacidade da criança. Mas o subjugar-lhe a vontade deve ser feito de uma vez, e quanto mais cedo tanto melhor... Depois, pode-se governar a criança pela razão e piedade dos pais, até chegar o tempo de a criança poder também exercer o raciocínio".

Acerca do casal Wesley e seus filhos, o célebre comentador da Bíblia, Adão Clark, escreveu: "Nunca li nem ouvi falar duma família, não conheço e nem existe outra, desde os dias de Abraão e Sara, de José e Maria de Nazaré, à qual a raça humana deve tanto".

Susana Wesley acreditava que "aquele que poupa a vara, aborrece a seu filho" (Pv 13.24), e não consentia que seus filhos chorassem em voz alta. Assim, apesar de a casa estar repleta de crianças, nunca havia tempos tristonhos nem balbúrdia no lar do pastor. Um filho jamais ganhou coisa alguma chorando na casa de Susana Wesley.

Susana marcava o quinto aniversário de cada filho como o dia em que deviam aprender o alfabeto; e todos, a não ser dois, cumpriram a tarefa no tempo marcado. No dia seguinte, a criança que completava 5 anos e aprendia o alfabeto começava o estudo da leitura, iniciando-o com o primeiro versículo da Bíblia.

Os meninos no lar de Samuel Wesley aprenderam o valor que há em observar fielmente os cultos. Não há em outras histórias fatos tão profundos e atraentes como os que constam acerca dos filhos de Samuel e Susana Wesley, pois antes de saberem ajoelhar-se ou falar, eram instruídos a dar graças pelo alimento, por meio de acenos apropriados. Logo que aprendiam a falar, repetiam a oração dominical de manhã e à noite; e eram ensinados, também, a acrescentar outros pedidos, conforme cada desejo em particular... Ao chegarem à idade própria, um dia da semana era designado a cada filho para conversar sobre as "dúvidas e dificuldades". Na lista aparecem os nomes de João, para quarta-feira, e o de Carlos, para o sábado. E para os filhos, o dia de cada um tornou-se precioso e memorável... É comovente ler o que João Wesley, vinte anos depois de sair da casa paterna, disse à sua mãe: "Em muitas coisas a senhora tem intercedido por mim e tem prevalecido. Quem sabe se agora também, na intercessão para que eu renuncie inteiramente ao mundo, terá bom êxito?... Sem dúvida será tão eficaz para corrigir o meu coração como era, então, para formar o meu caráter".

Depois do espetacular livramento de João do incêndio, sua mãe, profundamente convencida de que Deus tinha grandes planos para seu filho, resolveu firmemente criá-lo para servir e ser útil na obra de Cristo. Susana escreveu estas palavras nas suas meditações particulares: "Senhor, esforçar-me-ei mais definitivamente em prol desta criança, a qual salvaste tão misericordiosamente. Procurarei transmitir-lhe fielmente ao coração os princípios da tua religião e virtude. Senhor, dá-me a graça necessária para fazer isso sincera e sabiamente, e abençoa os meus esforços com grande êxito!"

Ela era tão fiel em cumprir sua resolução, que João foi admitido a participar da Ceia do Senhor com a idade de 8 anos.

Nunca se omitia o culto doméstico da programação do dia no lar de Samuel Wesley. Fosse qual fosse a ocupação dos membros da família, ou dos criados, todos se reuniam para adorar a Deus. Na ausência do marido, Susana, com o coração aceso pelo fogo dos céus, dirigia os cultos. Conta-se que, certa vez, quando ele prolongou a ausência mais do que de costume, trinta a quarenta pessoas assistiram aos cultos no lar dos Wesley e a fome pela Palavra de Deus aumentou a ponto de a casa ficar repleta de vizinhos.

A família do pastor Samuel Wesley vivia rodeada de pobreza, mas pela influência do duque de Buckingham, conseguiu um lugar para João na Charterhouse, em Londres. Assim, o menino, antes de completar 11 anos, deixou a atmosfera fragrante de oração ardente para enfrentar as porfias de uma escola pública. Contudo, não cedeu ao ambiente de pecado de que estava rodeado. Conservava, também, as suas forças físicas, obedecendo fielmente ao conselho de seu pai, que corresse três vezes, de madrugada, em redor do grande jardim da Charterhouse. Tomou como regra da sua vida, dali em diante, manter o vigor do corpo. Aos 80 anos, apesar de seu físico franzino, considerava coisa insignificante andar a pé uma légua e meia para pregar.

Conta-se um exemplo da influência que João exercia sobre seus colegas da Charterhouse. Certo dia o porteiro sentiu falta dos meninos no terraço de recreio e foi achá-los em uma das salas, congregados em redor de João. Este contava-lhes histórias instrutivas, as quais atraíam-lhes mais do que o recreio.

Acerca desse tempo, João Wesley escreveu: "Eu participava de várias coisas que reconhecia como sendo pecado, embora não fossem escandalosas aos olhos do mundo. Contudo, continuei a ler as Escrituras e a orar de manhã e à noite. Baseava a minha salvação sobre os seguintes pontos: 1) Não me considerava tão perverso como o próximo; 2) Conservava a inclinação de ser religioso; 3) Lia a Bíblia, assistia aos cultos e fazia oração".

Depois de estudar seis anos na Charterhouse, Wesley cursou em Oxford, tornando-se proficiente no latim, grego, hebraico e francês. Mas seu interesse principal não era o intelecto. Sobre esse assunto ele escreveu: "Comecei a reconhecer que a religião verdadeira tem a sua fonte no coração... Reservei duas horas, todos os dias, para ficar sozinho com Deus. Participava da Ceia do Senhor de oito em oito dias. Guardei-me de todo pecado, quer de palavras, quer de atos. Assim, na base das boas obras que praticava, eu me considerava um bom crente".

João se esforçava para levantar-se diariamente às 4 horas. Por meio de anotações que registravam suas atividades cotidianas, conseguia dar conta de seu tempo para não desperdiçar um só momento. Continuou a observar esse costume até quase o último dia da sua vida.

Certo dia, quando ainda jovem, assistiu a um enterro em companhia de um moço, e conseguiu levá-lo a Cristo, ganhando, assim, a primeira alma para seu Salvador. Alguns meses depois, com a idade de 24 anos, e depois de um período de oração, foi separado para o diaconato.

Enquanto estudava em Oxford, juntava-se a um pequeno grupo de estudantes para orar, estudar as Escrituras diariamente, jejuar às quartas e sextas-feiras, visitar os doentes e encarcerados e confortar os criminosos na hora da execução. Todas as manhãs e todas as noites, cada um passava uma hora orando sozinho em oculto. Durante as orações, paravam de vez em quando para observar se clamavam com o devido fervor. Sempre oravam ao entrar e ao sair dos cultos na igreja. Mais tarde, três dos membros desse grupo tornaram-se famosos entre os crentes: 1) João Wesley, que talvez tenha feito mais que qualquer outro para aprofundar a vida espiritual, não somente na época, mas também em nossos dias; 2) Carlos Wesley, que chegou a ser um dos mais espirituais e famosos escritores de hinos evangélicos; e 3) Jorge Whitefield, que se tornou o comovente pregador ao ar livre.

Naquele tempo, sentia-se a influência de João Wesley em muitas partes das Américas, e hoje ainda é sentida. Contudo, passou menos de dois anos nesse continente, e isto durante o período de sua vida em que se achava perturbado por causa de dúvidas. Aceitou a chamada para pregar o Evangelho aos silvícolas na colônia de Geórgia, desejoso de ganhar sua salvação por meio de boas obras. Pensou que vaidade e ostentação mundana não se encontrariam nas matas da América.

Como era característico em sua vida, a bordo do navio em viagem à América do Norte, observava, com outros de seu grupo, um programa para não desperdiçar um momento durante o dia — levantava-se às 4 da manhã e deitava-se depois das 21 horas. As primeiras três horas do dia eram dedicadas à oração e ao estudo das Escrituras. Depois de cumprir tudo o que estava indicado no programa do dia, o cansaço era tanto que, não obstante o bramido do mar e o balanço do navio, dormiam sem perturbação, deitados sobre um cobertor estendido no convés.

Na Geórgia, a população inteira afluía à igreja para ouvir a sua pregação. A influência de seus sermões foi tal que, depois de dez dias, uma sala de baile ficou quase inteiramente abandonada, enquanto a igreja se enchia de pessoas que oravam e eram salvas.

Whitefield, que desembarcou na Geórgia alguns meses depois de Wesley voltar à Inglaterra, assim descreveu o que viu:

> O êxito de João Wesley na América é indizível. Seu nome é precioso entre o povo, onde lançou os alicerces que nem os homens nem os demônios podem abalar. Oh! que eu possa segui-lo como ele seguiu a Cristo!

Porém, a Wesley faltava uma coisa muito importante, conforme se vê pelos acontecimentos que o levaram a sair da Geórgia, como ele mesmo escreveu:

> Faz dois anos e quase quatro meses que deixei a minha terra natal para pregar Cristo aos índios da Geórgia; entretanto, o que cheguei eu a saber? Ora, vim a saber o que eu menos esperava: fui à América para converter outros, mas nunca fora realmente convertido a Deus.

Depois de voltar à Inglaterra, João Wesley começou a servir a Deus com a fé de um filho e não mais com a fé dum simples servo. Acerca desse assunto, eis o que ele escreveu:

> Não reconhecia que esta fé era dada instantaneamente, que o homem podia sair das trevas para a luz imediatamente, do pecado e da miséria para a justiça e gozo do Espírito Santo. Examinei de novo as Escrituras sobre este ponto, especialmente Atos dos Apóstolos. Fiquei grandemente surpreendido ao ver quase que somente conversões instantâneas; quase nenhuma tão demorada como a de Saulo de Tarso.

Desde então começou a sentir mais e mais fome e sede de justiça; a justiça de Deus pela fé.

Fracassara na sua primeira tentativa de pregar o Evangelho na América porque, apesar de seu zelo e bondade de caráter, o cristianismo que possuía era uma coisa que recebera por instrução. Mas a segunda etapa de seu ministério destacou-se por um êxito fenomenal. E porque o fogo de Deus ardia na sua alma, chegara a ter contato direto com Deus através de uma experiência pessoal.

Relatamos aqui, com suas próprias palavras, o episódio no qual o Espírito testificou ao seu espírito que era filho de Deus, e que veio transformar completamente a sua vida.

> Eram quase 5 horas, hoje, quando abri o Novo Testamento e encontrei estas palavras: "Ele nos tem dado grandíssimas e preciosas promessas para que por elas fiqueis participantes da natureza divina" (2 Pe 1.4). Antes de sair, abri mais uma vez o Novo Testamento para ler estas outras palavras: "Não estás longe do reino de Deus..." (Mc 12.34). À noite, senti-me impelido a assistir em Aldersgate... Senti o coração abrasado; confiei em Cristo, somente em Cristo, para a salvação: foi-me dada a certeza de que Ele levara os *meus* pecados e de que *me* salvara da lei do pecado e da morte. Comecei a orar com todas as minhas forças... e testifiquei a todos os presentes do que sentia no coração.

Depois dessa experiência em Aldersgate, Wesley aspirava a bênçãos ainda maiores do Senhor, conforme ele mesmo escreveu:

> Eu suplicava a Deus que cumprisse todas as suas promessas na minha alma. O Senhor honrou este anelo, em parte, não muito depois, enquanto eu orava com Carlos, Whitefield e cerca de sessenta outros crentes em Fetter Lane.

São de João Wesley também estas palavras:

> Cerca das 3 horas da madrugada, enquanto perseverávamos em oração (Rm 12.12), o poder de Deus nos sobreveio de tal maneira que bradamos impulsionados de grande gozo e muitos caíram ao chão. A seguir, ao pas-

sar um pouco o temor e a surpresa que sentimos na presença da majestade divina, rompemos em uma só voz: "Louvamos-te, ó Deus, aceitamos-te como Senhor".

Essa unção do Espírito Santo dilatou grandemente os horizontes espirituais de Wesley. O seu ministério tornou-se excepcionalmente frutuoso e ele trabalhou ininterruptamente durante cinqüenta e quatro anos com o coração abrasado pelo amor divino.

Um pastor prega, em média, cem vezes por ano, mas João Wesley pregou cerca de setecentas e oitenta vezes por ano, durante cinqüenta e quatro anos. Esse homenzinho, de apenas um metro e sessenta e seis centímetros de altura e pesando menos de sessenta quilos, dirigia-se a grandes multidões e sob as maiores provações. Quando as igrejas lhe fecharam as portas, levantou-se para pregar ao ar livre.

Embora enfrentasse a apatia espiritual quase geral dos crentes, a par de uma onda de devassidão e crimes no país inteiro, multidões de 5 mil a 20 mil afluíam para ouvir seus sermões. Tornou-se comum, nesses cultos, os pecadores acharem-se tão angustiados, que gritavam e gemiam. Se materialistas célebres, tais como Voltaire e Tomaz Paine, gritaram de convicção ao se encontrarem com Deus no leito de morte, não é de admirar que centenas de pecadores gemessem, gritassem e caíssem ao chão, como mortos, quando o Espírito Santo os levava a sentir a presença de Deus. Multidões de perdidos, assim, tornavam-se novas criaturas em Cristo Jesus nos cultos de João Wesley. Muitas vezes os ouvintes eram levados às alturas de amor, gozo e admiração; recebiam também visões da perfeição divina e das excelências de Cristo, até ficarem algumas horas como mortos. (Ver Apocalipse 1.17.)

Como todos os que invadem o território de Satanás, os irmãos Carlos e João Wesley tinham de sofrer terríveis perseguições. Em Moorfield, os inimigos do Evangelho acabaram com o culto, destruindo a mesa em que João subira para pregar e o insultaram e maltrataram. Em Sheffield, a casa foi demolida sobre a cabeça dos crentes. Em Wednesbury, destruíram as casas, roupas e móveis dos fiéis, deixando-os desabrigados, expostos à neve e ao temporal. Diversas vezes João Wesley foi apedrejado e arrastado como morto, na rua. Certa vez foi espancado na boca, no rosto e na cabeça até ficar coberto de sangue.

Mas a perseguição por parte da igreja decadente era a sua maior cruz. Foram denunciados como "falsos profetas", "paroleiros", "impostores arrogantes", "homens destros na astúcia espiritual", "fanáticos", etc. Ao voltar para visitar Epworth, onde nascera e se criara, João assistiu, no domingo, aos cultos da manhã e da tarde na igreja onde seu pai fora fiel pastor durante muitos anos, mas não lhe foi concedida a oportunidade de falar ao povo. Às 18 horas, em pé sobre o monumento que marcava o lugar em que enterraram seu pai, ao lado da igreja, Wesley pregou ao maior auditório jamais visto em Epworth — e Deus salvou muitas almas.

Qual a causa de tão grande oposição? Entre os crentes da igreja dormente, alegava-se que eram as suas pregações sobre a justificação pela fé e a santificação. Os descrentes não gostavam dele porque "levou o povo a se levantar para cantar hinos às cinco da madrugada".

João Wesley não somente pregava mais que os outros pregadores, mas os excedia como pastor, exortando, confortando os crentes, e visitando-os de casa em casa.

Nas suas viagens, andava tanto a cavalo como a pé, ora em dias ensolarados, ora sob chuvas, ora em temporais de neve. Durante os cinqüenta e quatro anos do seu ministério, andou, em média, mais de sete mil quilômetros por ano para alcançar os pontos de pregação.

Esse homenzinho que andava tantos quilômetros, ainda tinha tempo para a vida literária. Leu não menos de 1.200 tomos, a maior parte enquanto andava a cavalo. Escreveu uma gramática hebraica, outra de latim, e ainda outras de francês e inglês. Serviu durante muitos anos como redator de um jornal de 56 páginas. O dicionário completo que compilou da língua inglesa era muito popular, e seu comentário sobre o Novo Testamento ainda tem grande circulação. Revisou e republicou uma biblioteca de cinqüenta volumes, reduzindo-a para trinta volumes. O livro que escreveu sobre a filosofia natural teve grande aceitação entre o ministério. Compilou uma obra de quatro volumes sobre a história da Igreja. Escreveu e publicou um livro sobre a história de Roma e outro sobre a da Inglaterra. Preparou e publicou três volumes sobre medicina e seis sobre música para os cultos. Depois de sua experiência em Fetter Lane, ele e seu irmão Carlos escreveram e publicaram cinqüenta e quatro hinários. Diz-se que ao todo escreveu mais de duzentos e trinta livros.

Esse homem de físico franzino, ao completar 88 anos, escreveu: "Durante mais de oitenta e seis anos não experimentei qualquer debilidade de velhice; os olhos nunca escureceram, nem perdi o meu vigor". Com a idade de 70 anos, pregou a um auditório de 30 mil pessoas, ao ar livre, e foi ouvido por todos. Aos 86 anos fez uma viagem à Irlanda, onde, além de pregar seis vezes ao ar livre, pregou cem vezes em sessenta cidades.

Certo ouvinte assim se referiu a Wesley: "Seu espírito era tão vivo como aos 53 anos, quando o encontrei pela primeira vez".

Atribuiu a sua saúde aos seguintes fatores: 1) Ao exercício constante e ar fresco; 2) Ao fato de nunca, mesmo doente ou com saúde, em terra ou no mar, haver perdido uma noite de sono desde o seu nascimento, o que não o impedia de participar das vigílias na igreja; 3) À habilidade de dormir, de dia ou de noite, ao sentir-se cansado; 4) Ao fato de, por mais de sessenta anos, ter o hábito de levantar-se às 4 horas da manhã; 5) Ao costume de sempre orar às 5 da manhã, durante mais de cinqüenta anos; 6) Ao fato de quase nunca sofrer de dor, desânimo ou preocupações durante a vida inteira.

Não nos devemos esquecer da fonte desse vigor que João Wesley manifestava. Passava duas horas diariamente em oração, e muitas vezes mais. Certo crente que o conhecia intimamente assim escreveu acerca dele: "Considerava a oração a coisa mais importante da sua vida, e eu o tenho visto sair do quarto com uma serenidade de alma visível no rosto até quase brilhar".

A qualquer história da vida de João Wesley faltará o ponto principal, se não se fizer menção dos cultos de vigília que se realizavam uma vez por mês entre os crentes. Esses cultos se iniciavam às 20 horas e continuavam até depois da meia-noite — ou até cair o Espírito Santo sobre eles. Baseavam tais cultos sobre as referências no Novo Testamento acerca de noites inteiras passadas em oração. Foi assim que alguém se referiu ao sucesso: "Explica-se o poder de Wesley pelo fato de ele ser *homo unius libri*, isto é, um homem de um livro, e esse Livro é a Bíblia".

Pouco antes da sua morte, escreveu: "Hoje passamos o dia em jejum e oração para que Deus alargasse a sua obra. Só encerramos depois de uma noite de vigília, na qual o coração de muitos irmãos foi grandemente confortado".

No diário de João Wesley há diversas anotações sobre oração e jejum. Entre outras coisas, ele escreveu o seguinte:

> Enquanto cursava em Oxford... jejuávamos às quartas e às sextas-feiras, como faziam os crentes primitivos em todos os lugares. Escreveu Epifânio (310 — 403): "Quem não sabe que o jejum das quartas e das sextas-feiras é observado pelos crentes do mundo inteiro?" Não sei por que eles guardavam esses dois dias, mas é boa a regra; se lhes servia, também me serve. Contudo, não quero dar a entender que o único tempo de jejuar seja esses dois dias da semana, porque muitas vezes é necessário jejuar mais do que dois dias. É necessário permanecer sozinho e na presença de Deus, enquanto jejuamos e oramos, para que Deus possa mostrar-nos a sua vontade e dar-nos direção. Nos dias de jejum devemos afastar-nos, o mais possível, de todo serviço, de fazer visitas e das diversões, apesar de essas coisas serem lícitas em outras ocasiões.

Seu gozo em pregar ao ar livre não diminuiu na velhice. Em 7 de outubro de 1790, pregou pela última vez fora de casa sobre o texto: "O reino de Deus está próximo, arrependei-vos, e crede no Evangelho". Consta em sua biografia que "a palavra manifestou-se com grande poder e as lágrimas do povo corriam em torrentes".

Um por um, seus fiéis companheiros de luta, inclusive sua esposa, foram chamados para o descanso, mas João Wesley continuava a trabalhar. Com a idade de 85 anos, seu irmão, Carlos, foi chamado pelo Senhor, e João sentou-se perante a multidão, cobrindo o rosto com as mãos, para esconder as lágrimas que lhe corriam pelas faces. Seu irmão, a quem amara tanto durante tão longo tempo, havia partido, e ele, agora, tinha de trabalhar sozinho.

Em 2 de março de 1791, com a idade de quase 88 anos, completou a sua carreira terrestre. Durante toda a noite anterior, não cessaram em seus lábios o louvor e a adoração, pronunciando estas palavras: "As nuvens destilam a gordura". Sua alma saltou de alegria com a antecipação das glórias do lar eterno e exclamou: "O melhor de tudo é que Deus está conosco". Então, levantando a mão, como se fosse o sinal da vitória, novamente repetiu: "O melhor de tudo é que Deus está conosco".

Às 10 horas da manhã, enquanto os crentes rodeavam o leito, em oração, ele disse: "Adeus!", e assim passou para a presença do Senhor.

Um crente que assistiu à sua morte, assim relatou o ato: "A presença divina pairava sobre todos nós; não existem palavras para descrever o que vimos no seu semblante! Quanto mais o fitávamos, tanto mais víamos parte dos indizíveis céus".

Calcula-se que 10 mil pessoas passaram em desfile diante do ataúde para ver o rosto que ainda retinha um sorriso celestial. Por causa das grandes massas que afluíram para honrá-lo, foi necessário enterrá-lo às cinco horas da manhã.

João Wesley nasceu e criou-se em um lar onde não havia abundância de pão. Com a venda dos livros de sua autoria, ganhou uma fortuna, com a qual contribuía para a causa de Cristo. Ao falecer, deixou no mundo "duas colheres, uma chaleira de prata, um casaco velho" e dezenas de milhares de almas, salvas em épocas de grande decadência espiritual.

Em Epworth, a tocha foi arrebatada do fogo, em Aldersgate e Fetter Lane começou a arder intensamente, e continua a iluminar milhões de almas no mundo inteiro.

Jorge Whitefield

O Pregador ao Ar Livre
(1714 — 1770)

Mais de 100 mil homens e mulheres rodeavam o pregador, há mais de duzentos anos, em Cambuslang, Escócia. As palavras do sermão, vivificadas pelo Espírito Santo, ouviam-se distintamente em todas as partes que formavam esse mar humano. É-nos difícil fazer uma idéia do vulto da multidão de "10 mil penitentes" que responderam ao apelo para se entregarem ao Salvador. Esses acontecimentos servem-nos como um dos poucos exemplos do cumprimento das palavras de Jesus: "Na verdade vos digo que *aquele que crê em mim* também fará as obras que eu faço, e as fará maiores do que estas, porque vou para meu Pai" (Jo 14.12; grifo do autor).

Havia "como um fogo ardente encerrado nos ossos" deste pregador — Jorge Whitefield. Ardia nele um zelo santo de ver todas as pessoas libertas da escravidão do pecado. Durante um período ininterrupto de vinte e oito dias realizou a incrível façanha de pregar a 10 mil pessoas. Sua voz podia ser ouvida perfeitamente a mais de um quilômetro de distância, apesar de ter físico fraco e de sofrer dos pulmões. Não havia prédio no qual coubessem seus auditórios e, nos países onde pregou, armava seu púlpito nos campos, fora das cidades. Whitefield merece o título de "príncipe dos pregadores ao ar livre" porque pregava em média dez vezes por semana, e isso fez durante um período de trinta e quatro anos, em grande parte sob o teto construído por Deus — os céus.

A vida de Jorge Whitefield foi um milagre. Nasceu em uma taberna de bebidas alcoólicas. Antes de completar 3 anos, seu pai faleceu. Sua mãe casou-se novamente, e a Jorge foi permitido continuar os estudos na escola. Na pensão mantida por sua mãe, fazia a limpeza dos quartos, lavava roupa e vendia bebidas no bar. Por estranho que pareça, já que ainda não era salvo, interessava-se grandemente pelo exame das Escrituras. Lia a Bíblia até alta noite e "preparava sermões". Na escola era conhecido como orador: sua eloqüência era natural e espontânea, um dom extraordinário de Deus; talento este que possuía sem ele mesmo saber.

Custeou os próprios estudos em Pembroke College, Oxford, servindo como garçom em um hotel. Depois de estar algum tempo em Oxford, juntou-se ao grupo de estudantes a que pertenciam João e Carlos Wesley. Passou muito tempo, como os demais do grupo, jejuando e esforçando-se para mortificar a carne a fim de alcançar a salvação. Ele ainda não compreendia que "a verdadeira religião é a união da alma com Deus e a formação de Cristo em nós".

Acerca da sua salvação, escreveu algum tempo antes de morrer: "Todas as vezes que vou a Oxford, sinto-me impelido a ir primeiro a este lugar onde Jesus se revelou a mim, pela primeira vez, e me deu o novo nascimento".

Com a saúde abalada, talvez pelo excesso de estudo, Jorge voltou a casa para recuperá-la. Resolvido a não cair no indiferentismo, inaugurou uma classe bíblica para jovens que, como ele, desejavam orar e crescer na graça de Deus. Visitavam diariamente os doentes e os pobres e, freqüentemente, os prisioneiros nas cadeias, para orar com eles e prestar-lhes qualquer serviço manual que pudessem.

Jorge tinha no coração um plano que consistia em preparar cem sermões e apresentar-se para ser separado para o ministério. Porém, quando havia preparado apenas um sermão, seu zelo era tanto que a igreja insistia em ordená-lo com apenas 21 anos, embora fosse regra não aceitar ninguém para tal cargo com menos de 23 anos.

O dia que precedeu sua separação para o ministério, Jorge passou-o em jejum e oração. Acerca desse fato, ele escreveu:

> À tarde, retirei-me para um alto, perto da cidade, onde orei com instância durante duas horas, pedindo em meu favor e também por aqueles que estavam para ser separados comigo. No domingo, levantei-me de madrugada e orei sobre o assunto da epístola de Paulo a Timóteo, especialmente sobre o seguinte preceito: "Ninguém despreze a tua mocidade". Quando o ancião me impôs as suas mãos, se meu vil coração não me engana, ofereci todo o meu espírito, alma e corpo para o serviço no santuário de Deus... Posso testificar, perante os céus e a terra, que dei-me a mim mesmo, quando o ancião me impôs as mãos, para ser um mártir por aquEle que foi pregado na cruz em meu lugar.

Os lábios de Whitefield foram tocados pelo fogo divino do Espírito Santo durante sua separação para o ministério. No domingo seguinte, naquela época de gelo espiritual, pregou pela primeira vez. Alguns se queixaram de que quinze dos ouvintes enlouqueceram ao ouvirem o sermão. O ancião da igreja, porém, compreendendo o que se passava, respondeu que seria muito bom se os quinze não se esquecessem da sua "loucura" antes de chegar o outro domingo.

Whitefield nunca se esqueceu nem deixou de aplicar a si as seguintes palavras do doutor Delaney: "Desejo, todas as vezes que subir ao púlpito, considerar essa oportunidade como a última que me é dada de pregar, e a última dada ao povo de ouvir". Alguém assim escreveu sobre uma de suas pregações:

> Quase nunca pregava sem chorar, e sei que as suas lágrimas eram sinceras. Ouvi-o dizer: "Vós me censurais porque choro. Mas, como posso conter-me, quando não chorais por vós mesmos, apesar das vossas almas mortais

estarem à beira da destruição? Não sabeis se estais ouvindo o último sermão, ou não, ou se jamais tereis outra oportunidade de chegar a Cristo!"

Chorava, às vezes, até parecer que estava morto e custava a recuperar as forças. Diz-se que os corações da maioria dos ouvintes eram derretidos pelo calor intenso de seu espírito, como prata na fornalha do refinador.

Quando estudante no colégio de Oxford, seu coração ardia de zelo. Pequenos grupos de alunos se reuniam no seu quarto, diariamente, movidos tais quais os discípulos logo depois do derramamento do Espírito Santo, no Pentecostes. O Espírito continuou a operar poderosamente nele e por ele durante o resto da sua vida, porque nunca abandonou o costume de buscar a presença de Deus. Separava o dia em três partes: oito horas sozinho com Deus e em estudos, oito horas para dormir e fazer as refeições, oito horas para o trabalho entre o povo. De joelhos, lia, e orava sobre a leitura das Escrituras, recebendo luz, vida e poder.

Numa de suas visitas aos Estados Unidos, "passou a maior parte da viagem a bordo, sozinho em oração". Alguém escreveu sobre ele: "Seu coração encheu-se tanto dos céus que anelava por um lugar onde pudesse agradecer a Deus; e sozinho, durante horas, chorava comovido pelo amor consumidor do seu Senhor". Suas experiências no ministério confirmavam a sua fé na doutrina do Espírito Santo como o Consolador ainda vivo, o poder de Deus operando atualmente entre nós.

A pregação de Jorge Whitefield era feita de forma tão vívida que parecia quase sobrenatural. Conta-se que, certa vez, pregando a alguns marinheiros, descreveu um navio perdido num furacão. Tudo foi apresentado em manifestações tão reais que, quando chegou ao ponto de descrever o barco afundando, alguns marinheiros pularam dos assentos, gritando: "Às baleeiras! Às baleeiras!" Em outro sermão, falou acerca de um cego andando na direção de um precipício desconhecido. A cena foi tão real que, quando o pregador chegou ao ponto de descrever a chegada do cego à beira do profundo abismo, o camareiro-mor, Chesterfield, que assistia, deu um pulo gritando: "Meu Deus! ele desapareceu!"

O segredo, porém, da grande colheita de almas salvas não era a sua maravilhosa voz nem a sua grande eloqüência. Não era também o caso de que o povo tivesse o coração aberto para receber o Evangelho, uma vez que havia, na época, grande decadência espiritual entre os crentes.

Também não foi por falta de oposição. Repetidas vezes Whitefield pregou nos campos porque as igrejas fecharam-lhe as portas. Às vezes nem os hotéis queriam aceitá-lo como hóspede. Em Basingstoke foi agredido a pauladas. Em Staffordshire atiraram-lhe torrões de terra. Em Moorfield destruíram a mesa que lhe servia de púlpito e arremessaram contra ele o lixo da feira. Em Evesham, as autoridades, antes de seu sermão, ameaçaram prendê-lo, se pregasse. Em Exeter, enquanto pregava para 10 mil pessoas, foi apedrejado de tal forma que pensou haver chegado para ele a hora, como o ensangüentado Estêvão, de ser imediatamente chamado à presença do Mestre. Em outro lugar, apedrejaram-no novamente até ficar coberto de sangue. Verdadeiramente levava no corpo, até a morte, as marcas de Jesus.

O segredo de tais frutos na sua pregação era o seu amor para com Deus. Ainda muito novo, passava noites inteiras lendo a Bíblia, que muito amava. Depois de se converter, teve a primeira daquelas experiências de sentir-se arrebatado, ficando a sua alma inteiramente aberta, cheia, purificada, iluminada da glória e levada a sacrificar-se, inteiramente, ao seu Salvador. Desde então nunca mais foi indiferente em servir a Deus, mas regozijava-se no alvo de trabalhar de toda a sua alma, e de todas as suas forças, e de todo o seu entendimento. Só achava interesse nos cultos, tanto é que escreveu para sua mãe dizendo que nunca mais voltaria ao seu emprego. Consagrou a vida completamente a Cristo. E "a manifestação exterior daquela vida nunca excedia a sua realidade interior", portanto, nunca mostrou cansaço nem diminuiu a marcha durante o resto de sua vida.

Apesar de tudo, ele escreveu:

A minha alma era seca como o deserto. Sentia-me como encerrado dentro duma armadura de ferro. Não podia ajoelhar-me sem estar tomado de grandes soluços e orava até ficar molhado de suor... Só Deus sabe quantas noites fiquei prostrado, de cama, gemendo, por causa do que sentia, e ordenando, em nome de Jesus, que Satanás se apartasse de mim. Outras vezes passei dias e semanas inteiras prostrado em terra, suplicando para ser liberto dos pensamentos diabólicos que me distraíam. Interesse próprio, rebelião, orgulho e inveja me atormentavam, um após outro, até que resolvi vencê-los ou morrer. Lutei até Deus me conceder vitória sobre eles.

Jorge Whitefield considerava-se um "peregrino" errante no mundo, procurando almas. Nasceu, criou-se e diplomou-se na Inglaterra. Atravessou o Atlântico treze vezes. Visitou a Escócia quatorze vezes. Foi ao País de Gales várias vezes. Visitou uma vez a Holanda. Passou quatro meses em Portugal. Nas Bermudas, ganhou muitas almas para Cristo, como nos demais lugares onde trabalhou.

Acerca do que sentiu em uma das viagens à colônia da Geórgia, Whitefield escreveu:

Foram-me concedidas manifestações extraordinárias do alto. Cedo de manhã, ao meio-dia, ao anoitecer e à meia-noite, de fato durante o dia inteiro, o amado Jesus me visitava para renovar-me o coração. Se certas árvores perto de Stonehouse pudessem falar, contariam acerca da doce comunhão que eu e algumas almas amadas desfrutamos ali com Deus, sempre bendito. Às vezes, quando de passeio, a minha alma fazia tais incursões pelas regiões celestes, a qual parecia pronta a abandonar o corpo. Outras vezes sentia-me tão vencido pela grandeza da majestade infinita de Deus, que me prostrava em terra e entregava-lhe a alma, como um papel em branco, para Ele escrever nela o que desejasse.

De uma noite nunca me esquecerei. Relampejava excessivamente. Eu pregara a muitas pessoas e algumas ficaram receosas de voltar a casa. Senti-me dirigido a acompanhá-las e aproveitar o ensejo para as animar a se prepararem para a vinda do Filho do Homem. Oh! que gozo senti na minha alma! Depois de voltar, enquanto alguns se levantavam das suas camas, assombrados pelos relâmpagos que andavam pelo chão e brilhavam duma parte do céu até outra, eu com mais um irmão ficamos no campo adorando, orando, exultando ao nosso Deus e desejando a revelação de Jesus dos céus, uma chama de fogo!

Como se pode esperar outra coisa a não ser que as multidões, a quem Whitefield pregava, fossem levadas a buscar a mesma presença? Na sua biografia há um grande número de exemplos que bem ilustram tal fato:

Oh! quantas lágrimas foram derramadas, com forte clamor, pelo amor do querido Senhor Jesus! Alguns desmaiavam e, quando recobravam as forças, ouviam e desmaiavam de novo. Outros gritavam como quem sente a ânsia da morte. E depois de findar o último discurso, eu mesmo senti-me tão vencido pelo amor de Deus que quase fiquei sem vida. Contudo, por fim, revivi e, depois de me alimentar um pouco, estava fortalecido o bastante para viajar cerca de trinta quilômetros até Nottingham. No caminho, a alma alegrou-se cantando hinos. Chegamos quase à meia-noite; depois de nos entregarmos a Deus em oração, deitamo-nos e descansamos na proteção do querido Senhor Jesus. Oh! Senhor, jamais existiu amor como o teu!
No dia seguinte, em Fog's Manor, a concorrência aos cultos foi tão grande como em Nottingham. O povo ficou tão quebrantado que, por todos os lados, vi pessoas banhadas em lágrimas. A palavra era mais cortante que espada de dois gumes e os gritos e gemidos alcançavam o coração mais endurecido. Alguns tinham semblantes pálidos como a palidez de morte; outros torciam as mãos, cheios de angústia; ainda outros foram prostrados ao chão, ao passo que outros caíam e eram aparados nos braços de amigos. A maior parte do povo levantava os olhos para os céus, clamando e pedindo a misericórdia de Deus. Eu, enquanto os contemplava, só podia pensar em uma coisa: o grande dia. Pareciam pessoas acordadas pela última trombeta, saindo dos seus túmulos para o juízo.
O poder da presença divina nos acompanhou até Baskinridge, onde os arrependidos choravam e os salvos oravam, lado a lado. O indiferentismo de muitos transformou-se em assombro, e o assombro, depois, em grande alegria. Alcançou indivíduos das mais diversas classes, idades e tipos de conduta. A embriaguez foi abandonada por aqueles que eram dominados por esse vício. Os que haviam praticado qualquer ato de injustiça foram tomados de remorso. Os que tinham furtado foram constrangidos a fazer restituição. Os vingativos pediram perdão. Os pastores ficaram ligados ao seu povo por um vínculo mais forte de compaixão. O culto doméstico foi

iniciado nos lares. Os homens foram levados a estudar a Palavra de Deus e a ter comunhão com o seu Pai, nos céus.

•   •

Mas não foram somente nos países populosos que o povo afluiu para ouvi-lo. Nos Estados Unidos, quando eram ainda um país novo, ajuntaram-se grandes multidões dos que moravam longe uns dos outros, nas florestas. O famoso Benjamin Franklin, no seu jornal, assim noticiou essas reuniões:

> Quinta-feira o reverendo Whitefield partiu de nossa cidade, acompanhado de cento e cinqüenta pessoas a cavalo, com destino a Chester, onde pregou a 7 mil ouvintes, mais ou menos. Sexta-feira pregou duas vezes em Willings Town a quase 5 mil; no sábado, em Newcastle, pregou a cerca de 2.500, e na tarde do mesmo dia, em Cristiana Bridge, pregou a quase 3 mil; no domingo, em White Clay Creek, pregou duas vezes (descansando uma meia hora entre os sermões, a 8 mil pessoas, das quais cerca de 3 mil tinha vindo a cavalo). Choveu a maior parte do tempo, porém, todos se conservaram em pé, ao ar livre.

Como Deus estendeu a sua mão para operar prodígios por meio de seu servo, vê-se no seguinte relato. Num estrado perante a multidão, depois de alguns momentos de oração em silêncio, Whitefield anunciou de maneira solene o texto: "É ordenado aos homens que morram uma só vez, e depois disto vem o juízo". Depois de curto silêncio, ouviu-se um grito de horror, vindo de um lugar entre a multidão. Um pregador presente foi até o local da ocorrência para saber o que tinha acontecido. Logo voltou e disse: "Irmão Whitefield, estamos entre os mortos e os que estão morrendo. Uma alma imortal foi chamada à eternidade. O anjo da destruição está passando sobre o auditório. Clame em alta voz e não cesse". Então foi anunciado ao povo que um dentre a multidão havia morrido.

Whitefield leu a segunda vez o mesmo texto: "É ordenado aos homens que morram uma só vez". Do local onde a senhora Huntington estava em pé, veio outro grito agudo. De novo, um tremor de horror passou por toda a multidão quando anunciaram que outra pessoa havia morrido. Whitefield, porém, em vez de ficar tomado de pânico, como os demais, suplicou graça ao Ajudador invisível e começou, com eloqüência tremenda, a prevenir os impenitentes do perigo. Não devemos concluir, contudo, que ele era ou sempre solene ou sempre veemente. Nunca houve quem experimentasse mais formas de pregar do que ele.

Apesar de sua grande obra, não se pode acusar Whitefield de procurar fama ou riquezas terrestres. Sentia fome e sede da simplicidade e sinceridade divinas. Dominava todos os seus interesses e os transformava para a glória do reino do seu Senhor. Não ajuntou ao redor de si os seus convertidos para formar outra denominação, como alguns esperavam. Não, apenas dava todo o seu ser, mas queria "mais línguas, mais corpos, mais almas a usar para o Senhor Jesus".

A maior parte de suas viagens à América do Norte foram feitas em prol do orfanato que fundara na colônia da Geórgia. Vivia na pobreza e esforçava-se para granjear o necessário para o orfanato. Amava os órfãos ternamente, escrevendo-lhes cartas e dirigindo-se a cada um pelo nome. Para muitas dessas crianças, ele era o único pai, o único meio de elas terem o sustento. Fez uma grande parte da sua obra evangelística entre os órfãos e quase todos permaneceram crentes fiéis, sendo que um bom número deles tornaram-se ministros do Evangelho.

Whitefield não era de físico robusto: desde a mocidade sofria quase constantemente, anelando, muitas vezes, partir e estar com Cristo. A maior parte dos pregadores acha impossível ministrar quando estão enfermos como ele.

Assim foi que, aos 65 anos de idade, durante sua sétima viagem à América do Norte, findou a sua carreira na terra, uma vida escondida com Cristo em Deus e derramada num sacrifício de amor pelos homens. No dia anterior ao seu falecimento, teve de esforçar-se para ficar em pé. Porém, ao levantar-se, em Exeter, perante um auditório demasiado grande para caber em qualquer prédio, o poder de Deus veio sobre ele. Whitefield pregou, como de costume, durante duas horas. Um dos que lhe assistiram disse que "seu rosto brilhava como o sol". O fogo aceso no seu coração no dia da oração e do jejum, quando da sua separação para o ministério, ardeu até dentro dos seus ossos e nunca se apagou (Jr 20.9).

Certo homem eminente dissera a Whitefield: "Não espero que Deus chame o irmão, breve, para o lar eterno, mas quando isso acontecer, regozijar-me-ei ao ouvir o seu testemunho". O pregador respondeu: "Então ficará desapontado; morrerei calado. A vontade de Deus é dar-me tantos ensejos para testificar dEle durante minha vida, que não me serão dados outros na hora da morte".

E sua morte ocorreu como predissera.

Depois do sermão, em Exeter, foi a Newburyport para passar a noite na casa do pastor. Ao subir para o quarto de dormir, virou-se na escada e, com a vela na mão, proferiu uma curta mensagem aos amigos que ali estavam e insistiam em que pregasse.

Às duas horas da madrugada acordou; faltava-lhe o fôlego. Pronunciou para o seu companheiro as suas últimas palavras na terra: "Estou morrendo".

No seu enterro, os sinos das igrejas de Newburyport dobraram e as bandeiras ficaram a meia-haste. Ministros de toda parte vieram assistir aos funerais; milhares de pessoas não conseguiram chegar perto da porta da igreja por causa da imensa multidão. Conforme seu pedido, foi enterrado sob o púlpito da igreja.

Se quisermos ter os mesmos frutos — ver milhares salvos —, como Jorge Whitefield os teve, temos de seguir o seu exemplo de oração e dedicação.

Alguém pensa que é tarefa demais? Que diria Jorge Whitefield agora, junto aos que levou a Cristo, se lhe fizéssemos essa pergunta?

Davi Brainerd

Um Arauto aos Peles-vermelhas
(1718 — 1747)

Certo jovem franzino de corpo, mas tendo na alma o fogo do amor aceso por Deus, encontrou-se na floresta, para ele desconhecida. Era tarde e o sol já declinava até quase desaparecer no horizonte, quando o viajante, enfadado da longa viagem, avistou a fumaça das fogueiras dos índios peles-vermelhas. Depois de apear e amarrar seu cavalo, deitou-se no chão para passar a noite, agonizando em oração.

Sem ele o saber, alguns dos silvícolas o haviam seguido silenciosamente, como serpentes, durante a tarde. Agora estacionavam atrás dos troncos das árvores para contemplar a cena misteriosa de um vulto de cara pálida, sozinho, prostrado no chão, clamando a Deus.

Os guerreiros da vila resolveram matá-lo, sem demora, pois acreditavam que os brancos davam uma aguardente aos peles-vermelhas para, enquanto bêbados, levar-lhes as cestas e as peles de animais, e ainda roubar-lhes as terras. Mas depois de cercarem furtivamente o missionário, que orava, prostrado, e o ouvirem clamando ao "Grande Espírito", insistindo que lhes salvasse a alma, eles partiram tão secretamente como chegaram.

No dia seguinte, o moço, não sabendo o que acontecera em redor, enquanto orava no ermo, foi recebido na vila de uma maneira não esperada. No espaço aberto entre as *wigwams* (barracas de peles), os índios cercaram o moço que, com o amor de Deus ardendo na alma, leu o capítulo 53 de Isaías. Enquanto pregava, Deus respondeu a sua oração da noite anterior e os silvícolas ouviram o sermão com lágrimas nos olhos.

Esse cara pálida chamava-se Davi Brainerd. Nasceu em 20 de abril de 1718. Perdeu o pai aos 9 anos de idade, e a mãe, filha dum pregador, aos 14 anos.

Acerca de sua luta com Deus, no tempo da sua conversão — tinha então 20 anos de idade —, ele escreveu:

Designei um dia para jejuar e orar, e passei esse dia clamando quase incessantemente a Deus. Pedi-lhe misericórdia e que Ele abrisse meus olhos para a enormidade do pecado e o caminho para a vida em Jesus Cristo... Contudo, continuei a confiar nas boas obras... Então, uma noite, andando na roça, me foi dada uma visão da grandeza do meu pecado, parecendo-me que a terra se abrira por baixo dos meus pés para me sepultar e que a minha alma iria ao inferno antes de eu chegar em casa...

Certo dia, estando longe do colégio, no campo, sozinho em oração, senti tanto gozo e doçura em Deus, que, se eu devesse ficar neste mundo vil, queria permanecer contemplando a glória de Deus. Senti na alma um profundo amor ardente para com todos os homens e anelava que eles desfrutassem desse mesmo amor.

No mês de agosto, depois, senti-me tão fraco e doente, como resultado de aplicar-me demais aos estudos, que o diretor do colégio me aconselhou a voltar para casa. Estava tão fraco que tive algumas hemorragias. Senti-me perto da morte, mas Deus renovou em mim o conhecimento e o gosto das coisas divinas. Anelava tanto a presença de Deus e ficar livre do pecado, que, ao melhorar, preferia morrer a voltar ao colégio, e me afastar de

Deus... Oh! uma hora com Deus excede infinitamente todos os prazeres do mundo.

De fato, depois de voltar ao colégio, Brainerd esfriou em espírito, mas o "Grande Avivamento" dessa época alcançou a cidade de New Haven, o colégio de Yale e o coração de Davi Brainerd. Ele tinha o costume de escrever diariamente uma relação dos acontecimentos mais importantes da sua vida, e é por esses diários que sabemos da sua vida íntima de profunda comunhão com Deus. Os poucos trechos seguintes servem como amostras do que ele deixou registrado e revelam algo de sua luta com Deus, enquanto estudava para o ministério:

Fui tomado repentinamente pelo horror da minha miséria. Então clamei a Deus, pedindo que me purificasse da minha extrema imundícia. Depois a oração se tornou mui preciosa para mim. Ofereci-me alegremente para passar os maiores sofrimentos pela causa de Cristo, mesmo que fosse para ser desterrado entre os pagãos, desde que pudesse ganhar suas almas. Então Deus me deu o espírito de lutar em oração pelo reino de Cristo no mundo.

Retirei-me cedo, de manhã, para a floresta, e foi-me concedido fervor em rogar pelo avanço do reino de Cristo no mundo. Ao meio-dia, ainda combatia em oração a Deus e sentia o poder do divino amor na intercessão. Passei o dia em jejum e oração, implorando que Deus me preparasse para o ministério, me concedesse auxílio divino e direção, e me enviasse para a seara no dia designado por Ele. Pela manhã, senti poder na intercessão pelas almas imortais e pelo progresso do reino do querido Senhor e Salvador no mundo... À tarde, Deus estava comigo de verdade. Quão bendita a sua companhia! Ele me concedeu agonizar em oração até ficar com a roupa encharcada de suor, apesar de eu me achar na sombra, e de soprar um vento fresco. Sentia a minha alma grandemente extenuada pela condição do mundo: esforçava-me para arrebatar multidões de almas. Sentia-me mais dilatado pelos pecadores do que pelos filhos de Deus, contudo anelava gastar a minha vida clamando por ambos.

Passei duas horas agonizando pelas almas imortais. Apesar de ser ainda muito cedo, meu corpo estava molhado de suor... Se eu tivesse mil vidas, a minha alma as teria dado pelo gozo de estar com Cristo...

Dediquei o dia para jejuar e orar, implorando a Deus que me dirigisse e me abençoasse na grande obra que tenho perante mim, a de pregar o Evangelho. Ao anoitecer, o Senhor me visitou maravilhosamente na oração; senti a minha alma angustiada como nunca... Senti tanta agonia que me achava ensopado de suor. Oh! Jesus suou sangue pelas pobres almas! Eu anelava mostrar mais e mais compaixão para com elas.

Cheguei a saber que as autoridades esperam a oportunidade de me prender e encarcerar por ter pregado em New Haven. Fiquei mais sóbrio e abandonei toda a esperança de travar amizade com o mundo. Retirei-me para um lugar oculto na floresta e coloquei o caso perante Deus.

Completados os seus estudos para o ministério, ele escreveu: "Preguei o sermão de despedida ontem à noite. Hoje, pela manhã, orei em quase todos os lugares por onde andei, e, depois de me despedir dos amigos, iniciei a viagem para o *habitat* dos índios."

Essas notas revelam, em parte, a sua luta com Deus enquanto estudava para o ministério. Um dos maiores pregadores atuais, referindo-se a esse diário, declarou: "Foi Brainerd quem me ensinou a jejuar e orar. Cheguei a saber que se fazem maiores coisas por meio de contato cotidiano com Deus do que por pregações".

No início da história da vida de Brainerd, já relatamos como Deus lhe concedeu entrada entre os silvícolas violentos, em resposta a uma noite de oração nas profundezas da floresta. Mas, apesar de os índios lhe darem toda a hospitalidade, concedendo-lhe um lugar para dormir sobre um pouco de palha e ouvirem o sermão, comovidos, Brainerd não estava satisfeito, e continuava a lutar em oração, como revela seu diário:

Continuo a sentir-me angustiado. À tarde preguei ao povo, mas fiquei mais desanimado acerca do trabalho do que antes; receio que seja impossível alcançar as almas. Retirei-me e derramei a minha alma pedindo misericórdia, mas sem sentir alívio.

Completo 25 anos de idade hoje. Dói-me a alma ao pensar que vivi tão pouco para a glória de Deus. Passei o dia na floresta sozinho, derramando a minha queixa perante o Senhor.

Cerca das 9 horas, saí para orar na mata. Depois do meio-dia, percebi que os índios estavam se preparando para uma festa e uma dança... Em oração, senti o poder de Deus e a minha alma extenuada como nunca antes na minha vida. Senti tanta agonia e insisti com tanta veemência que, ao levantar-me, só consegui andar com dificuldade. O suor corria-me pelo rosto e pelo corpo. Reconheci que os pobres índios se reuniam para adorar demônios e não a Deus; esse foi o motivo de eu clamar ao Senhor que se apressasse em frustrar a reunião idólatra.

Assim, passei a tarde orando incessantemente, pedindo o auxílio divino para que eu não confiasse em mim mesmo. O que experimentei, enquanto orava, foi maravilhoso. Parecia-me que não havia nada de importância em mim, a não ser a santidade de coração e vida, e o anelo pela conversão dos pagãos a Deus. Desapareceram todos os cuidados, receios e anelos; todos juntos pareciam-me de menor importância que o sopro do vento. Anelava que Deus adquirisse para si um nome entre os pagãos, e lhe fiz o meu apelo com a maior ousadia, insistindo em que Ele reconhecesse que "eu o preferia à minha maior alegria". De fato, não me importava onde ou como morava, nem a fadiga que tinha de suportar, se pudesse ganhar almas para Cristo. Continuei assim toda a tarde e toda a noite.

Assim revestido, Brainerd, pela manhã, voltou da mata para enfrentar os índios, certo de que Deus estava com ele, como estivera com Elias no monte Carmelo. Ao insistir com os índios para que abandonassem a dança, eles, em vez de matá-lo, desistiram da orgia e ouviram a sua pregação, de manhã e à tarde.

Depois de sofrer como poucos sofrem, depois de se esforçar de noite e de dia, depois de passar horas inumeráveis em jejum e oração, depois de pregar a Palavra "a tempo e fora de tempo", por fim, abriram-se os céus e caiu o fogo. Os seguintes excertos do seu diário descrevem algumas dessas experiências gloriosas:

Passei a maior parte do dia em oração, pedindo que o Espírito fosse derramado sobre o meu povo... Orei e louvei com grande ousadia, sentindo grande peso pela salvação das preciosas almas.

Discursei à multidão extemporaneamente sobre Isaías 53.10: "Todavia, ao Senhor agradou moê-lo". Muitos dos ouvintes entre a multidão de 3 a 4 mil, ficaram comovidos a ponto de haver um "grande pranto, como o pranto de Hadadrimom". [Ver Zacarias 12.11.]

Enquanto eu andava a cavalo, antes de chegar ao lugar para pregar, senti o meu espírito restaurado e a minha alma revestida com poder para clamar a Deus, quase sem cessar, por muitos quilômetros a fio.
De manhã, discursei aos índios onde nos hospedamos. Muitos ficaram comovidos e, ao falar-lhes acerca da salvação da sua alma, as lágrimas correram abundantemente e eles começaram a soluçar e a gemer. À tarde, voltei ao lugar onde lhes costumava pregar; eles ouviram com a maior atenção quase até o fim. Nem a décima parte dos ouvintes pôde conter-se de derramar lágrimas e clamar amargamente. Quanto mais eu falava do amor e compaixão de Deus, ao enviar seu Filho para sofrer pelos pecados dos homens, tanto mais aumentava a angústia dos ouvintes. Foi para mim uma surpresa notar como seus corações pareciam traspassados pelo terno e comovente convite do Evangelho, antes de eu proferir uma única palavra de terror.

Preguei aos índios sobre Isaías 53.3-10. Muito poder acompanhava a Palavra e houve grande convicção entre os ouvintes; contudo, não tão geral como no dia anterior. Mas a maioria ficou comovida e em grande angústia de alma; alguns não podiam caminhar, nem ficar em pé: caíam no chão como se tivessem o coração traspassado e clamavam sem cessar, pedindo misericórdia... Os que vieram de lugares distantes foram levados logo à convicção, pelo Espírito de Deus.

À tarde, preguei sobre Lucas 15.16-23. Havia muita convicção visível entre os ouvintes, enquanto eu discursava; mas, ao falar particularmente, depois, a alguns que se mostravam comovidos, o poder de Deus desceu sobre o auditório como um vento veemente e impetuoso e varreu tudo de uma maneira espetacular.
Fiquei em pé, admirado da influência que se apoderou do auditório quase totalmente. Parecia, mais que qualquer outra coisa, a força irresistível de uma grande correnteza, ou dilúvio crescente, que derrubava e varria tudo o que encontrava na frente.
Quase todos oravam e clamavam, pedindo misericórdia, e muitos não podiam ficar em pé. A convicção que cada um sentiu foi tão grande, que pareciam ignorar por completo os outros em redor, mas cada um continuava a orar por si mesmo.

Lembrei-me de Zacarias 12.10-12, porque havia grande pranto como o pranto de Hadadrimom, parecendo que cada um pranteava à parte. Parecia-me um dia muito semelhante ao dia em que Deus mostrou seu poder a Josué (Js 10.14), porque era um dia diferente de qualquer dia que tinha presenciado antes, um dia em que Deus fez muito para destruir o reino das trevas entre esse povo.

É difícil reconhecer a magnitude da obra de Davi Brainerd entre as diversas tribos de índios, nas profundezas das florestas; ele não entendia os seus idiomas. Se lhes transmitia a mensagem de Deus ao coração, deveria achar alguém que pudesse servir como intérprete. Passava dias inteiros simplesmente orando para que viesse sobre ele o poder do Espírito Santo com tanto poder, que esse povo não pudesse resistir à mensagem. Certa vez teve que pregar por meio de um intérprete tão bêbado, que quase não podia ficar em pé, contudo, dezenas de almas foram convertidas por meio desse sermão.

Ele andava, às vezes, perdido de noite no ermo, apanhando chuva e atravessando montanhas e pântanos. Franzino de corpo, cansava-se nas viagens. Tinha de suportar o calor do verão e o intenso frio do inverno. Dias a fio passava-os com fome. Já começava a sentir a saúde abalada e estava a ponto de casar-se — sua noiva era Jerusa Edwards, filha de Jônatas Edwards — e estabelecer um lar entre os índios convertidos, ou voltar e aceitar o pastorado de uma igreja que o convidava. Porém, reconhecia que não podia viver, por causa da sua doença, mais que um ou dois anos, e resolveu então "arder até o fim".

Assim, depois de ganhar a vitória em oração, clamou:

Eis-me aqui, Senhor, envia-me a mim até os confins da terra; envia-me aos selvagens do ermo; envia-me para longe de tudo que se chama conforto da terra; envia-me mesmo para a morte, se for no teu serviço e para promover o teu reino...

Adeus, amigos e confortos terrestres, mesmo os mais anelados de todos. Se o Senhor quiser, gastarei a minha vida, até os últimos momentos, em cavernas e covas da terra, se isso servir para o progresso do reino de Cristo.

Foi nessa ocasião que escreveu:

Continuarei lutando com Deus em oração pelo rebanho aqui e, especialmente, pelos índios em outros lugares, até a hora de deitar-me. Oh! como senti ser obrigado a gastar o tempo dormindo! Anelava ser uma chama de fogo, constantemente ardendo no serviço divino e edificando o reino de Deus, até o último momento, o momento de morrer.

Por fim, depois de cinco anos de viagens árduas no ermo, de aflições inumeráveis e de sofrer dores incessantes no corpo, Davi Brainerd, tuberculoso e com as forças físicas quase inteiramente esgotadas, conseguiu chegar à casa de Jônatas Edwards.

O peregrino já completara a sua carreira terrestre e esperava o carro de Deus para levá-lo à glória. Quando, no seu leito de sofrimento, viu alguém entrar no quarto com a Bíblia, exclamou: "Oh! o querido Livro! Breve hei de vê-lo aberto. Os seus mistérios me serão então desvendados!"

Suas forças físicas minguavam e ele falava com mais e mais dificuldade, mas sua percepção espiritual parecia aumentar: "Fui feito para a eternidade. Como anelo estar com Deus e prostrar-me perante Ele! Oh! que o Redentor pudesse ver o fruto do trabalho da sua alma e ficar satisfeito! Oh! vem, Senhor Jesus! Vem depressa! Amém!" E foi assim que dormiu no Senhor.

Depois desse acontecimento, Jerusa Edwards começou a murchar como uma flor e, quatro meses depois, também foi morar na cidade celeste. De um lado do seu túmulo está o de seu noivo, Davi Brainerd, e do outro lado está o túmulo de seu pai, Jônatas Edwards.

O desejo veemente da vida de Davi Brainerd era o de arder como uma chama, por Deus, até o último momento, como ele mesmo dizia: "Anelo ser uma chama de fogo, constantemente ardendo no serviço divino, até o último momento, o momento de falecer".

Brainerd findou a sua carreira terrestre aos 29 anos. Contudo, apesar de sua grande fraqueza física, fez mais que a maioria dos homens faz em setenta anos.

Sua biografia, escrita por Jônatas Edwards e revisada por João Wesley, teve mais influência sobre a vida de A. J. Gordon do que qualquer outro livro, exceto a Bíblia. Guilherme Carey leu a história que narra sua obra e consagrou sua própria vida ao serviço de Cristo, e nas trevas da Índia! Roberto McCheyne leu o diário de Davi e gastou sua vida entre os judeus. Henrique Martyn leu a sua biografia e decidiu consumir-se dentro de um período de seis anos e meio na Pérsia, a serviço do Mestre.

O que Davi escreveu a seu irmão, Israel Brainerd, é para nós um desafio à obra missionária: "Digo, agora, morrendo, que não teria gasto a minha vida de outra forma, nem por tudo o que há no mundo".

"... sinto-me mais alegre hoje acerca dos peles-vermelhas. Oxalá que Deus atraia grande número deles a Jesus Cristo..."

Guilherme Carey

O Pai das Missões Modernas
(1761 — 1834)

O menino Guilherme Carey era apaixonado pelo estudo da natureza. Enchia seu quarto de coleções de insetos, flores, pássaros, ovos, ninhos, etc. Certo dia, ao tentar alcançar um ninho de passarinhos, caiu de uma árvore alta. Ao experimentar a segunda vez, caiu novamente. Insistiu a terceira vez: caiu e quebrou uma perna. Algumas semanas depois, antes de a perna sarar, Guilherme entrou em casa com o ninho na mão. "Subiste à árvore novamente?!", exclamou sua mãe. "Não pude evitar, tinha de possuir o ninho, mamãe", respondeu o menino.

Diz-se que Guilherme Carey, fundador das missões atuais, não era dotado de inteligência superior e nem de qualquer dom que deslumbrasse os homens. Entretanto, foi essa característica de persistir, com espírito indômito e inconquistável, até completar tudo quanto iniciara, que fez o segredo do maravilhoso êxito da sua vida.

Quando Deus o chamava a iniciar qualquer tarefa, permanecia firme, dia após dia, mês após mês, ano após ano, até acabá-la. Deixou o Senhor utilizar-se de sua vida, não somente para evangelizar durante um período de quarenta e um anos no estrangeiro, mas também para executar a façanha, por incrível que pareça, de traduzir as Sagradas Escrituras em mais de trinta línguas.

O avô e o pai do pequeno Guilherme pertenciam à igreja anglicana e eram sucessivamente professor e sacristão da paróquia. Assim, o filho aprendeu o pouco que o pai podia ensinar-lhe. Mas não satisfeito com isso, Guilherme continuou seus estudos sem mestre.

Aos 12 anos adquiriu um exemplar do *Vocabulário Latino*, organizado por Dyche, o qual decorou. Aos 14 anos iniciou a carreira como aprendiz de sapateiro. Na loja encontrou alguns livros, dos quais se aproveitou para estudar. Assim iniciou o estudo do grego. Foi nesse tempo que chegou a reconhecer que era um pecador perdido e começou a examinar cuidadosamente as Escrituras.

Não muito depois da sua conversão, com 18 anos de idade, pregou o seu primeiro sermão. Ao reconhecer que o batismo por imersão é bíblico e apostólico, deixou a denominação a que pertencia. Tomava emprestados livros para estudar e, apesar de viver em pobreza, adquiria alguns livros usados. Um de seus métodos para aumentar o conhecimento de outras línguas consistia em ler diariamente a Bíblia em latim, em grego e em hebraico.

Com a idade de 20 anos, casou-se. Os membros da igreja onde pregava, entretanto, eram pobres, e Carey teve de continuar seu ofício de sapateiro para ganhar o pão cotidiano. O fato de o senhor Old, seu patrão, exibir na loja um par de sapatos fabricados por Guilherme, como amostra, provava a habilidade do rapaz.

Foi durante o tempo em que ensinava geografia em Moulton, que Carey leu o livro *As Viagens do Capitão Cook*, oportunidade em que Deus falou à sua alma acerca do estado abjeto dos pagãos sem o Evangelho. Na sua tenda de sapateiro, afixou na parede um grande mapa-múndi que ele mesmo desenhara cuidadosamente. Incluíra nesse mapa todos os dizeres disponíveis: o número exato da população, a flora e a fauna, as características dos habitantes, etc., de todos os países. Enquanto consertava sapatos, levantava os olhos, de vez em quando, para o mapa, e meditava sobre as condições dos vários povos e a maneira de os evangelizar. Foi assim que sentiu mais e mais a chamada de Deus para preparar a Bíblia para os muitos milhões de hindus, na própria língua deles.

A denominação a que Guilherme pertencia, depois de aceitar o batismo por imersão, achava-se em grande decadência espiritual. Alguns ministros reconheceram a gravidade da situação e concordaram em passar "uma hora em oração na primeira segunda-feira de todos os meses", pedindo a Deus um grande avivamento. De fato, esperavam um despertamento, mas, como acontece muitas vezes, não pensaram na maneira que Deus lhes responderia.

As igrejas de então não aceitavam a idéia, que consideravam absurda, de levar o Evangelho aos pagãos. Certa vez, numa reunião do ministério, Carey levantou-se e sugeriu que ventilassem este assunto: "O dever dos crentes em promulgar o Evangelho às nações pagãs". O venerável presidente da reunião, surpreendido, pôs-se em pé e gritou: "Jovem, sente-se! Quando agradar a Deus converter os pagãos, Ele o fará sem o seu auxílio, nem o meu".

Porém o fogo continuou a arder na alma de Guilherme Carey. Durante os anos que se seguiram, esforçou-se ininterruptamente, orando, escrevendo e falando sobre o tema que lhe fazia palpitar o coração: levar Cristo a todas as nações.

Em maio de 1792, pregou seu memorável sermão sobre Isaías 54.2,3: "Amplia o lugar da tua tenda, e as cortinas das tuas habitações se estendam; não o impeças; alonga as tuas cordas, e firma bem as tuas estacas. Porque transbordarás à mão direita e à esquerda; e a tua posteridade possuirá as nações e fará que sejam habitadas as cidades assoladas". Discursou sobre a importância de esperar grandes coisas de Deus e, em seguida, enfatizou a necessidade de tentar grandes coisas para Deus.

O auditório sentiu-se culpado de negar o Evangelho aos países pagãos, a ponto de "levantar as vozes em choro". Foi então organizada a primeira sociedade missionária na história das igrejas de Cristo para a pregação da Palavra de Deus entre os povos nunca evangelizados. Alguns como Brainerd, Eliot e Schwartz já tinham ido pregar em lugares distantes, mas sem que as igrejas se unissem para sustentá-los.

Apesar de a sociedade missionária ter sido o resultado da persistência e esforços de Carey, ele mesmo não tomou parte na sua formação. O seguinte, porém, foi escrito acerca dele nesse tempo:

> Aí está Carey, de estatura pequena, humilde de espírito, quieto e constante; tem transmitido o espírito missionário aos corações dos irmãos, e agora quer que saibam da sua prontidão em ir aonde quer que eles desejem, e está bem contente que formulem todos os planos.

Nem mesmo com esta vitória, foi fácil para Guilherme Carey concretizar o sonho de levar Cristo aos países que jaziam nas trevas. Dedicava o seu espírito indômito a alcançar o alvo que Deus lhe marcara.

A igreja onde pregava não consentia que deixasse o pastorado: somente quando recebeu a visita dos membros da sociedade é que o problema foi resolvido. No relatório da igreja consta o seguinte registro: "Apesar de concordar com ele, não achamos bom que nos deixe aquele a quem amamos mais que a nossa própria alma".

Entretanto, o que mais sentiu foi quando a sua esposa recusou terminantemente deixar a Inglaterra com os filhos. Carey estava tão certo de que Deus o chamava para trabalhar na Índia que nem por isso vacilou.

Havia outro problema que parecia insolúvel: era proibida a entrada de qualquer missionário na Índia. Sob tais circunstâncias, era inútil pedir licença para entrar. Foi nessas condições que conseguiram embarcar, mas, infelizmente, o navio demorou algumas semanas para zarpar e, pouco antes de partir, os missionários receberam ordem para que desembarcassem.

A sociedade missionária, apesar de tantos contratempos, continuou a confiar em Deus; conseguiram granjear dinheiro e compraram passagem para a Índia em um navio dinamarquês. Uma vez mais Carey rogou à sua querida esposa que o acompanhasse, mas ela ainda persistia na recusa. Nosso herói, ao despedir-se dela, disse: "Se eu possuísse o mundo inteiro, daria alegremente tudo pelo privilégio de levar-te e os nossos queridos filhos comigo; mas o sentido do meu dever sobrepuja todas as outras considerações. Não posso voltar para trás sem incorrer em culpa a minha alma".

Porém, antes de o navio partir, um dos missionários foi à casa de Carey. Grande foi a surpresa e o regozijo de todos ao saberem que esse missionário conseguiu induzir a esposa de Carey a acompanhar o seu marido. Deus comoveu o coração do comandante do navio a levá-la em companhia dos filhos sem pagar passagem.

Certamente, a viagem à vela não era tão cômoda como nos vapores modernos. Apesar dos temporais, Carey aproveitou-se do ensejo para estudar o bengali e ajudar um dos missionários na obra de verter o livro de Gênesis para esta língua indiana.

Guilherme Carey aprendeu suficiente o bengali, durante a viagem, para conversar com o povo. Pouco depois de desembarcar, começou a pregar, e os ouvintes vinham para ouvir em número sempre crescente.

Carey percebeu a necessidade imperiosa de o povo possuir a Bíblia na própria língua e, sem demora, entregou-se à tarefa de traduzi-la. A rapidez com que aprendeu as línguas da Índia é uma admiração para os maiores lingüistas.

Ninguém sabe quantas vezes o nosso herói se mostrou desanimadíssimo na Índia. A esposa não tinha interesse nos esforços de seu marido e enlouqueceu. A maior parte dos ingleses com quem Carey teve contato o tinham como louco; durante quase dois anos nenhuma carta da Inglaterra lhe chegou às mãos. Muitas vezes faltava aos seus dinheiro e alimento. Para sustentar a família, o missionário tornou-se lavrador da terra e empregou-se em uma fábrica de anil.

Durante mais de trinta anos, Carey foi professor de línguas orientais no colégio de Fort Williams. Fundou também o Serampore College para ensinar os obreiros. Sob a sua direção, o colégio prosperou, preenchendo um grande vácuo na evangelização do país.

Ao chegar à Índia, Carey continuou os estudos que começara quando menino. Não somente fundou a Sociedade de Agricultura e Horticultura, mas criou um dos melhores jardins botânicos do país, além de redigir e publicar o *Hortus Bengalensis*. O livro *Flora Índica*, outra de suas obras, foi considerada obra-prima por muitos anos.

Não se deve concluir, contudo, que para Guilherme Carey a horticultura fosse mais do que um passatempo. Dedicou-se, também, a ensinar nas escolas de crianças pobres, mas, acima de tudo, sempre lhe ardia no coração o desejo de se esforçar na obra de ganhar almas.

Quando um de seus filhos começou a pregar, Carey escreveu: "Meu filho, Félix, respondeu à chamada para pregar o Evangelho". Anos depois, quando esse filho aceitou o cargo de embaixador da Grã Bretanha no Sião, o pai, desapontado e angustiado, escreveu para um amigo: "Félix encolheu-se até tornar-se um embaixador!"

Durante o período de quarenta e um anos, que passou na Índia, não visitou a Inglaterra. Falava, embora com dificuldade, mais de trinta línguas indianas, dirigia a tradução das Escrituras em todas elas e foi apontado para o serviço árduo de tradutor oficial do governo. Escreveu várias gramáticas indianas e compilou notáveis dicionários dos idiomas bengali, marati e sânscrito. O dicionário do idioma bengali consta de três volumes e inclui todas as palavras da língua, traçadas até a sua origem e definidas em todos os seus sentidos.

Tudo isso era possível porque sempre economizava o tempo, segundo se deduz do que escreveu seu biógrafo:

Desempenhava estas tarefas hercúleas sem pôr em risco a sua saúde, aplicando-se metódica e rigorosamente ao seu programa de trabalho, ano após ano. Divertia-se, passando de uma tarefa para outra. Dizia que se perde mais tempo trabalhando inconstante e indolentemente do que nas interrupções de visitas. Observava, portanto, a norma de entrar, sem vacilar, na obra marcada e de não deixar coisa alguma desviar a sua atenção durante aquele período.

O seguinte escrito, em que pede desculpas a um amigo pela demora em responder-lhe a carta, mostra como muitas das suas obras avançavam juntas:

Levantei-me hoje às 6 da manhã, li um capítulo da Bíblia hebraica; passei o resto do tempo, até às 7, em oração. Então assisti ao culto doméstico em bengali, com os criados. Enquanto esperava o chá, li um pouco em persa com um munchi que me esperava; li também, antes de comer, uma porção das Escrituras em industani. Logo depois de comer, sentei-me com um pundite que me esperava, para continuar a tradução do sânscrito para o ramayuma. Trabalhamos até as 10 horas, quando então fui ao colégio para ensinar até quase as 14 horas. Ao voltar para casa, li as provas da tradução de Jeremias em bengali, só findando em tempo para jantar. Depois do jantar, traduzi, ajudado pelo pundite-chefe do colégio, a maior parte do capítulo 8 de Mateus em sânscrito. Nisto fiquei ocupado até as 18 horas. Depois assentei-me com um pundite de Telinga para traduzir do sânscrito para a língua dele. Às 7 da noite comecei a meditar sobre a mensagem para um sermão e preguei em inglês às 7h30. Cerca de quarenta pessoas assistiram ao culto, entre as quais um juiz do Sudder Dewany'dawlut. Depois do culto, o juiz contribuiu com 500 rupias para a construção de um novo templo. Todos os que assistiram ao culto tinham saído às 21 horas; sentei-me para traduzir o capítulo 11 de Ezequiel para o bengali. Findei às 23 horas, e agora estou escrevendo esta carta. Depois, encerrei o dia com oração. Não há dia em que disponha de mais tempo do que isto, mas o programa varia.

Com o avançar da idade, seus amigos insistiam em que diminuísse os esforços, mas a sua aversão à inatividade era tal, que continuava trabalhando, mesmo quando a força física não acompanhava a necessária energia mental. Por fim, viu-se obrigado a ficar de cama, onde continuava a corrigir as provas das traduções.
Finalmente, em 9 de junho de 1834, com a idade de 73 anos, Guilherme Carey dormiu em Cristo.
A humildade era uma das características mais destacadas da sua vida. Conta-se que, no zênite da fama, ouviu certo oficial inglês perguntar cinicamente: "O grande doutor Carey não era sapateiro?" Carey, ao ouvir casualmente a pergunta, respondeu: "Não, meu amigo, era apenas um remendão".
Quando Guilherme Carey chegou à Índia, os ingleses negaram-lhe permissão para desembarcar. Ao morrer, porém, o governo mandou içar as bandeiras a meia haste em honra de um herói que fizera mais pela Índia do que todos os generais britânicos.
Calcula-se que tenha traduzido a Bíblia para a terça parte dos habitantes do mundo. Assim escreveu um de seus sucessores, o missionário Wenger:

Não sei como Carey não conseguiu fazer nem a quarta parte das suas traduções. Faz cerca de vinte anos [em 1855] que alguns missionários, ao apresentarem o Evangelho no Afeganistão, acharam que a única versão que esse povo entendia era o pushtoo, feita em Serampore por Carey.

O corpo de Guilherme Carey descansa, mas a sua obra continua a servir de bênção a uma grande parte do mundo.

Christmas Evans

O "João Bunyan de Gales"
(1766 — 1838)

Seus pais deram-lhe o nome de Christmas porque nasceu no dia de Natal (*Christmas*, em inglês), em 1766. O povo deu-lhe a alcunha de "pregador caolho", porque era cego de um olho. Alguém assim se referiu a Christmas Evans: "Era o mais alto dos homens, de maior força física e o mais corpulento que jamais vi. Tinha um olho só; se há razão para dizer que era olho, pois mais propriamente pode-se dizer que era uma estrela luzente, brilhando como Vênus". Foi chamado, também, o "João Bunyan de Gales", porque era o pregador que, na história desse país, desfrutava mais do poder do Espírito Santo. Em todo lugar onde pregava, havia grande número de conversões. Seu dom de pregar era tão extraordinário que, com toda a facilidade, podia levar um auditório de 15 a 20 mil pessoas, de temperamentos e sentimentos vários, a ouvi-lo com a mais profunda atenção. Nas igrejas, não cabiam as multidões que iam ouvi-lo durante o dia; à noite, sempre pregava ao ar livre, sob o brilho das estrelas.

Durante a sua mocidade, viveu entregue à devassidão e à embriaguez. Numa luta, foi gravemente esfaqueado; outra vez foi tirado das águas como morto e, ainda doutra vez, caiu de uma árvore sobre uma faca. Nas contendas era sempre o campeão, até que, por fim, numa briga, seus companheiros cegaram-lhe um olho. Deus, contudo, fora misericordioso durante esse período, guardando-o com vida para, mais tarde, fazê-lo útil no seu serviço.

Com a idade de 17 anos, experimentou a graça da salvação. Aprendeu a ler e, não muito depois, foi chamado a pregar e separado para o ministério. Seus sermões eram secos e sem fruto até que, um dia, em viagem para Maentworg, segurou seu cavalo e entrou na mata, onde derramou a sua alma em oração a Deus. Como Jacó em Peniel, de lá não saiu antes de receber a bênção divina. Depois daquele dia reconheceu a grande responsabilidade de sua obra; regozijava-se sempre em espírito de oração e surpreendeu-se grandemente com os frutos gloriosos que Deus começou a conceder-lhe. Antes dessas coisas acontecerem, possuía dons e corpo de gigante; depois, porém, foi-lhe acrescentado o espírito de gigante. Era corajoso como um leão e humilde como um cordeiro; não vivia para si, mas para Cristo. Além de ter, por natureza, uma mente ativa e uma maneira tocante de falar, tinha um coração que transbordava de amor para com Deus e o próximo. Verdadeiramente era uma luz que ardia e brilhava.

No sul de Gales andava a pé, pregando, às vezes, cinco sermões num só dia. Apesar de não andar bem vestido e de possuir maneiras desastrosas, grandes multidões afluíam para ouvi-lo. Vivificado com o fogo celestial, "subia" em espírito como se tivesse asas de anjo e quase sempre levava o auditório consigo. Muitas vezes os ouvintes rompiam em choro e vivenciavam outras manifestações, coisas que não podiam evitar. Por isso eram conhecidos como "saltadores galeses".

Era convicção de Evans que seria melhor evitar os dois extremos: o excesso de ardor e a frieza demasiada. Deus, porém, é um ser soberano e opera de várias maneiras. A alguns Ele atrai pelo amor, enquanto a outros Ele espanta com os trovões do Sinai, para acharem preciosa paz em Cristo. Os vacilantes, às vezes, são por Deus sacudidos sobre o abismo da angústia eterna até clamarem pedindo misericórdia e acharem gozo indizível. O cálice desses transborda até que alguns, não compreendendo, perguntam: "Por que tanto excesso?"

Acerca da censura que faziam aos cultos, Evans escreveu: "Admiro-me de que o gênio mau, chamando-se 'o anjo da ordem', queira experimentar tornar tudo, na adoração a Deus, em coisa tão seca como o monte Gilboa. Esses homens da ordem desejam que o orvalho caia e o sol brilhe sobre todas as suas flores, em todos os lugares, menos nos cultos ao Deus todo-poderoso. Nos teatros, nos bares e nas reuniões políticas, os homens comovem-se, entusiasmam-se e são tocados de fogo como qualquer 'saltador galês'. Mas, segundo eles desejam, não deve haver coisa alguma que dê vida e entusiasmo à religião! Irmãos, meditai nisto! Tendes razão ou estais errados?"

Conta-se que, em certo lugar, havia três pregadores para falar, sendo Evans o último. Era um dia de muito calor. Os primeiros dois sermões foram muito longos, de forma que todos os ouvintes ficaram indiferentes e quase exaustos. Porém, depois de Evans haver pregado cerca de quinze minutos sobre a misericórdia de Deus, tal qual se vê na parábola do filho pródigo, centenas dos que estavam sentados na relva, repentinamente, ficaram em pé. Alguns choravam e outros oravam sob grande angústia. Foi impossível continuar o sermão: o povo continuou a chorar e orar durante o dia inteiro, e de noite até o amanhecer.

Na ilha de Anglesey, porém, Evans teve de enfrentar certa doutrina chefiada por um orador eloquente e instruído. Na luta contra o erro dessa seita, começou a esfriar espiritualmente. Depois de alguns anos, não mais possuía o espírito de oração nem o gozo da vida cristã. Mas ele mesmo descreveu como buscou e recebeu de novo a unção do poder divino que fez a sua alma abrasar-se ainda mais do que antes:

Não podia continuar com o meu coração frio para com Cristo, sua expiação e a obra de seu Espírito. Não suportava o coração frio no púlpito, na oração particular e no estudo, especialmente quando me lembrava de que durante quinze anos o meu coração se abrasava como se eu andasse com Jesus no caminho de Emaús. Chegou o dia, por fim, que nunca mais esquecerei. Na estrada de Dolgelly, senti-me obrigado a orar, apesar de ter o coração endurecido e carnal. Depois de começar a suplicar, senti como que pesados grilhões me caíssem e como que montanhas de gelo se derretessem dentro de mim. Com esta manifestação, aumentou em mim a certeza de haver recebido a promessa do Espírito Santo. Parecia-me que meu espírito inteiro fora solto de uma prisão prolongada, ou como se estivesse saindo do túmulo num inverno muitíssimo frio. Correram-me abundantemente as lágrimas e fui constrangido a clamar e pedir a Deus o gozo da sua salvação, e que Ele visitasse, de novo, as igrejas de Anglesey que estavam sob meus cuidados. Tudo entreguei nas mãos de Cristo... No culto seguinte, senti-me como que removido da região estéril e frígida de gelo espiritual para as terras agradáveis das promessas de Deus. Recomecei, então, os primeiros combates em oração, sentindo um forte anelo pela conversão de pecadores, tal como tinha sentido em Leyn. Apoderei-me da promessa de Deus. O resultado foi que vi, ao voltar a casa, o Espírito operar nos irmãos de Anglesey, dando-lhes o espírito de oração com importunação.

O grande avivamento vivido pelo pregador contagiou o povo em todos os lugares da ilha de Anglesey e em todo o principado de Gales. A convicção de pecado, como grandes enchentes, passava sobre os auditórios. O poder do Espírito Santo operava até o povo chorar e dançar de alegria. Um dos que assistiram ao seu famoso sermão sobre o endemoninhado gadareno conta que Evans retratou tão fielmente a cena do livramento do pobre endemoninhado, a admiração do povo ao vê-lo liberto, o gozo da esposa e dos filhos quando voltou a casa, curado, que o auditório rompeu em grande riso e choro. Alguém assim se expressou: "O lugar tornou-se um verdadeiro Boquim de choro" (Jz 2.1-5). Outro ainda disse que o auditório ficou como os habitantes duma cidade abalada por um terremoto, correndo para fora, prostrando-se em terra e clamando a Deus.

Não semeava pouco, portanto colhia abundantemente. Ao ver a abundância da colheita, sentia seu zelo arder de novo, seu amor aumentar, e era levado a trabalhar ainda mais. A sua firme convicção era de que nem a melhor pessoa pode salvar-se sem a operação do Espírito Santo e nem o coração mais rebelde pode resistir ao poder do mesmo Espírito. Evans sempre tinha um alvo quando lutava em oração: firmava-se nas promessas de Deus, suplicando com a persistência de quem não pode desistir antes de receber. Dizia que a parte mais gloriosa do ministério do pregador era o fato de agradecer a Deus pela operação do Espírito Santo na conversão dos pecadores.

Como vigia fiel, não podia pensar em dormir enquanto a cidade se incendiava. Humilhava-se perante Deus, agonizando pela salvação de pecadores, e de boa vontade gastou suas forças físicas e mentais na fala de seu último sermão — sob o poder de Deus, como de costume. Ao findar disse: "Este é meu último sermão". Os irmãos entenderam que se referira ao último sermão naquele lugar. Caiu doente, porém, na mesma noite. Na hora da sua morte, três dias depois, dirigiu-se ao pastor, seu hospedeiro, com estas palavras: "O meu gozo e consolação é que, depois de me ocupar na obra do santuário durante cinqüenta e três anos, nunca me faltou 'sangue na bacia'. Prega Cristo ao povo". Então, depois de cantar um hino, disse: "Adeus! Adeus!" E faleceu.

A morte de Christmas Evans foi um dos eventos mais solenes de toda a história do principado de Gales. Houve choro e pranto no país inteiro.

O fogo do Espírito Santo fez os sermões desse servo de Deus abrasar de tal forma os corações, que o povo da sua geração não podia ouvir pronunciar o nome de Christmas Evans sem ter uma lembrança vívida do Filho de Maria na manjedoura de Belém; do seu batismo no Jordão; do jardim do Getsêmani; do tribunal de Pilatos; da coroa de espinhos; do monte Calvário; do Filho de Deus imolado no altar, e do fogo santo que consumia todos os holocaustos, desde os dias de Abel até o dia memorável em que esse fogo foi apagado pelo sangue do Cordeiro de Deus.

Henrique Martyn

Luz Inteiramente Gasta por Deus
(1781 — 1812)

Ajoelhado na praia da Índia, Henrique Martyn derramava a alma perante o Mestre e orava: "Amado Senhor, eu também andava no país longínquo; minha vida ardia no pecado... desejaste que eu me tornasse não mais um tição para espalhar a destruição, mas uma tocha brilhando por ti [Zc 3.2]. Eis-me aqui nas trevas mais densas, selvagens e opressivas do paganismo. Agora, Senhor, quero arder até me consumir inteiramente por ti!"

O intenso ardor daquele dia sempre motivou a vida desse moço. Diz-se que possuiu "o nome mais heróico, que adorna a história da igreja da Inglaterra, desde os tempos da rainha Elisabeth". Contudo, até entre seus patrícios ele não é bem conhecido.

Seu pai era de físico franzino e, após o seu falecimento, os quatro filhos, inclusive Henrique, não tardaram a contrair a mesma enfermidade, a tuberculose.

Com a morte do pai, Henrique perdeu seu intenso gosto pela matemática e passou a se interessar grandemente pela leitura da Bíblia. Diplomou-se com mais honras do que todos da sua classe. O Espírito Santo, porém, falou à sua alma: "Buscas grandes coisas para ti. Não as busques!" Acerca dos seus estudos testificou: "Alcancei o ponto mais alto que desejara, mas fiquei desapontado ao ver como tinha agarrado apenas uma sombra".

Tinha por costume levantar-se cedo, de madrugada, e andar sozinho pelos campos para desfrutar de comunhão íntima com Deus. O resultado foi que abandonou para sempre o plano de ser advogado, um alvo que, até então, perseguia, porque "não podia consentir em ser pobre pelo amor de Cristo".

Ao ouvir um sermão sobre "O estado perdido dos pagãos", resolveu dar a sua vida como missionário. Ao conhecer a vida abnegada do missionário Guilherme Carey e sua grande obra na Índia, sentiu-se dirigido a trabalhar no mesmo país.

O desejo de levar a mensagem de salvação aos povos que não conheciam a Cristo tornou-se como um fogo inextinguível na sua alma pela leitura da biografia de Davi Brainerd, que morrera quando ainda muito jovem. (Esse missionário partiu para a glória com a idade de 29 anos depois de dedicar sua vida inteiramente ao serviço de evangelização dos silvícolas da América do Norte.)

Henrique Martyn reconhecia que, como haviam sido poucos os anos da obra de Davi Brainerd, assim também seria com ele. Então se acendeu nele a mesma paixão de gastar-se, inteiramente por Cristo, no breve espaço de tempo que lhe restava. Seus sermões não consistiam em palavras de sabedoria humana, mas sempre se dirigia ao povo como "um moribundo pregando aos moribundos".

Havia um grande embaraço para Henrique Martyn: a mãe de sua noiva, Lídia Grenfel, não consentiria que se casassem caso ele insistisse em levá-la para o estrangeiro. Henrique amava Lídia e o seu maior desejo terrestre era estabelecer um lar e trabalhar junto com ela na seara do Senhor. Acerca disto, ele escreveu no seu diário: "Continuei uma hora a mais em oração, lutando contra o que me ligava... Cada vez que estava perto de ganhar a vitória, o coração voltava para o seu ídolo. Finalmente, deitei-me sentindo grande mágoa".

Então lembrou-se de Davi Brainerd, o qual negava a si mesmo todos os confortos da civilização, andava grandes distâncias sozinho na floresta, passava dias com fome e depois de assim se esforçar por cinco anos, voltou para falecer tuberculoso nos braços da sua noiva, Jerusa, filha de Jônatas Edwards.

Por fim, Henrique Martyn também ganhou a vitória, obedecendo à chamada para sacrificar-se em prol da salvação dos perdidos. Ao embarcar para a Índia, em 1805, escreveu: "Se eu viver ou morrer, que Cristo seja magnificado pela colheita de multidões para Ele".

A bordo do navio, ao afastar-se da sua pátria, Henrique Martyn chorou como uma criança. Contudo, nada podia desviá-lo da sua firme resolução de seguir a direção divina. Ele era "um tição arrebatado do fogo" e repentinamente dizia: "Que eu seja uma chama de fogo no serviço divino".

Depois de nove longos meses a bordo, e quando já se achava perto do seu destino, passou um dia inteiro em jejum e oração. Sentia quão grande era o sacrifício da cruz e como era, igualmente, grande a sua responsabilidade para com os perdidos na idolatria da Índia. Continuava a repetir: "Tenho posto vigias sobre os teus muros, ó Jerusalém; eles não se calarão jamais em todo o dia nem em toda a noite: não descanseis vós os que fazeis lembrar a Jeová, e não lhe deis a Ele descanso, até que estabeleça, e até que ponha a Jerusalém por objeto de louvor na terra!" (Is 62.6).

A chegada de Henrique Martyn à Índia, no mês de abril de 1806, foi também em resposta à oração de outros. A necessidade era tão grande nesse país que os poucos obreiros concordaram em se reunir em Calcutá, de oito em oito dias, para pedir a Deus que enviasse um homem cheio do Espírito Santo e poder à Índia. Martyn, logo ao desembarcar, foi recebido alegremente por eles como resposta às orações.

É difícil imaginar o horror das trevas em que vivia esse povo, entre o qual Martyn se achava. Um dia, perto do lugar onde se hospedara, ouviu uma música e viu a fumaça de uma das piras fúnebres de que ouvira falar antes de sair da Inglaterra. As chamas já começavam a subir do lugar onde uma viúva se achava sentada ao lado do cadáver de seu marido morto. Martyn, indignado, esforçou-se, mas não pôde conseguir salvar a pobre vítima.

Em outra ocasião, foi atraído pelo ruído do címbalo a um lugar onde o povo fazia culto aos demônios. As pessoas ali reunidas se prostravam perante o ídolo, obra das suas próprias mãos, a quem adoravam e temiam! Martyn sentia-se mesmo "na vizinhança do inferno".

Cercado de tais cenas, ele se aplicava mais e mais, sem se cansar, dia após dia, a aprender a língua. Não desanimava com a falta de fruto da sua pregação, reconhecendo ser de maior importância traduzir as Escrituras e colocá-las nas mãos do povo. Com esse alvo, perseverava cuidadosamente no trabalho de tradução, aperfeiçoando a obra pouco a pouco, e parando de vez em quando para pedir o auxílio de Deus.

Extraído de um dos seus sermões (conservados no Museu Britânico), o trecho abaixo denota como a sua alma ardia no firme propósito de dar a Bíblia ao povo:

> Pensai na situação triste do moribundo, que apenas conhece bastante da eternidade para temer a morte, mas não conhece bastante do Salvador para olhar o futuro com esperança. Não pode pedir uma Bíblia para saber algo sobre o que se firmar nem pode pedir à esposa ou ao filho que lhe leiam um capítulo para o confortar. A Bíblia, ah! é um tesouro que eles nunca possuíram! Vós, que tendes um coração para sentir a miséria do próximo; vós, que sabeis como a agonia de espírito é mais que qualquer sofrimento do corpo; vós, que sabeis que vem o dia em que tendes de morrer, oh! dai-lhes aquilo que lhes será um conforto na hora da morte!

Para suprir os povos da Índia e da Pérsia com a Bíblia em suas próprias línguas, Martyn aplicou-se à obra de tradução das Escrituras de dia e de noite, até mesmo quando descansava e quando em viagem. Não diminuía a sua marcha quando o termômetro registrava o intenso calor de 70 graus, nem quando sofria da febre intermitente, nem com o avanço da peste branca que ardia no seu peito.

Como Davi Brainerd, cuja biografia sempre serviu para inspirá-lo, Henrique Martyn passou dias inteiros em intercessão e comunhão com o "Amado", seu querido Jesus. "Parece", escreveu ele, "que posso orar para sempre sem nunca cansar. Quão doce é andar com Jesus e morrer por Ele..." Para ele, a oração não era uma formalidade, mas o meio certo de quebrantar os endurecidos e vencer os adversários.

Seis anos e meio depois de ter desembarcado na Índia, enquanto empreendia longa viagem, faleceu com a idade de 31 anos. Separado dos irmãos, do resto da família, com a noiva esperando-o na Inglaterra, e cercado de perseguidores, foi enterrado em lugar desconhecido.

Era grande o ânimo, a perseverança, o amor, a dedicação com que trabalhava na seara do seu Senhor! O zelo ardeu até ele se consumir nesse curto espaço de seis anos e meio. É-nos impossível apreciar quão grande foi a sua obra, feita em tão poucos anos. Além de pregar, conseguiu traduzir porções das Sagradas Escrituras para as línguas de uma quarta parte de todos os habitantes do mundo. O Novo Testamento em hindu, hindustão e persa e os evangelhos em judaico-persa são apenas uma parte das suas obras.

Quatro anos depois da sua morte, nasceu Fidélia Fiske, no sossego da Nova Inglaterra. Quando ainda aluna na escola, leu a biografia de Henrique Martyn. Andou quarenta e cinco quilômetros de noite, sob violenta tempestade de neve, para pedir à sua mãe que a deixasse ir pregar o Evangelho às mulheres persas. Ao chegar à Pérsia, reuniu muitas mulheres e lhes contou sobre o amor de Jesus, até que o avivamento em Oroomiah tornou-se outro Pentecostes.

Se Henrique Martyn, que entregou tudo para o serviço do Rei dos reis, pudesse visitar a Índia e a Pérsia, hoje, que grande obra encontraria! Obra feita por tão grande número de fiéis filhos de Deus nos quais ardeu o mesmo fogo pela simples leitura da biografia desse pioneiro.

Adoniram Judson

O Missionário Pioneiro da Birmânia
(1788 — 1850)

Magro e enfraquecido pelos sofrimentos e privações, o missionário foi conduzido entre o gado e os mais endurecidos criminosos, a chicotadas e sobre a areia ardente, para a prisão. Sua esposa conseguiu entregar-lhe um travesseiro para que pudesse dormir melhor no duro solo do cárcere. Porém, ele descansava ainda melhor porque sabia que dentro do travesseiro, que tinha abaixo da cabeça, estava escondida a preciosa porção da Bíblia que traduzira com grandes esforços para a língua do povo que o perseguia.

Aconteceu que o carcereiro requisitou o travesseiro para o seu próprio uso! Que podia fazer o pobre missionário para readquirir seu tesouro? A esposa então preparou, com grandes sacrifícios, um travesseiro melhor e conseguiu trocá-lo com o do carcereiro. Dessa forma, a tradução da Bíblia foi conservada na prisão por quase dois anos; a Bíblia inteira, depois de completada por ele, foi dada, pela primeira vez, aos milhões de habitantes da Birmânia*.

Em toda a história, desde o tempo dos apóstolos, são poucos os nomes que nos inspiram tanto a envidarmos esforços pela obra missionária como os do casal Ana e Adoniram Judson.

Em certa igreja em Malden, subúrbio de Boston, encontra-se uma placa de mármore com a seguinte inscrição:

Memorial
Rev. Adoniram Judson
Nasceu: 09 / agosto / 1788
Morreu: 12 / abril / 1850
Lugar de seu nascimento: Malden
Lugar de seu sepultamento: o mar
Seu monumento: Os salvos da Birmânia e a Bíblia birmanesa
Seu histórico: nas alturas

Adoniram fora uma criança precoce. Sua mãe ensinou-o a ler um capítulo inteiro da Bíblia antes de ele completar 4 anos de idade.

Seu pai inculcou-lhe o desejo ardente de, em tudo quanto fazia, aproximar-se sempre da perfeição, sobrepondo-se a qualquer de seus companheiros. Esta foi a norma de toda a sua vida.

O tempo que passou nos estudos foram os anos em que o ateísmo, que teve sua origem na França, se infiltrou no país. O gozo de seus pais, ao saberem que o filho ganhara o primeiro lugar na sua classe, transformou-se em tristeza quando ele os informou de que não mais acreditava na existência de Deus. O recém-diplomado sabia enfrentar os argumentos de seu pai, que era pastor instruído, e jamais sofrera de tais dúvidas. Contudo, as lágrimas e admoestações de sua mãe, depois de o moço sair da casa paterna, estavam sempre perante ele.

Não muito depois de "ganhar o mundo", encontrou-se com um jovem pregador na casa de um tio. Este conversou com ele tão seriamente acerca da sua alma, que Judson ficou bastante impressionado. Passou o dia seguinte sozinho, em viagem a cavalo. Ao anoitecer, chegou a uma vila onde pernoitou numa pensão. No quarto contíguo ao que ocupou estava um moço moribundo, fato que não deixou Judson reconciliar o sono durante a noite. "O moribundo seria crente? Estaria preparado para morrer? Talvez fosse 'livre pensador', filho de pais piedosos que oravam por ele!" O que também o perturbava era a lembrança dos seus companheiros, os alunos agnósticos do colégio de Providence. Como se envergonharia se os antigos colegas, especialmente o sagaz compadre Ernesto, soubessem o que agora sentia em seu coração!

Ao amanhecer o dia, disseram-lhe que o moço morrera. Em resposta à sua pergunta, foi informado de que o falecido era um dos melhores alunos do colégio de Providence, cujo nome era Ernesto!

Judson, ao saber da morte de seu companheiro ateu, ficou estupefato. Sem saber como, estava viajando de volta a sua casa. Daí em diante, desapareceram todas as suas dúvidas acerca de Deus e da Bíblia. Soavam-lhe constantemente aos ouvidos as palavras: "Morto! Perdido! Perdido!"

Não muito depois desse acontecimento, dedicou-se solenemente a Deus e começou a pregar. Que a sua consagração era profunda e completa ficou provado pela maneira como se aplicou à obra de Deus.

Nesse tempo, Judson escreveu à noiva: "Em tudo que faço, pergunto a mim mesmo: Isto agradará ao Senhor?... Hoje alcancei maior grau do gozo de Deus; tenho sentido grande alegria perante o seu trono".

É assim que Judson nos conta a sua chamada para o serviço missionário:

> Foi quando andava num lugar solitário, na floresta, meditando e orando sobre o assunto e quase resolvido a abandonar a idéia, que me foi dada a ordem: "Ide por todo o mundo e pregai o Evangelho a toda a criatura". Este assunto foi-me apresentado tão claramente e com tanta força, que resolvi obedecer, apesar dos obstáculos que se apresentaram diante de mim.

Judson, com quatro dos seus colegas, reuniram-se junto a um montão de feno para orar e ali solenemente dedicar, perante Deus, suas vidas a levar o Evangelho "aos confins da terra". Não havia qualquer junta de missões para os enviar. Contudo, Deus honrou a dedicação dos moços, tocando nos corações dos crentes para suprirem o dinheiro.

Judson foi chamado, então, a ocupar um lugar no corpo docente da Universidade de Brown, mas recusou o convite. Depois foi chamado a pastorear uma das maiores igrejas da América do Norte. Este convite também foi rejeitado. Foi grande o desapontamento de seu pai e o choro de sua mãe e irmã ao saberem que Judson se oferecera para a obra de Deus no estrangeiro, onde nunca fora proclamado o Evangelho.

A esposa de Judson mostrou ainda mais heroísmo porque era a primeira mulher que sairia dos Estados Unidos como missionária. Com a idade de 16 anos teve a sua primeira experiência religiosa. Vivia tão entregue à vaidade que seus conhecidos receavam o castigo repentino de Deus sobre ela. Então, em certo domingo, enquanto se preparava para o culto, ficou profundamente comovida com as palavras: "Aquela que vive nos prazeres, apesar de viver, está morta".

Acerca da sua vida transformada, escreveu-lhe ela mais tarde:

> Eu desfrutava dia após dia, a doce comunhão com o bendito Deus; no coração sentia o amor que me ligava aos crentes de todas as denominações; achei as Sagradas Escrituras doces ao paladar, senti tão grande sede de conhecer as coisas religiosas que, freqüentemente, passava quase noites inteiras lendo.

Todo o ardor que mostrara na vida mundana agora o sentia na obra de Cristo. Por alguns anos, antes de aceitar a chamada missionária, era professora e se esforçava em ganhar os alunos para Cristo.

Adoniram, depois de despedir-se de seus pais para iniciar sua viagem à Índia, foi acompanhado até Boston por seu irmão, Elnatã, moço ainda não salvo. No caminho, os dois apearam dos seus cavalos, entraram na floresta e lá, de joelhos, Adoniram rogou a Deus que salvasse seu irmão. Quatro dias depois, os dois se separaram para não se verem mais neste mundo. Alguns anos mais tarde, entretanto, Adoniram teve notícias de que seu irmão recebera também a herança no reino de Deus.

Judson e sua esposa embarcaram para a Índia em 1812, passando quatro meses a bordo do navio. Aproveitando essa oportunidade para estudar, os dois chegaram a compreender que o batismo bíblico é por imersão, e não por aspersão, como a sua igreja o praticava. Não considerando a oposição de seus muitos conhecidos, nem o sustento que deles recebiam, não vacilaram em informar-lhes acerca do resultado de seus estudos. E decidiram batizar-se por imersão no porto de desembarque, em Calcutá.

Expulsos logo dessa cidade por causa da situação política, fugiram de país em país. Por fim, dezessete longos meses depois de partirem da América, chegaram a Rangum, na Birmânia. Judson estava quase exausto por causa dos horrores que sofrera a bordo. Sua esposa estava tão perto da morte que não mais podia caminhar, sendo levada para a terra em uma padiola.

O império da Birmânia de então era mais bárbaro, e de língua e costumes mais estranhos do que qualquer outro país que os Judson tinham visto. Ao desembarcarem os dois, em resposta às orações feitas durante as longas vigílias da noite, foram sustentados por uma fé invencível e pelo amor divino que os levava a sacrificar tudo para que a gloriosa luz do Evangelho raiasse também nas almas dos habitantes desse país.

Agora, um século depois, podemos ver como o Mestre dirigia seus servos, fechando algumas portas, durante a prolongada viagem, para que não fossem aos lugares que esperavam e desejavam ir. Hoje pode-se ver claramente que Rangum, o porto principal da Birmânia, era justamente o ponto mais estratégico para iniciar a ofensiva da Igreja de Cristo contra o paganismo no continente asiático.

No difícil estudo do idioma birmanês foi necessário fazer o seu próprio dicionário e gramática. Passaram-se cinco anos e meio antes de fazerem o primeiro culto para o povo. No mesmo ano batizaram o primeiro convertido, apesar de cientes da ordem do rei de que ninguém podia mudar de crença sem ser condenado à morte.

Ao sair da sua terra para ser missionário, Judson levava uma soma considerável de dinheiro. Essa quantia ele a ganhara de seu emprego e parte recebeu-a de ofertas de parentes e amigos. Não só colocou tudo isto aos pés daqueles que dirigiam a obra missionária mas, também, a elevada quantia de 5.200 rúpias que o governador geral da Índia lhe pagara pelos serviços prestados por ocasião do armistício de Yandabo.

Recusou o emprego de intérprete do governo, com salário elevado, escolhendo antes sofrer as maiores privações e o opróbrio, a fim de ganhar as almas dos pobres birmaneses para Cristo.

Durante onze meses esteve preso em Ava (naquele tempo, a capital da Birmânia). Passou alguns dias com mais sessenta outros sentenciados à morte, encerrado em um edifício sem janelas, escuro, abafado e imundo em extremo. Passava o dia com os pés e mãos no tronco. Para passar a noite, o carcereiro enfiava-lhe um bambu entre os pés acorrentados, juntando-o com outros prisioneiros e, por meio de cordas, arribava-os para apenas os ombros descansarem no chão. Além desse sofrimento, tinha de ouvir constantemente gemidos misturados com o falar torpe dos mais endurecidos criminosos da Birmânia. Vendo outros prisioneiros arrastados para fora para morrer às mãos do carrasco, Judson podia dizer: "Cada dia morro". As cinco cadeias de ferro pesavam-lhe tanto, que o missionário levou as marcas das algemas no corpo até a morte. Certamente ele não teria resistido se a sua fiel esposa não tivesse conseguido permissão do carcereiro para, no escuro da noite, levar-lhe comida e consolá-lo com palavras de esperança.

Um dia, porém, ela não apareceu — essa ausência durou vinte longos dias. Ao reaparecer, trazia nos braços uma criancinha recém-nascida.

Judson, uma vez liberto da prisão, apressou-se o mais possível a chegar a casa, mas tinha as pernas estropiadas pelo longo tempo que passara no cárcere. Fazia muitos dias que não recebia notícias de sua querida Ana! "Ela ainda vivia?" Por fim encontrou-a, ainda viva, mas com febre e próximo da morte.

Dessa vez ela ainda se levantou, mas antes de completar quatorze anos na Birmânia, faleceu. Comove a alma ler a dedicação de Ana Judson ao marido, e a parte que desempenhou na obra de Deus e em casa, até o dia da sua morte.

Alguns meses depois da morte da esposa de Judson, a sua filha também morreu. Durante os seis longos anos que se seguiram, ele trabalhou sozinho, casando-se, então, com Sara, a viúva de outro missionário. A nova esposa mostrou-se tão dedicada ao marido como a primeira.

Judson perseverou durante vinte anos para completar a maior contribuição que se podia fazer à Birmânia: a tradução da Bíblia inteira na própria língua do povo.

Depois de trabalhar constantemente no campo estrangeiro durante trinta e dois anos, para salvar a vida da segunda esposa, embarcou com ela e três dos filhos de volta à América, sua terra natal. Porém, em vez de obter melhoras da doença que sofria, como se esperava, morreu durante a viagem, sendo enterrada em Santa Helena, onde o navio aportou.

Quem poderá descrever o que Judson sentiu ao desembarcar nos Estados Unidos, quarenta e cinco dias depois da morte da sua querida esposa?! Ele, que estivera ausente durante tantos anos da sua terra, sentia-se agora perturbado acerca da hospedagem nas cidades de seu país. Surpreendeu-se, depois de desembarcar, ao verificar que todas as casas se abriam para recebê-lo. Seu nome tornara-se conhecido de todos. Grandes multidões afluíam para ouvi-lo pregar. Porém, depois de passar trinta e dois anos ausente na Birmânia, naturalmente, sentia-se como se estivesse entre estrangeiros, e não queria levantar-se diante do público para falar na língua materna. Também sofria dos pulmões e era necessário que outrem repetisse para o povo o que ele apenas podia dizer balbuciando.

Conta-se que, certo dia, num trem, entrou um vendedor de jornais. Judson aceitou um e, distraído, começou a lê-lo. O passageiro ao lado chamou a atenção dele, dizendo que o rapaz ainda esperava o níquel pelo jornal. Olhando para o vendedor, pediu desculpas, pois pensara que oferecessem o jornal de graça, visto que ele estava acostumado a distribuir muita literatura na Birmânia sem cobrar um centavo, durante muitos anos.

Passara apenas oito meses entre seus patrícios, quando se casou de novo e embarcou pela segunda vez para a Birmânia. Continuou a sua obra naquele país, sem cansar, até alcançar a idade de 61 anos. Judson foi, então, chamado a estar com o seu Mestre enquanto viajava longe da família. Conforme o seu desejo, foi sepultado em alto mar.

Adoniram Judson costumava passar muito tempo orando de madrugada e de noite. Diz-se que gozava da mais íntima comunhão com Deus enquanto caminhava apressadamente. Os filhos, ao ouvirem seus passos firmes e resolutos dentro do quarto, sabiam que seu pai estava levando suas orações ao trono da graça. Seu conselho era:

Planeja os teus negócios, se for possível, para passares duas a três horas, todos os dias, não só em adoração a Deus, mas orando em secreto.

Sua esposa conta que, durante a sua última doença, antes de falecer, ela leu para ele a notícia de certo jornal acerca da conversão de alguns judeus na Palestina, justamente onde Judson queria trabalhar antes de ir à Birmânia. Esses judeus, depois de lerem a história dos sofrimentos de Judson na prisão de Ava, foram inspirados a pedir, também, um missionário. E assim iniciou-se uma grande obra entre eles.

Ao ouvir isto, os olhos de Judson se encheram de lágrimas. Tendo o semblante solene e a glória dos céus estampada no rosto, tomou a mão de sua esposa dizendo:

Querida, isto me espanta. Não compreendo. Refiro-me à notícia que leste. Nunca orei sinceramente por uma coisa sem a receber; recebi-a apesar de demorada, de alguma maneira, e talvez numa forma que não esperava, mas a recebi. Contudo, sobre este assunto eu tinha tão pouca fé! Que Deus me perdoe e, enquanto na sua graça quiser me usar como seu instrumento, limpe toda a incredulidade de meu coração.

Nesta história, nota-se outro fato glorioso: Deus não só concede frutos pelos esforços dos seus servos, mas também pelos seus sofrimentos. Por muitos anos, até pouco antes da sua morte, Judson considerava os longos meses de horrores da prisão em Ava como inteiramente perdidos à obra missionária.

No começo do trabalho na Birmânia, Judson concebeu a idéia de evangelizar, por fim, todo o país. A sua maior esperança era ver durante a sua vida, uma igreja de cem birmaneses salvos e a Bíblia impressa na língua desse país. No ano da sua morte, porém, havia sessenta e três igrejas e mais de 7 mil batizados, sendo os trabalhos dirigidos por cento e sessenta e três missionários, pastores e auxiliares. As horas que passou, diariamente, suplicando ao Deus que dá mais do que tudo quanto pedimos ou pensamos, não foram perdidas.

Durante os últimos dias da sua vida fazia menção, muitas vezes, do amor de Cristo. Com os olhos iluminados e as lágrimas correndo-lhe pelas faces, exclamava: "Oh! o amor de Cristo! O maravilhoso amor de

Cristo, a bendita obra do amor de Cristo!" Certa ocasião ele disse: "Tive tais visões do amor condescendente de Cristo e da glória do céu, que, creio, quase nunca são concedidas aos homens. Oh! o amor de Cristo! É o mistério da inspiração da vida e a fonte da felicidade nos céus. Oh! o amor de Jesus! Não o podemos compreender agora, mas quão grande será em toda a eternidade!"

Acrescentamos abaixo o último parágrafo da biografia de Adoniram Judson, escrita por um dos seus filhos. Quem pode lê-lo sem sentir o Espírito Santo o animar a tomar parte ativa e definida em levar o Evangelho a um dos muitos lugares carentes da Palavra de Deus?

Até aquele dia, quando todo joelho se dobrará perante o Senhor Jesus e os corações crentes serão movidos aos maiores esforços pela lembrança de Ana Judson, enterrada debaixo do hopiá** na Birmânia; de Sara Judson, cujo corpo descansa na ilha pedregosa de Santa Helena; e de Adoniram Judson, sepultado nas águas do Oceano Índico.

* A antiga Birmânia, país do sudeste asiático, passou a ser chamada Myanmar a partir de 1989.
** Nome de uma árvore da Birmânia.

Carlos Finney

O Apóstolo dos Avivamentos
(1792 — 1875)

Perto da aldeia de New York Mills, no século XIX, havia uma fábrica de tecidos movida pela força das águas do rio Oriskany. Certa manhã, os operários se achavam comovidos, conversando sobre o poderoso culto da noite anterior, ocorrido no prédio da escola pública.

Não muito depois de começar o ruído das máquinas, o pregador, um rapaz alto e atlético, entrou na fábrica. O poder do Espírito Santo ainda permanecia sobre ele; os operários, ao vê-lo, sentiram a culpa de seus pecados a ponto de terem de se esforçar para poderem continuar a trabalhar. Ao passar perto de duas moças que trabalhavam juntas, uma delas, no ato de emendar um fio, foi tomada de tão forte convicção, que caiu em terra, chorando. Segundos depois, quase todos em redor tinham lágrimas nos olhos e, em poucos minutos, o avivamento encheu todas as dependências da fábrica.

O diretor, vendo que os operários não podiam trabalhar, achou que seria melhor que cuidassem da salvação da alma, e mandou que parassem as máquinas. A comporta das águas foi fechada e os operários se ajuntaram em um salão do edifício. O Espírito Santo operou com grande poder e dentro de poucos dias quase todos se converteram.

Diz-se acerca desse pregador — Carlos Finney — que, depois de ter ministrado a Palavra em Governeur, no Estado de New York, não houve baile nem representação de teatro na cidade durante seis anos. Calcula-se que, durante os anos de 1857 e 1858, mais de 100 mil pessoas foram ganhas para Cristo pela obra direta e indireta de Finney. A sua autobiografia é o mais maravilhoso relato de manifestação do Espírito Santo, excetuando o livro de Atos dos Apóstolos. Abaixo das Sagradas Escrituras, alguns consideram o livro *Teologia Sistemática*, de sua autoria, a maior obra sobre teologia que existe.

Como explicar o seu êxito tão destacado nos anais dos servos da Igreja de Cristo? Sem dúvida era, antes de tudo, o resultado da sua profunda conversão.

Nasceu de uma família descrente e se criou em um lugar onde os membros da igreja conheciam, apenas, a formalidade fria dos cultos. Finney era advogado; ao encontrar, nos seus livros de jurisprudência, muitas citações da Bíblia, comprou um exemplar com a intenção de conhecer as Escrituras. O resultado foi que, após a leitura, achou mais e mais interesse nos cultos dos crentes. Acerca da sua conversão ele relata, na sua autobiografia, o seguinte:

> Ao ler a Bíblia, ao assistir às reuniões de oração e ouvir os sermões de senhor Gale, percebi que não me achava pronto a entrar nos céus... Fiquei impressionado especialmente com o fato de as orações dos crentes, semana após semana, não serem respondidas. Li na Bíblia: "Pedi e dar-se-vos-á; buscai, e encontrareis; batei, e abrir-se-vos-á". Li, também, que Deus é mais pronto a dar o Espírito Santo aos que lho pedirem do que os pais terrestres a darem boas coisas aos filhos. Ouvia os crentes pedirem um derramamento do Espírito Santo e confessarem, depois, que não o receberam.

Exortavam uns aos outros a se despertarem para pedir, em oração, um derramamento do Espírito de Deus e afirmavam que assim haveria um avivamento com a conversão de pecadores... Mas ao ler mais a Bíblia, vi que as orações dos crentes não eram respondidas porque não tinham fé, isto é, não esperavam que Deus lhes daria o que pediam... Entretanto, com isso senti um alívio acerca da veracidade do Evangelho... e fiquei convicto de que a Bíblia, apesar de tudo, é a verdadeira Palavra de Deus.

Foi num domingo de 1821 que assentei no coração resolver o problema sobre a salvação da minha alma e ter paz com Deus. Apesar das minhas grandes preocupações como advogado, resolvi seguir rigorosamente a determinação de ser salvo. Pela providência de Deus, não me achei muito ocupado nem segunda nem terça-feira, e consegui passar a maior parte do tempo lendo a Bíblia e orando.

Mas ao encarar a situação resolutamente, achei-me sem coragem para orar sem tapar o buraco da fechadura. Antes deixava a Bíblia aberta na mesa com os outros livros e não me envergonhava de lê-la diante do próximo. Mas então, se entrasse alguém, eu colocaria um livro aberto sobre a Bíblia para escondê-la.

Durante a segunda e a terça-feira, a minha convicção aumentou, mas parecia que o coração se havia endurecido: eu não podia chorar, nem orar... Terça-feira, à noite, senti-me muito nervoso e parecia-me estar perto da morte. Reconhecia que, se eu morresse, por certo iria para o inferno.

De manhã cedo, fui para o gabinete... Parecia que uma voz me perguntava: "Por que esperas? Não prometeste dar o coração a Deus? O que experimentas fazer? Alcançar a justificação pelas obras?" Foi então que vi, claramente, como qualquer vez depois, a realidade e a plenitude da propiciação de Cristo. Vi que sua obra era completa e, em vez de eu necessitar duma justiça própria para Deus me aceitar, tinha de sujeitar-me à justiça de Deus por intermédio de Cristo... Sem o saber, fiquei imóvel, não sei por quanto tempo, no meio da rua, no lugar onde a voz de dentro se dirigiu a mim. Então me veio a pergunta: "Aceita-lo-ás, agora, hoje?" Repliquei: "Aceitá-lo-ei hoje ou me esforçarei para isso até morrer..." Em vez de ir ao gabinete, voltei para entrar na floresta, onde podia derramar a alma sem alguém me ver nem me ouvir.

Porém, o meu orgulho continuava a se manifestar; passei por cima dum alto e andei furtivamente atrás duma cerca, para que ninguém me visse, e pensasse que ia orar. Penetrei dentro da mata cerca de meio quilômetro, onde achei um lugar mais escondido entre algumas árvores caídas. Ao entrar, disse a mim mesmo: "Entregarei o coração a Deus, ou então não sairei daqui".

Mas ao tentar orar, o coração não queria. Pensara que, uma vez sozinho, onde ninguém pudesse ouvir-me, podia orar livremente. Porém, ao experimentar fazê-lo, achei-me sem coisa alguma a dizer a Deus. Toda vez que tentava orar, parecia-me ouvir alguém chegando.

Por fim, achei-me quase em desespero. O coração estava morto para com Deus e não queria orar. Então reprovei-me a mim mesmo por ter-me comprometido a entregar o coração a Deus antes de sair da mata. Comecei a pensar que Deus já me tivesse abandonado... Achei-me tomado de uma fraqueza demasiadamente grande para ficar de joelhos.

Foi justamente nessa altura que pensei novamente que ouvia alguém se aproximando e abri os olhos para ver. Logo foi-me revelado que o orgulho do meu coração era a barreira entre mim e a minha salvação. Fui vencido pela convicção do grande pecado de eu envergonhar-me se alguém me encontrasse de joelhos perante Deus, e bradei em alta voz que não abandonaria o lugar, nem que todos os homens da terra e todos os demônios do inferno me cercassem. Gritei: "Ora, um vil pecador como eu, de joelhos perante o grande e santo Deus... Confesso-lhe os pecados e me envergonho dEle perante o próximo, pecador também, porque me encontro de joelhos para achar paz com o meu Deus ofendido!" O pecado parecia-me horrendo, infinito. Fiquei quebrantado até o pó perante o Senhor. Nessa altura, a seguinte passagem me iluminou: "Então me invocareis, e ireis, e orareis a mim, e eu vos ouvirei. E buscar-me-eis, e me achareis, quando me buscardes de todo o vosso coração..."

Continuei a orar e a receber promessas e a apropriar-me delas, não sei por quanto tempo. Orei até que sem saber como, achei-me voltando para a estrada. Lembro-me de que disse a mim mesmo: "Se eu me converter, pregarei o Evangelho".

Na estrada, voltando para a aldeia, certifiquei-me da preciosa paz e da gloriosa calma na minha mente. "Que é isso?", perguntei-me a mim mesmo. "Entristecera eu o Espírito Santo até retirar-se de mim? Não sinto mais convicção..." Então lembrei-me de que dissera a Deus que confiaria na sua Palavra... A calma de meu espírito era indescritível... Fui almoçar, mas não tinha vontade de comer. Fui ao gabinete, mas meu sócio não voltara do almoço. Comecei a tocar a música de um hino no rabecão, como de costume. Porém, ao começar a cantar as palavras sagradas, o coração parecia derreter-se e só podia chorar...

Ao entrar e fechar a porta atrás de mim, parecia-me ter encontrado o Senhor Jesus Cristo face a face. Não me entrou na mente, na ocasião, nem por algum tempo depois, que era apenas uma concepção mental. Ao contrário, parecia-me que eu o encontrara como encontro qualquer pessoa. Ele não disse coisa alguma, mas olhou para mim de tal forma, que fiquei quebrantado e prostrado aos seus pés. Isso, para mim, foi, depois, uma experiência extraordinária, porque parecia-me uma realidade, como se Ele mesmo ficasse em pé perante mim, e eu me prostrasse aos seus pés e lhe derramasse a minha alma. Chorei alto e fiz tanta confissão quanto foi possível, entre soluços. Parecia-me que lavava os seus pés com as minhas lágrimas; contudo, sem sentir ter tocado na sua pessoa...

Ao virar-me para me sentar, recebi o poderoso batismo com o Espírito Santo. Sem o esperar, sem mesmo saber que havia tal para mim, o Espírito Santo desceu de tal maneira, que parecia encher-me corpo e alma. Senti-o como uma onda elétrica que me traspassava repetidamente. De fato, parecia-me como ondas de amor liquefeito; porque não sei outra maneira de descrever isso. Parecia o próprio fôlego de Deus.

Não existem palavras para descrever o maravilhoso amor derramado no meu coração. Chorei de tanto gozo e amor que senti; acho melhor dizer que exprimi, chorando em alta voz, as inundações indizíveis do meu coração. As ondas passaram sobre mim, uma após outra, até eu clamar: "Morrerei, se estas ondas continuarem a passar sobre mim! Senhor, não suporto mais!" Contudo, não receava a morte.

Não sei por quanto tempo este batismo continuou a passar sobre mim e por todo o meu ser. Mas sei que era já noite quando o dirigente do coro veio ao gabinete para me visitar. Encontrou-me nesse estado de choro, aos gritos, e perguntou: "Senhor Finney, que tem?" Por algum tempo não pude responder-lhe. Então ele perguntou mais: "Está sentindo alguma dor?" Com dificuldade respondi: "Não, mas sinto-me demasiado feliz para viver".

Saiu e, daí a pouco, voltou acompanhado por um dos anciãos da igreja. Esse ancião sempre foi um homem de espírito ponderado e quase nunca ria. Ele, ao entrar, encontrou-me no mesmo estado, mais ou menos, como quando o rapaz o foi chamar. Queria saber o que eu sentia e eu comecei a lhe explicar. Mas, em vez de responder-me, foi tomado de um riso espasmódico. Parecia impossível evitar o riso que procedia do fundo do seu coração.

Nessa altura, entrou certo rapaz que começara a freqüentar os cultos da igreja. Presenciou tudo por alguns momentos, até cair ao chão em grande angústia de alma, clamando: "Orem por mim!"
O ancião da igreja e o outro crente oraram, e depois Finney também orou. Logo após todos se retiraram, deixando Finney sozinho.
Ao deitar-se para dormir, Finney adormeceu, mas logo acordou, por causa do amor que lhe transbordava o coração. Isso aconteceu repetidas vezes durante a noite. Sobre isso ele escreveu depois:

Quando me acordei, de manhã, a luz do sol penetrava no quarto. Faltam-me palavras para exprimir os meus sentimentos ao ver a luz do sol. No mesmo instante, o batismo do dia anterior voltou sobre mim. Ajoelhei-me ao lado da cama e chorei pelo gozo que sentia. Passei muito tempo sem poder fazer coisa alguma senão derramar a alma perante Deus.

Durante o dia, o povo se ocupava em falar na conversão do advogado. Ao anoitecer, sem qualquer anúncio do culto, ajuntou-se uma multidão no templo. Quando Finney relatou o que Deus fizera na sua alma, muitos foram profundamente tocados. Um sentiu-se tão convicto que voltou a casa sem o chapéu. Certo advogado afirmou: "É claro que ele é sincero; mas que enlouqueceu, é evidente". Finney falou e orou com grande liberdade. Realizavam-se cultos todas as noites por algum tempo, aos quais assistiam pessoas de todas as classes. Esse grande avivamento espalhou-se para muitos lugares em redor.
Finney continuou:

Por oito dias [depois da sua conversão] o meu coração permanecia tão cheio que não sentia desejo de comer nem de dormir. Parecia-me que tinha um manjar para comer que o mundo não conhecia. Não sentia necessidade de alimentar-me nem de dormir... Por fim, cheguei a ver que devia comer como de costume e dormir quanto fosse possível.

Grande poder acompanhava a Palavra de Deus; todos os dias admirava-me ao notar como poucas palavras, dirigidas a uma pessoa, traspassavam-lhe o coração como uma seta.

Não demorei muito em ir visitar meu pai. Ele não era salvo; o único membro da família que fizera profissão de religião era meu irmão mais novo. Meu pai encontrou-me no portão e me perguntou: "Como tem passado, Carlos?" Respondi-lhe: "Bem, meu pai, tanto no corpo como na alma. Meu pai, o senhor já é idoso, todos os seus filhos estão crescidos e casados, e nunca ouvi alguém orar na sua casa. Ele baixou a cabeça e começou a chorar, dizendo: "É verdade, Carlos; entre, e você mesmo ore".

Entramos e oramos. Meus pais ficaram comovidos e, não muito depois, converteram-se. Se a minha mãe tinha qualquer esperança antes, ninguém o sabia.

Assim, esse advogado, Carlos G. Finney, perdeu todo o gosto pela sua profissão e se tornou um dos mais famosos pregadores do Evangelho. Acerca de seu método de trabalhar, ele escreveu:

Dei grande ênfase à oração como indispensável, se realmente queríamos um avivamento. Esforçava-me por ensinar a propiciação de Jesus Cristo, sua divindade, sua missão divina, sua vida perfeita, sua morte vicária, sua ressurreição, a necessidade de arrependimento e de fé, a justificação pela fé, e outras doutrinas que se tornaram vivas pelo poder do Espírito Santo.

Os meios empregados eram simplesmente pregação, cultos de oração, muita oração em secreto, intensivo evangelismo pessoal e cultos para a instrução dos interessados.

Eu tinha o costume de passar muito tempo orando; acho que, às vezes, orava realmente "sem cessar". Achei, também, grande proveito em observar freqüentemente dias inteiros de jejum em secreto. Em tais dias, para ficar inteiramente sozinho com Deus, eu entrava na mata, ou me fechava dentro do templo...

Vê-se no seguinte relato a maneira como Finney e seu companheiro de oração, o irmão Nash, "bombardeavam" os céus com as suas intercessões:

Quase um quilômetro distante da residência do senhor S., morava certo adepto do universalismo. Nos seus preconceitos religiosos, recusava-se a assistir aos cultos. Certa vez o irmão Nash, que se hospedava comigo na casa do senhor S., retirou-se para dentro da mata para lutar em oração, sozinho, bem cedo de madrugada, conforme seu costume. A atmosfera era tal nessa ocasião que se ouvia qualquer som de longe. O universalista, ao levantar-se de madrugada, saiu de casa e ouviu a voz de quem orava, e, apesar de não compreender muitas das palavras, reconheceu quem orava. E isso traspassou-lhe o coração como uma flecha. Sentiu a realidade da religião como nunca. A flecha permanecia. E ele achou alívio somente crendo em Cristo.

Acerca do espírito de oração, Finney afirmou que "era coisa comum nesses avivamentos os recém-convertidos se acharem tomados pelo desejo de orar noites inteiras até lhes faltarem as forças físicas. O Espírito Santo constrangia grandemente o coração dos crentes, que sentiam constantemente a responsabilidade pela salvação das almas imortais. A solenidade da mente se manifestava no cuidado com que falavam e se comportavam. Era muito comum encontrar crentes juntos, caídos de joelhos em oração, em vez de ocupados em palestras.

Em certo tempo, quando as nuvens de perseguição enegreciam cada vez mais, Finney, como era seu costume sob tais circunstâncias, sentia-se dirigido a dissipá-las, orando. Em vez de falar pública ou particularmente acerca das acusações, ele orava. Acerca da sua experiência, escreveu:

> Eu olhava para Deus com grande anelo, dia após dia, rogando que Ele me mostrasse o plano a seguir e a graça para suportar a borrasca... O Senhor mostrou-me, em uma visão, o que eu tinha de enfrentar. Ele chegou-se tão perto de mim, enquanto eu orava, que a minha carne literalmente estremecia sobre os ossos. Eu tremia da cabeça aos pés, sob o pleno conhecimento da presença de Deus.

Acrescentamos mais um exemplo, tirado da sua autobiografia, que mostra a maneira com que o Espírito Santo operava em sua pregação:

Ao chegar, na hora anunciada para iniciar o culto, achei o prédio da escola repleto, por isso tive de ficar em pé perto da entrada. Cantamos um hino, isto é, o povo pretendia cantar. Entretanto, eles não tinham o costume de cantar os hinos de Deus, e cada um desentoava à sua própria maneira. Não podia conter-me; lancei-me de joelhos e comecei a orar. O Senhor abriu as janelas dos céus, derramou o espírito de oração e entreguei-me de toda a alma a orar.

Não escolhera um texto, mas logo ao levantar-me dos joelhos, eu disse: "Levantai-vos, saí deste lugar, porque o Senhor há de destruir a cidade. Acrescentei que havia dois homens, um se chamava Abraão, e outro, Ló... Contei-lhes como Ló se mudara para Sodoma... O lugar era excessivamente corrupto... Deus resolveu destruir a cidade e Abraão orou por Sodoma. Mas os anjos acharam somente um justo lá, era Ló. Os anjos disseram: 'Tens alguém mais aqui? Teu genro, e teus filhos, e tuas filhas, e todos quantos tens nesta cidade, tira-os fora deste lugar; porque nós vamos destruir este lugar, porque o seu clamor tem engrossado diante da face do Senhor, e o Senhor nos enviou a destruí-lo'".

Ao relatar estas coisas, os ouvintes se mostraram irados a ponto de me açoitarem. Nessa altura, deixei de pregar e lhes expliquei que compreendera que nunca se realizara culto ali e que eu tinha o direito de, assim, considerá-los corruptos. Salientei isso com mais e mais ênfase e com o coração cheio de amor, até não poder mais conter-me.

Depois de eu assim falar, cerca de quinze minutos, parecia ter vindo sobre os ouvintes uma tremenda solenidade, os quais começaram a cair ao chão, clamando e pedindo misericórdia. Se eu tivesse tido uma espada em cada mão, não os poderia derrubar tão depressa como caíram. De fato, dois minutos depois de os ouvintes sentirem o choque do Espírito vir sobre eles, quase todos estavam ou caídos de joelhos ou prostrados no chão. Todos os que podiam falar de qualquer maneira, oravam por si mesmos.

Tive de deixar de pregar porque os ouvintes não prestavam mais atenção. Vi o ancião que me convidara para pregar sentado no meio do salão, olhando em redor, estupefato. Gritei bem alto para ele ouvir, apesar da balbúrdia, pedindo-lhe que orasse. Caiu de joelhos e começou a orar em voz retumbante; mas o povo não prestou atenção. Gritei: "Vós não estais ainda no inferno; quero dirigir-vos a Cristo". O coração transbordava de gozo ao presenciar tal cena. Quando pude dominar os meus sentimentos, virei-me para um rapaz que estava perto de mim, consegui atrair a sua atenção e preguei a Cristo, em voz bem alta, ao seu ouvido. Logo, ao olhar para a cruz de Cristo, ele acalmou-se por um pouco e então rompeu em oração pelos outros. Depois fiz o mesmo com um outro; depois com mais outro e continuei assim, tratando com eles até a hora do culto da noite, na aldeia. Deixei o ancião que me convidara a pregar para continuar a obra com os que oravam.

Ao voltar, havia tantos clamando a Deus que não pudemos encerrar a reunião, que continuou o resto da noite. Ao amanhecer o dia, alguns ainda permaneciam com a alma ferida. Não se podiam levantar e, para dar lugar às aulas, foi necessário levá-los a uma residência não muito distante. De tarde mandaram chamar-me porque ainda não findara o culto.

Só nesta ocasião cheguei a saber a razão de o auditório agastar-se da mensagem. Aquele lugar cognominava-se "Sodoma" e havia somente um homem piedoso lá a quem o povo tratava de Ló. Era o ancião que me convidara a pregar.

Depois de já velho, Finney escreveu acerca do que o Senhor fez em "Sodoma".

Embora esse avivamento caísse tão repentinamente sobre eles, era tão empolgante ver que as conversões eram profundas e a obra permanente e genuína. Nunca ouvi falar em qualquer repercussão desfavorável.

Não foi só na América do Norte que Finney viu o Espírito Santo cair e abater os ouvintes em terra. Na Inglaterra, durante os nove meses de evangelização que Finney promoveu lá, multidões também se prostraram enquanto ele pregava — em certa ocasião mais de 2 mil, de uma vez.

Alguns pregadores confiam na instrução e ignoram a obra do Espírito Santo. Outros, com razão, rejeitam tal ministério infrutífero e sem graça; oram a Deus para que o Espírito Santo tome a direção e alegram-se no grande progresso da obra de Deus. Mas, ainda outros, como Finney, dedicam-se a buscar o poder do Espírito Santo, sem desprezar a arma de instrução, e vêem resultados incrivelmente mais vastos.

Durante os anos de 1851 a 1866, Finney foi diretor do Oberlin College e ensinou a um total de 20 mil estudantes. Dava mais ênfase ao coração puro e ao batismo no Espírito Santo do que à preparação do intelecto. O resultado foi que de Oberlin saiu uma corrente contínua de alunos cheios do Espírito Santo. Assim, após o término de uma campanha intensiva de evangelismo e no meio dos seus esforços no colégio, "em 1857, Finney via cerca de 50 mil, todas as semanas, converterem-se a Deus" (*By My Spirit*, Jônatas Goforth, pág. 183). Os diários de New York, às vezes, quase não publicavam outras notícias senão do avivamento.

Suas lições aos crentes sobre avivamento foram publicadas primeiro em um jornal e depois em um livro de 445 páginas que se intitulava *Discursos sobre Avivamentos*. As primeiras duas edições, de 12 mil exemplares, foram vendidas logo ao saírem do prelo. Outras edições foram impressas em vários idiomas. Uma só editora em Londres publicou 80 mil. Entre suas outras obras de circulação mundial, contam-se as seguintes: sua autobiografia, *Discursos aos Crentes* e *Teologia Sistemática*.

Os convertidos nos cultos de Finney eram pela graça constrangidos a andar de casa em casa para ganhar almas. Ele mesmo se esforçava para preparar o maior número de obreiros em Oberlin College. Mas o desejo que ardia sempre em tudo era o de transmitir a todos o espírito de oração. Pregadores como Abel Cary e Father Nash viajavam com ele e, enquanto ministrava a Palavra, eles continuavam prostrados em oração. Vejamos isso nas palavras de Finney:

> Se eu não tivesse o espírito de oração, não alcançaria coisa alguma. Se por um dia, ou por uma hora eu perdesse o espírito de graça e de súplica, não poderia pregar com poder e fruto, e nem ganhar almas pessoalmente.

Para que alguém não julgue que a obra era superficial, citamos outro escritor:

> Descobriu-se, por pesquisa empolgante, que mais de oitenta e cinco pessoas de cada cem que se convertiam sob a pregação de Finney, permaneciam fiéis a Deus; enquanto setenta e cinco pessoas de cada cem, das que professaram conversão nos cultos de algum dos maiores pregadores, se

desviavam. Parece que Finney tinha o poder de impressionar a consciência dos homens sobre a necessidade de um viver santo, de tal maneira que produzia fruto mais permanente (*Deeper Experiences of Famous Christians*, pág. 243).

Finney continuou a inspirar os estudantes de Oberlin College até a idade de 82 anos. Já no fim da vida, permanecia tão lúcido de mente como quando jovem, e sua vida nunca foi tão rica no fruto do Espírito e na beleza da sua santidade do que nos últimos anos. No domingo, 16 de agosto de 1875, pregou seu último sermão. Mas à noite não assistiu ao culto. Ao ouvir os crentes cantarem *Jesus lover of my soul / let me to Thy bosom fly*, saiu até o portão da frente da casa, e com estes que tanto amava, cantou na terra pela última vez. Acordou à meia-noite sofrendo dores lancinantes no coração. Sofrera assim muitas vezes durante a sua vida. Semeara as sementes de avivamento e as regara com lágrimas. Todas as vezes que recebia o fogo da mão de Deus, era com sofrimento. Finalmente, antes de amanhecer o dia, dormiu na terra para acordar na glória, nos céus. Faltavam-lhe apenas treze dias para completar 83 anos de vida aqui na terra.

Jorge Müller

O Apóstolo da Fé
(1805 — 1898)

"Pela fé, Abel... Pela fé, Noé... Pela fé, Abraão..." Assim é que o Espírito Santo conta as incríveis proezas que Deus fez por intermédio dos homens que ousavam confiar unicamente nEle. Foi no século XIX que Deus acrescentou o seguinte a essa lista: "Pela fé, Jorge Müller levantou orfanatos, alimentou milhares de órfãos, pregou a milhões de ouvintes em redor do globo e ganhou multidões de almas para Cristo".

Jorge Müller nasceu em 1805 de pais que não conheciam a Deus. Com a idade de 10 anos, foi enviado a uma universidade a fim de preparar-se para pregar o Evangelho; não, porém, com o alvo de servir a Deus, mas para ter uma vida cômoda. Gastou esses primeiros anos de estudo nos mais desenfreados vícios, chegando, certa vez, a ser preso por vinte e quatro dias. Jorge, uma vez solto, esforçava-se nos estudos, levantando-se às 4 horas da manhã e estudando o dia inteiro até as 10 da noite. Tudo isso, porém, ele fazia para alcançar uma vida descansada de pregador.

Aos 20 anos de idade, contudo, houve uma completa transformação na vida desse moço. Assistiu a um culto onde os crentes, de joelhos, pediam que Deus fizesse cair sua bênção sobre a reunião. Nunca se esqueceu desse culto, pois viu, pela primeira vez, crentes orando ajoelhados. Ficou tão profundamente comovido com o ambiente espiritual, que passou a buscar também a presença de Deus, costume esse que não abandonou durante o resto da vida.

Foi nesses dias, depois de sentir-se chamado para ser missionário, que se hospedou durante dois meses no famoso orfanato de A. H. Frank. Apesar de esse fervoroso servo de Deus, o senhor Frank, ter morrido quase cem anos antes (em 1727), o seu orfanato continuava a funcionar com as mesmas regras de confiar inteiramente em Deus para todo o sustento. Mais ou menos ao mesmo tempo em que Jorge Müller, hospedou-se no orfanato um certo dentista, o senhor Graves. Ele havia abandonado suas atividades — que lhe rendiam um salário de 7.500 dólares por ano — a fim de ser missionário na Pérsia, confiando só nas promessas de Deus para suprir todo o seu sustento. Foi assim que Jorge Müller, o novo pregador, recebeu nessa visita a inspiração que o levou mais tarde a fundar seu orfanato sobre os mesmos princípios.

Logo depois de abandonar sua vida de vícios para andar com Deus, chegou a reconhecer o erro, mais ou menos universal, de ler muito acerca da Bíblia e quase nada da Bíblia. Esse Livro tornou-se a fonte de toda a sua inspiração e o segredo do seu maravilhoso crescimento espiritual. Ele mesmo escreveu:

> O Senhor me ajudou a abandonar os comentários e a usar a simples leitura da Palavra de Deus como meditação. O resultado foi que, quando, à primeira noite, fechei a porta do meu quarto para orar e meditar sobre as Escrituras, aprendi mais em poucas horas do que antes durante alguns meses. A maior diferença, porém, foi que recebi, assim, força verdadeira para a minha alma.

Antes de falecer, disse que lera a Bíblia inteira cerca de duzentas vezes; cem vezes o fez estando de joelhos.

Quando estava ainda no seminário, após os cultos domésticos realizados à noite com os outros alunos, freqüentemente continuava orando até a meia-noite. De manhã, ao acordar, chamava-os de novo para a oração, às 6 horas.

Certo pregador, pouco tempo antes da morte de Jorge Müller, perguntou-lhe se orava muito. A resposta foi esta:

> Algumas horas todos os dias. E ainda vivo no espírito de oração; oro enquanto ando, enquanto deitado e quando me levanto. Estou constantemente recebendo respostas. Uma vez persuadido de que certa coisa é justa, continuo a orar até receber. Nunca deixo de orar!... Milhares de almas têm sido salvas em resposta às minhas orações... Espero encontrar dezenas de milhares delas no céu... O grande ponto é nunca cansar de orar antes de receber a resposta. Tenho orado cinqüenta e dois anos, diariamente, por dois homens, filhos de um amigo da minha mocidade. Não são ainda convertidos, porém espero que o venham a ser. Como pode ser de outra forma? Há promessas inabaláveis de Deus e sobre elas eu descanso.

Não muito antes de seu casamento, não se sentia bem com o costume de receber salário fixo, preferindo confiar em Deus em vez de confiar nas promessas dos irmãos. Deu sobre isso as três seguintes razões: 1) "Um salário significa uma importância designada, geralmente adquirida do aluguel dos bancos. Mas a vontade de Deus não é alugar bancos (Tg 2.1-6)"; 2) "O preço fixo dum assento na igreja, às vezes, é pesado demais para alguns filhos de Deus, e não quero colocar o menor obstáculo no caminho do progresso espiritual da igreja"; 3) "Toda idéia de alugar os assentos e ter salário torna-se tropeço para o pregador, levando-o a trabalhar mais pelo dinheiro do que por razões espirituais".

Jorge Müller achava quase impossível ajuntar e guardar dinheiro para qualquer imprevisto, e não ir direto a Deus. Dizia que assim o crente confia no dinheiro em caixa, em vez de confiar em Deus.

Um mês depois de seu casamento, colocou uma caixa no salão de cultos e anunciou que podiam deitar lá as ofertas para o seu sustento, e que, daí em diante, não pediria mais nada, nem a seus amados irmãos; porque, como ele disse, "Sem me aperceber, tenho sido levado a confiar em braços de carne, mas o melhor é ir diretamente ao Senhor".

O primeiro ano findou com grande triunfo, e Jorge Müller disse aos irmãos que, apesar da pouca fé ao começar, o Senhor tinha ricamente suprido todas as suas necessidades materiais. E, ainda mais importante, tinha-lhe concedido o privilégio de ser um instrumento na sua obra.

O ano seguinte foi, porém, de grande provação, porque muitas vezes não lhe restava nem um xelim. E Jorge Müller acrescenta que no momento próprio a sua fé sempre foi recompensada com a chegada de dinheiro ou alimentos.

Certo dia, quando só restavam oito xelins, Müller pediu ao Senhor que lhe desse dinheiro. Esperou muitas horas sem qualquer resposta. Então chegou uma senhora e perguntou: "O irmão precisa de dinheiro?" Isso foi para ele uma grande prova de fé, entretanto o pastor respondeu: "Minha irmã, eu disse aos irmãos, quando abandonei meu salário, que só informaria ao Senhor a respeito das minhas necessidades". "Mas", respondeu a senhora, "Ele me disse que eu lhe desse isto". E colocou 42 xelins na mão do pregador.

Outra vez Müller e sua família passaram três dias sem ter dinheiro em casa e foram fortemente assaltados pelo diabo com a idéia de que haviam errado em aceitar a doutrina de fé nesse sentido. Quando, porém, voltou ao seu quarto, achou 40 xelins que uma irmã deixara. Ele acrescentou então: "Assim triunfou o Senhor e nossa fé foi fortalecida".

Antes de findar o ano, acharam-se de novo inteiramente sem dinheiro, num dia em que tinham de pagar o aluguel. Pediram a Deus e o dinheiro foi enviado. Nessa ocasião, Jorge Müller fez para si a seguinte regra, da qual nunca mais se desviou:

> Não nos endividaremos, porque achamos que tal coisa não é bíblica [Rm 13.8], e assim não teremos contas a pagar. Somente compraremos o que pudermos, tendo o dinheiro em mãos. Assim sempre saberemos quanto realmente possuímos e quanto temos o direito de gastar.

Deus, assim, gradualmente treinava o novo pregador a confiar nas suas promessas. Estava tão certo da fidelidade das promessas da Bíblia, que não se desviou, durante os longos anos da sua obra no orfanato, da resolução de não pedir ao próximo e de não se endividar.

Um outro segredo que o levou a alcançar tão grande bênção de confiar em Deus foi a sua resolução de usar o dinheiro que recebia somente para o fim a que fora destinado. Essa regra ele nunca infringiu, nem para tomar emprestado, apesar de se ter achado milhares de vezes face a face com as maiores necessidades.

Nesses dias, quando começou a provar as promessas de Deus, ficou comovido pelo estado dos órfãos e pobres crianças que encontrava nas ruas. Reuniu algumas dessas crianças para comer consigo às 8 horas da manhã e, a seguir, durante uma hora e meia, ensinava-lhes as Escrituras. A obra aumentou rapidamente. Quanto mais crescia o número para comer, tanto mais recebia para alimentá-las, até se achar cuidando de trinta a quarenta menores.

Ao mesmo tempo, Jorge Müller fundou a Junta para o Conhecimento das Escrituras na Nação e no Estrangeiro. Os alvos eram: 1) Auxiliar as escolas bíblicas e as escolas dominicais; 2) Espalhar as Escrituras; 3) Aumentar a obra missionária. Tudo foi feito com a mesma resolução de não se endividar, mas sempre pedir a Deus, em secreto, todo o necessário.

Certa noite, quando lia a Bíblia, ficou profundamente impressionado com as palavras: "Abre bem a tua boca, e ta encherei" (Sl 81.10). Foi levado a aplicar essas palavras ao orfanato, sendo-lhe dada a fé de pedir mil libras ao Senhor. Também pediu que Deus levantasse irmãos com qualificação para cuidar das crianças. Desde aquele momento, esse texto bíblico serviu-lhe como lema e a promessa se tornou em poder que determinou todo o curso da sua vida.

Deus não demorou muito a dar a sua aprovação de alugar uma casa para os órfãos. Foi apenas dois dias depois de começar a pedir, que ele escreveu no seu diário: "Hoje recebi o primeiro xelim para a casa dos órfãos".

Quatro dias depois foi recebida a primeira contribuição de móveis: um guarda-roupa. Além disso, uma irmã ofereceu seus serviços para cuidar dos órfãos. Naquele dia Jorge Müller escreveu que estava alegre no Senhor e confiante em que Ele ia completar tudo.

No dia seguinte, Jorge Müller recebeu uma carta com estas palavras: "Oferecemo-nos para o serviço do orfanato, se o irmão achar que temos as qualificações. Oferecemos também todos os móveis, etc., que o Senhor nos tem dado. Faremos tudo isso sem qualquer salário, crendo que, se for a vontade do Senhor usar-nos, Ele suprirá todas as nossas necessidades". Desde aquele dia, nunca faltaram, no orfanato, auxiliares alegres e devotados, apesar de a obra aumentar mais depressa do que Jorge Müller esperava.

Três meses depois, finalmente conseguiu alugar uma grande casa e anunciou a data da inauguração do orfanato para o sexo feminino. No dia da inauguração, porém, ficou desapontado: nenhuma órfã foi recebida. Somente depois de chegar à casa é que se lembrou de que não as tinha pedido. Naquela noite humilhou-se, rogando a Deus o que anelava. Ganhou a vitória de novo, pois veio uma órfã no dia seguinte. Quarenta e duas pediram entrada antes de findar o mês, sendo que já havia vinte e seis no orfanato.

Durante o ano, houve grandes e repetidas provas de fé. Aparece, por exemplo, no seu diário: "Sentindo grande necessidade ontem de manhã, fui dirigido a pedir com insistência a Deus e, em resposta, à tarde, um irmão deu-me 10 libras". Muitos anos antes da sua morte, afirmou que, até aquela data, tinha recebido, da mesma forma, 5.000 vezes a resposta, sempre no mesmo dia em que fazia o pedido.

Era seu costume — e recomendava também aos irmãos — manter um livro onde, numa página assentava seu pedido com a data em que fora feito e no lado oposto a data em que recebera a resposta. Dessa maneira, foi levado a desejar respostas concretas aos seus pedidos, sem que houvesse dúvida acerca dessas respostas.

Com o aumento do orfanato e do serviço de pastorear os quatrocentos membros de sua igreja, Jorge Müller achou-se demasiadamente ocupado para orar. Foi nesse tempo que chegou a reconhecer que o crente podia fazer mais em quatro horas, depois de uma em oração, do que em cinco sem oração. Essa regra ele a observou fielmente durante sessenta anos.

Quando alugou a segunda casa para os órfãos do sexo masculino, disse: "Ao orar, estava lembrado de que pedia a Deus o que parecia impossível receber dos irmãos, mas que não era demasiado para o

Senhor conceder". Ele orava com noventa pessoas sentadas às mesas: "Senhor, olha para as necessidades de teu servo..." Essa foi uma oração a que Deus abundantemente respondeu: antes de morrer, testificou que, pela fé, alimentava 2 mil órfãos, sendo que nenhuma refeição se fez com atraso de mais de trinta minutos.

Muitas pessoas perguntavam a Jorge Müller como ele conseguia saber a vontade de Deus, pois não fazia nada sem primeiro ter a certeza de que era da vontade do Senhor. Ele respondia:

Procuro manter o coração em tal estado que ele não tenha qualquer vontade própria no caso. De dez problemas, já temos a solução de nove quando conseguimos ter um coração entregue para fazer a vontade do Senhor, seja essa qual for. Quando chegamos verdadeiramente a tal ponto, estamos, quase sempre, perto de saber qual é a sua vontade.

Tenho o coração entregue para fazer a vontade do Senhor — não deixo o resultado ao mero sentimento ou a uma simples impressão. Se o faço, fico sujeito a grandes enganos.

Procuro a vontade do Espírito de Deus por meio da sua Palavra. É essencial que o Espírito e a Palavra acompanhem um ao outro. Se eu olhar para o Espírito sem a Palavra, fico sujeito, também, a grandes ilusões.

Depois considero as circunstâncias providenciais. Essas, ao lado da Palavra de Deus e do seu Espírito, indicam claramente a sua vontade.

Peço a Deus em oração que me revele a sua própria vontade.

Assim, depois de orar a Deus, estudar a Palavra e refletir, chego à melhor resolução deliberada que posso com a minha capacidade e conhecimento; se eu continuar a sentir paz, no caso, depois de duas ou três petições mais, sigo conforme essa direção. Nos casos mínimos e nas transações de maior responsabilidade, sempre acho esse método eficiente.

Jorge Müller, três anos antes da sua morte, escreveu:

Não me lembro, em toda a minha vida de crente, num período de 69 anos, de que eu jamais buscasse, *sinceramente e com paciência*, saber a vontade de Deus pelo *ensinamento do Espírito Santo por intermédio da Palavra de Deus*, e que não fosse guiado *certo*. Se me faltava, porém, *sinceridade de coração e pureza perante Deus*, ou se eu não olhava para Deus, com *paciência* pela direção, ou se eu preferia o *conselho do próximo* ao da *Palavra do Deus vivo*, então errava gravemente. (Grifo do autor.)

Sua confiança no "Pai dos órfãos" era tal, que nem uma só vez recusou-se a aceitar crianças no orfanato. Quando lhe perguntavam porque assumira o encargo do orfanato, respondia que não fora apenas para alimentar os órfãos material e espiritualmente, mas "o primeiro objetivo básico do orfanato era", afirmava, "e ainda é, que Deus seja magnificado pelo fato de que os órfãos sob os meus cuidados foram e estão sendo supridos de todo o necessário, somente por oração e fé, sem que eu nem meus companheiros de trabalho precisemos pedir ao próximo. Por isso mesmo se pode ver que Deus continua fiel e ainda responde às nossas orações".

Em resposta a muitos que queriam saber como o crente pode adquirir tão grande fé, deu as seguintes regras:

1) Lendo a Bíblia e meditando sobre o texto lido, chega-se a conhecer a Deus, por meio de oração.
2) Procurar manter um coração íntegro e uma boa consciência.
3) Se desejamos que a nossa fé cresça, não devemos evitar aquilo que a prove e por meio do qual ela seja fortalecida.

Ainda mais um ponto: para que a nossa fé se fortaleça, é necessário que deixemos Deus agir por nós ao chegar a hora da provação, e não procurar a nossa própria libertação.

Se o crente desejar grande fé, deve dar tempo para Deus trabalhar.

Os cinco prédios construídos, de pedras lavradas, e situados em Ashley Hill, Bristol, Inglaterra, com 1.700 janelas e lugar para acomodar mais de 2 mil pessoas, são testemunhas atuais dessa grande fé sobre a qual ele escreveu.

Cada uma dessas dádivas (devemo-nos lembrar), Jorge Müller lutou com Deus em oração para obter. Orou com alvo certo e com perseverança, e Deus lhe respondeu.

São de Jorge Müller estas palavras:

Muitas repetidas vezes tenho-me encontrado em posição muito difícil, não só com 2 mil pessoas comendo diariamente às mesas, mas também com a obrigação de atender a todas as demais despesas, estando a nossa caixa com os fundos esgotados. Havia ainda cento e oitenta e nove missionários para sustentar, cerca de cem colégios com mais ou menos 9 mil alunos, além de 4 milhões de tratados para distribuir, tudo sob nossa responsabilidade, sem que houvesse dinheiro em caixa para as despesas.

Certa vez o doutor A. T. Pierson foi hóspede de Jorge Müller no seu orfanato. Uma noite, depois que todos se deitaram, Jorge Müller o chamou para orar dizendo que não havia coisa alguma em casa para comer. O doutor Pierson quis lembrar-lhe que o comércio estava fechado, mas Jorge Müller bem sabia disso. Depois da oração deitaram-se, dormiram e, ao amanhecer, a alimentação já estava suprida e em abundância para 2 mil crianças. Nem o doutor Pierson nem Jorge Müller chegaram a saber como a alimentação foi suprida.

A história foi contada, naquela manhã, ao senhor Simão Short, sob a promessa de guardá-la em segredo até o dia da morte do benfeitor. O Senhor despertara essa pessoa do sono, à noite, e mandara que levasse alimentos suficientes para suprir o orfanato durante um mês. E isso sem a pessoa saber coisa alguma da oração de Jorge Müller e do doutor Pierson!

Com a idade de 69 anos, Jorge Müller iniciou suas viagens, nas quais pregou centenas de vezes, em quarenta e duas nações, a mais de 3 milhões de pessoas. Recebeu, em resposta às suas orações, tudo de Deus para pagar as grandes despesas. Mais tarde, ele escreveu: "Digo com razão: Creio que eu não fui dirigido a nenhum lugar onde não houvesse prova evidente de que o Senhor me mandara para lá". Ele não fez essas viagens com o plano de solicitar dinheiro para a junta; não recebeu o suficiente nem para as despesas de doze horas da junta. Segundo as suas palavras, o alvo era "que eu pudesse, por minha experiência e conhecimento das coisas divinas, comunicar uma bênção aos crentes... e que eu pudesse pregar o Evangelho aos que não conheciam ao Senhor".

Assim escreveu ele sobre um problema espiritual particular:

Sinto constantemente a minha necessidade... Nada posso fazer sozinho sem cair nas garras de Satanás. O orgulho, a incredulidade ou outros pecados me levariam à ruína. Sozinho não permaneço firme um momento. Que nenhum leitor pense que devido à minha dedicação, eu não me possa "inchar" ou me orgulhar, ou que eu não possa descrer de Deus!

O estimado evangelista Carlos Inglis contou a respeito de Jorge Müller:

Quando vim pela primeira vez à América, faz trinta e um anos, o comandante do navio era devoto tal que jamais conheci. Quando nos aproximamos da Terra Nova, ele me disse: "Senhor Inglis, a última vez que passei aqui, há cinco semanas, aconteceu uma coisa tão extraordinária que foi a causa de uma transformação de toda a minha vida de crente. Até aquele tempo eu era um crente comum. Havia a bordo um homem de Deus, o senhor Jorge Müller, de Bristol. Eu tinha passado vinte e duas horas sem me afastar da ponte de comando, nem por um momento, quando fui assustado por alguém que me tocou no ombro. Era o senhor Jorge Müller. Houve, então, entre nós o seguinte diálogo:
— Comandante — disse o senhor Müller, — vim dizer-lhe que tenho de estar em Quebec no sábado à tarde.
Era quarta-feira.
— Impossível — respondi.
— Pois bem, se seu navio não pode levar-me, Deus achará outro meio de transporte. Durante cinqüenta e sete anos nunca deixei de estar no lugar à hora em que me achava comprometido.
— Teria muito prazer em ajudá-lo, mas o que posso fazer? Não há meios!
— Vamos aqui dentro para orar — sugeriu Müller.
Olhei para aquele homem e disse a mim mesmo: 'De qual casa de doidos escapou este?' Nunca eu ouvira alguém falar desse modo.
— Senhor Müller, veja como é espessa esta neblina.
— Não — respondeu ele, — os meus olhos não estão na neblina, mas no Deus vivo que governa todas as circunstâncias da minha vida.
O senhor Müller caiu de joelhos e orou da forma mais simples possível. Eu pensei: 'É uma oração como a de uma criança de 8 ou 9 anos'. Foi mais ou menos assim que ele orou: 'Ó Senhor, se for da tua vontade, retira esta

neblina dentro de cinco minutos. Sabes como me comprometi a estar em Quebec no sábado. Creio ser isso a tua vontade'.
Quando findou, eu queria orar também, mas o senhor Müller pôs a sua mão no meu ombro e pediu que não o fizesse, dizendo:
— Comandante, primeiro o senhor não crê que Deus faça isso, e, em segundo lugar, eu creio que Ele já o fez. Não há, pois, qualquer necessidade de o senhor orar nesse sentido. Conheço, comandante, o meu Senhor há cinquenta e sete anos e não há dia em que eu não tenha audiência com Ele. Levante-se, por favor, abra a porta e verá que a neblina já desapareceu.
Levantei-me, olhei, e a neblina havia desaparecido. No sábado, à tarde, Jorge Müller estava em Quebec".

Para ajudá-lo a levar a carga dos orfanatos e a apropriar-se das promessas de Deus em oração, lado a lado com ele, Jorge Müller tinha consigo, havia quase quarenta anos, uma esposa sempre fiel. Quando ela faleceu, milhares de pessoas assistiram ao seu enterro, das quais cerca de 1.200 eram órfãs. Ele mesmo, fortalecido pelo Senhor, conforme confessou, dirigiu os cultos fúnebres no templo e no cemitério.
Com a idade de 90 anos pregou o sermão fúnebre da segunda esposa, como o fizera na morte da primeira. Uma pessoa que assistiu a esse enterro, assim se expressou:

Tive o privilégio, sexta-feira, de assistir ao enterro da senhora Müller... e presenciar um culto simples, que foi, talvez pelas suas peculiaridades, o único na história do mundo: um venerável patriarca preside o culto do início ao fim. Com a idade de 90 anos, permanece ainda cheio daquela grande fé que o tem habilitado a alcançar tanto, e que o tem sustentado em emergência, problemas e trabalhos duma longa vida...

No ano de 1898, com a idade de 93 anos, na última noite antes de partir para estar com Cristo, sem mostrar sinal de enfraquecimento das forças físicas, deitou-se como de costume. Na manhã do dia seguinte foi "chamado", na expressão usada por um amigo pessoal: "O querido ancião Müller desapareceu de nosso meio para o Lar, quando o Mestre abriu a porta e o chamou ternamente, dizendo: 'Vem!'"

Os jornais publicaram, meio século depois da sua morte, a seguinte notícia:

O orfanato de Jorge Müller, em Bristol, permanece como uma das maravilhas do mundo. Desde a sua fundação, em 1836, a cifra que Deus tem concedido, unicamente em resposta às orações, sobe a mais de 20 milhões de dólares, e o número de órfãos ascende a 19.935. Apesar de os vidros de cerca de quatrocentas janelas terem sido partidos recentemente por bombas [durante a Segunda Guerra Mundial], nenhuma criança e nenhum auxiliar foi ferido.

Davi Livingstone

Célebre Missionário e Explorador
(1813 — 1873)

Certo comerciante, ao visitar a abadia de Westminster, em Londres, onde se acham sepultados os reis e vultos eminentes da Inglaterra, inquiriu qual túmulo, excluindo o do "soldado desconhecido", era o mais visitado. O porteiro respondeu que era o de Davi Livingstone. São poucos os humildes e fiéis servos de Deus que o mundo distingue e honra assim.

Conta-se que em Glasgow, depois de passar dezesseis anos na África, Livingstone foi convidado a fazer um discurso perante o corpo discente da universidade. Os alunos resolveram vaiar esse "camarada missionário", fazendo o maior barulho possível. Certa testemunha do acontecimento disse: "Contudo, desde o momento em que Livingstone compareceu perante eles, magro e delgado, depois de cair trinta e uma vezes de febre nas matas da África, e com um braço descansando numa tipóia, depois do encontro com um leão, os alunos guardaram grande silêncio. Ouviram, com o maior respeito, tudo o que o orador relatou e a maneira como Jesus cumprira a sua promessa: 'Eis que eu estou convosco todos os dias, até a consumação dos séculos'".

Davi Livingstone nasceu na Escócia. Seu pai, Neil Livingstone, costumava contar aos filhos as proezas de seus antepassados, por oito gerações. Um dos bisavôs de Davi fugira com a família dos cruéis pactuários para os pantanais e montes escabrosos, onde podia adorar a Deus em espírito e em verdade. Mas mesmo esses cultos, que se realizavam entre os espinhos e, às vezes, no gelo, eram interrompidos, de vez em quando, pela cavalaria que chegava galopando para matar ou levar presos, tanto homens como mulheres.

Os pais de Davi criaram seus filhos no temor do Senhor. O lar era sempre alegre e servia como notável modelo de todas as virtudes domésticas. Não se perdia uma hora durante os sete dias da semana, e o domingo era esperado e honrado como o dia de descanso. Com a idade de 9 anos, Davi ganhou um Novo Testamento, prêmio oferecido ao repetir de cor o capítulo mais comprido da Bíblia, o Salmo 119.

"Entre as recordações mais sagradas da minha infância", escreveu Livingstone, "estão as da economia da minha mãe para que os poucos recursos fossem suficientes para todos os membros da família. Quando completei 10 anos de idade, meus pais me colocaram em uma tecelagem para que eu ajudasse a sustentar a família. Com parte do salário da primeira semana, comprei uma gramática de latim".

Davi iniciava o dia na tecelagem às 6 horas da manhã e, com intervalos para o café e o almoço, trabalhava até 8 da noite. Segurava a sua gramática aberta na máquina de fiar algodão e, enquanto trabalhava, estudava-a linha por linha. Às 8 horas da noite, dirigia-se, sem perder tempo, à escola noturna. Depois das aulas, estudava as lições para o dia seguinte, às vezes, até a meia-noite, quando a mãe tinha de obrigá-lo a apagar a luz e dormir.

A inscrição no túmulo dos pais de Davi Livingstone indica as privações no lar paterno:

Para marcar o lugar onde descansa
Neil Livingstone e Agnes Hunter, sua esposa,
e para exprimir a gratidão a Deus dos seus filhos
João, Davi, Janet, Carlos e Agnes,
por pais pobres e piedosos.

Os amigos insistiam em que ele mudasse as últimas palavras para "pais pobres, *mas* piedosos". (Grifo do autor.) Contudo, Davi recusou porque, para ele, tanto a pobreza como a piedade eram motivos de gratidão. Sempre considerou o fato de aprender a trabalhar longos dias, mês após mês, ano atrás ano, na fábrica de algodão, uma das maiores felicidades da sua vida.
Nos feriados, Davi gostava de pescar e fazer longas excursões pelos campos e às margens dos rios. Esses passeios extensos lhe serviam tanto de instrução como de recreio; saía para verificar na própria natureza o que estudara nos livros sobre botânica e geologia. Sem o saber, ele assim se preparava em corpo e mente para as explorações científicas e para o que escreveria com exatidão acerca da natureza na África.
Aos 20 anos, houve grande mudança espiritual em Davi Livingstone, que determinou o rumo de todo o resto da sua vida.

A bênção divina inundou-lhe o ser como inundara o coração do apóstolo Paulo ou de Agostinho, e outros do mesmo tipo, dominando os desejos carnais... Atos de abnegação, muito difíceis de executar sob a lei férrea da consciência, tornaram-se serviços de vontade livre sob o brilho do amor divino... É evidente que fora movido por uma força calma, mas tremenda, dentro do próprio coração, até o fim da vida. O amor que começou a comovê-lo, na casa paterna, continuou a inspirá-lo durante todas as longas e enfadonhas viagens pela África, e o levou a ajoelhar-se, à meia-noite, no rancho em Ilala, de onde seu espírito, enquanto ainda orava, voltou ao seu Deus e Salvador.

Davi, desde a infância, ouvia falar de um missionário valente na China, cujo nome era Gutzlaff. Nas suas orações, à noite, ao lado de sua mãe, orava por ele. Com a idade de 16 anos, Davi começou a sentir desejo profundo de fazer conhecido o amor e a graça de Cristo àqueles que jaziam em densas trevas, e resolveu firmemente, no coração, dar também sua vida como médico e missionário ao mesmo país, a China.

Ao mesmo tempo, o professor da sua classe na Escola Dominical, Davi Hogg, o aconselhava: "Ora, moço, faça da religião o motivo principal da sua vida cotidiana e não uma coisa inconstante, se quer vencer as tentações e outras coisas que o querem derribar". E Davi assentou no seu coração dirigir sua vida por essa norma.

Ao completar 9 anos de serviços na fábrica, foi promovido a um trabalho mais lucrativo. Conseguiu concluir seus estudos, recebendo o diploma de licenciado da Faculdade de Médicos e Cirurgiões de Glasgow sem ter recebido um tostão de auxílio de alguém.

Se os crentes não o tivessem aconselhado a que falasse à Sociedade Missionária de Londres acerca de enviá-lo como missionário, ele teria ido por seus próprios esforços, declarou Livingstone mais tarde.

Durante todos os anos de estudo para ser médico e missionário, sentia-se dirigido para trabalhar na China. Certa vez, numa reunião, ouviu o discurso de um homem de barba comprida e branca, alto, robusto e de olhos bondosos e penetrantes, chamado Roberto Moffat. Esse missionário voltara da África, um país misterioso, cujo interior era então desconhecido. Os mapas desse continente tinham no centro enormes espaços em branco, sem rios e sem serras. Falando a respeito da África, Moffat disse a Davi Livingstone: "Há uma vasta planície ao norte, onde tenho visto, nas manhãs ensolaradas, a fumaça de milhares de aldeias, onde nenhum missionário ainda chegou".

Comovido ao ouvir falar em tantas aldeias sem o Evangelho e sabendo que não podia mais ir à China por causa da guerra que havia naquele país, Livingstone respondeu: "Irei imediatamente para a África".

Com isso os irmãos da missão concordaram e Davi voltou ao humilde lar em Blantire para se despedir dos pais e irmãos. Às 5 horas da manhã do dia 17 de novembro de 1840, a família se levantou. Davi leu os salmos 121 e 135 com eles. "O sol não te molestará de dia e nem a lua de noite... O Senhor guardará a tua entrada e a tua saída, desde agora e para sempre". Essas palavras ficaram gravadas no seu coração e o fortaleceram quando teve de suportar calor e perigos durante os longos anos vividos mais tarde na África. Depois de orarem, despediu-se da sua mãe e irmãs e andou a pé, com seu pai, que o acompanhou até Glasgow. Depois de se despedirem um do outro, Davi embarcou no navio para não mais ver, aqui na terra, o rosto nobre de Neil Livingstone.

A viagem de Glasgow ao Rio de Janeiro e, por fim, à Cidade do Cabo, na África, durou três meses. Mas Davi não desperdiçou seu tempo. O comandante se tornou seu amigo íntimo e ajudou-o a preparar os cultos, nos quais Davi pregava aos tripulantes do navio. O novo missionário aproveitou também a oportunidade para, estando a bordo, aprender a usar o sextante e saber exatamente a posição do navio, observando a lua e as estrelas. Essa ciência lhe foi mais tarde de incalculável valor para orientar-se nas viagens de evangelização e exploração do imenso interior desconhecido do qual "subia a fumaça de mil vilas sem missionário".

Da Cidade do Cabo, a viagem de cento e noventa léguas foi feita aos solavancos, num carro de boi, através de campos incultos. A viagem durou dois meses até chegar em Curumã, onde devia esperar o regresso de Roberto Moffat. Desejava estabelecer-se em um lugar cinqüenta a sessenta léguas mais para o norte de qualquer outro em que houvesse obra missionária.

Para aprender a língua e os costumes do povo, nosso pioneiro passava o tempo viajando e vivendo entre os indígenas. O seu boi de sela passava a noite amarrado, enquanto ele assentava-se com os africanos ao redor do fogo, ouvindo as lendas dos seus heróis. Livingstone, por sua vez, contava-lhes as preciosas e verdadeiras histórias de Belém, da Galiléia e da cruz.

Não parou com os estudos enquanto viajava, fazendo mapas dos rios e serras do território percorrido. Em uma carta a um amigo escreveu que descobrira trinta e duas qualidades de raízes comestíveis e quarenta e três espécies de fruteiras que davam no deserto sem serem cultivadas. Do ponto que havia alcançado, faltavam-lhe apenas dez dias de viagem para chegar ao grande lago Ngami, que só descobriu sete anos depois.

De Curumã, o missionário, licenciado da Faculdade de Médicos e Cirurgiões de Glasgow, escreveu a seu pai: "Tenho uma clientela grande. Há pacientes aqui que andaram mais de sessenta léguas para receber tratamento médico. Esses, ao regressarem, enviarão outros para o mesmo fim".

Estabeleceu a sua primeira missão no lindo vale de Mabotsa, na terra de Bacarla. Em uma carta, escrita de Curumã, Livingstone assim descreveu o local que escolhera para centro de evangelização: "Está situado em um anfiteatro de serras que se intitula Mabotsa, isto é, 'ceia de bodas'. Que Deus nos ilumine com a sua presença, para que, por intermédio de servos tão fracos, muito povo ache entrada para a Ceia das Bodas do Cordeiro!"

Foi em Mabotsa que teve o histórico encontro com um leão. Acerca disso escreveu Davi:

> Ele saltou e me alcançou o ombro; ambos fomos ao chão. Rosnando horrivelmente perto do meu ouvido, sacudiu-me como um cão faz a um gato. Os abalos que me deu o animal produziram-me um entorpecimento igual ao que deve sentir um rato, depois da primeira sacudidela que lhe dá o gato. Atacou-me uma espécie de adormecimento, em que não senti dor nem sensação de temor.

Contudo, antes de a fera ter tempo de o matar, deixou-o para atacar outro homem que, de lança na mão, entrara na luta. O ombro dilacerado de Livingstone nunca sarou completamente: ele nunca mais pôde apontar um rifle ou levar a mão à cabeça sem sentir dores.

Foi na casa de Roberto Moffat, em Curumã, que chegou a conhecer Maria, a filha mais velha desse missionário. Depois de abrir a missão em Mabotsa os dois se casaram. Seis filhos foram o fruto desse enlace.

Depois de Livingstone se casar, a Escola Dominical em Mabotsa transformou-se em escola diária e tinha como professora a esposa do missionário. Schele, o chefe da tribo, tornou-se grande estudante da Bíblia, mas queria "converter" todo o seu povo à força de *litupa*, isto é, chicote de couro de rinoceronte. Schele iniciou culto doméstico em casa e o próprio Livingstone admirou-se da sua maneira simples e nata de orar. Era costume de Livingstone começar o dia com culto doméstico e não é de admirar que o chefe o adotasse também.

Livingstone foi obrigado a mudar-se para Chonuane, dez léguas distante, e mais tarde, por falta de água, ele e todo o povo foram para

Colobeng. Foi nesse último lugar que o chefe da tribo construiu uma casa para os cultos e Livingstone, com grande sacrifício de dinheiro e labor, edificou a sua terceira residência. Nessa casa morou cinco anos para nunca mais conseguir se fixar em qualquer lugar na terra.

Acerca do trabalho nesse lugar, assim se expressou: "Aqui temos um campo muitíssimo difícil de cultivar... Se não confiássemos que o Espírito Santo opera em nós, desistiríamos em desespero".

Através do deserto de Kalahari, chegavam boatos de um grande lago e de um lugar chamado "Fumaça Barulhenta", o que ele julgava ser uma grande cachoeira. As secas o oprimiam tanto em Colobeng que Livingstone resolveu fazer uma viagem de exploração a fim de achar um lugar mais ideal para estabelecer a sua missão. Assim, em 1º de junho de 1849, com o chefe da tribo, seus "guerreiros", três brancos e sua família, saíram para atravessar o grande deserto de Kalahari. O guia do grupo, Romotobi, conhecia o segredo de subsistir no deserto, cavando com as mãos e chupando a água debaixo da areia por meio de um canudo.

Depois de viajarem muitos dias, chegaram ao rio Zouga. Ao inquirir os indígenas, estes o informaram de que o rio tinha nascente em uma terra de rios e florestas. Livingstone ficou convicto de que o interior da África não era um grande deserto como o mundo de então supunha, e o seu coração ardia com o desejo de achar uma via fluvial. Assim, outros missionários poderiam ir para o interior do continente com a mensagem de Cristo.

"A perspectiva", escreveu ele, "de achar um rio que dê entrada a uma vasta, populosa e desconhecida região, aumentou constantemente desde então; aumentou tanto que, quando por fim chegamos ao grande lago, esse importante descobrimento, em si mesmo, parecia de pouca monta".

Foi em 1º de agosto de 1849 que o grupo atingiu o lago Ngami. Tão grande é esse lago que, de uma margem, não se avista a margem oposta. Sofreram longos dias de cruciante sede sem obter uma gota d'água, mas venceram todas as dificuldades. O curioso é que descobriram o Ngami enquanto outros exploradores mais bem equipados, mas menos persistentes, haviam falhado.

As notícias do descobrimento foram comunicadas à Royal Geographical Society, o que lhe votou uma bela recompensa de 25 guinéus, "por ter descoberto uma importante terra, um importante rio e um grande lago".

O grupo teve de voltar a Colobeng. Depois de alguns meses, porém, iniciou novamente viagem para o lago Ngami. Não queria separar-se da sua família e levou-a em um carro de boi. Mas, ao alcançar o rio Zouga, os filhos foram atacados pela febre e ele teve de voltar com a família. Nasceu-lhe uma filha, que morreu logo de febre. Livingstone, contudo, ficou mais firme do que nunca, na sua resolução de achar um caminho para levar o Evangelho ao interior da África.

Depois de descansar alguns meses com a família, na casa de seu sogro, em Curumã, saíram com o propósito de achar um lugar saudável onde pudessem estabelecer uma missão mais para o interior. Foi nessa viagem, em junho de 1851, que descobriu o maior rio da África Oriental, o Zambeze, rio do qual o mundo de então nunca ouvira falar.

No seguinte trecho que Livingstone escreveu, descobre-se algo do que tinham de sofrer nessas viagens:

> Um dos assistentes desperdiçou a água que levávamos no carro e, à tarde, tínhamos apenas um restinho para as crianças. Passamos a noite angustiados e, na manhã seguinte, quanto menos havia de água, tanto mais aumentava a sede das crianças. O pensamento de elas perecerem diante de nossos olhos nos perturbava. Na tarde do quinto dia, sentimos grande alívio quando um dos homens voltou trazendo tanto desse líquido como jamais antes havíamos pensado.

Livingstone, convicto de que era a vontade de Deus que saísse para estabelecer outro centro de evangelização, e com indômita fé de que o Senhor supriria todo o necessário para cumprir a sua vontade, avançava sem vacilar.

Depois de descobrir o rio Zambeze, Livingstone veio a saber que os lugares saudáveis eram sujeitos a serem saqueados em qualquer tempo por outras tribos. Só nos lugares infestados de doença e febre é que se achavam tribos específicas.

Resolveu, portanto, enviar a esposa para descansar na Inglaterra enquanto ele continuava as suas explorações a fim de estabelecer um centro para a obra de evangelização. Via-se forçado a estabelecer tal centro porque os bôeres holandeses invadiam o território e, além de roubar as terras e o gado dos indígenas, punham em prática um regime da mais vil escravatura. Livingstone enviou crentes fiéis para evangelizar os povos em redor, mas os bôeres acabaram com essa obra, matando muitos dos indígenas e destruindo todos os bens que o missionário possuía em Colobeng.

Diante desse quadro, o obreiro levou sua família para a Cidade do Cabo, de onde seus queridos embarcaram em um navio para a Inglaterra.

Nesse tempo, quando Deus suprira todo o necessário para que a família voltasse à terra natal, declarou: "Oh! Amor divino, eu não te amo com a força, a profundidade e o ardor que convém!"

A separação da família causou-lhe profunda mágoa, mas dirigiu o rosto heroicamente de novo a socorrer as infelizes tribos do interior da África.

Havia três motivos que o aconselhavam a fazer uma viagem de exploração. Primeiro, queria achar um lugar para residir com a família entre os barotses e evangelizá-los. Segundo, a comunicação entre o território dos barotses e a Cidade do Cabo era muito demorada e difícil, e ele queria descobrir um caminho para um porto mais próximo. Terceiro, queria fazer todo o possível para influenciar as autoridades contra o horrendo tráfico de escravos.

Foi nessa época da sua vida que Livingstone, por suas proezas, tornou-se conhecido no mundo inteiro.

No seu ardor, desejando que Deus lhe poupasse a vida e o usasse em abrir o continente para a entrada do Evangelho, orou assim:

> Ó Jesus, rogo que me enchas agora com o teu amor e me aceites e me uses um pouco para a tua glória. Até agora não fiz nada para ti, mas quero fazer algo. Oh! eu te imploro que me aceites e me uses e que seja tua toda a glória". Escreveu mais ainda: "Não valeria coisa alguma o que possuo ou o que possuirei, a não ser em relação ao reino de Cristo. Se alguma coisa que tenho pode servir para o teu reino, dar-lha-ei a Ele, a quem devo tudo neste mundo e durante a eternidade.

Livingstone atravessou, ida e volta, o continente africano, desde a foz do Zambeze a São Paulo de Luanda, façanha essa realizada pela primeira vez por um branco. Nas memórias que escrevia diariamente, nota-se como admirava as lindas paisagens de um continente que o mundo julgava ser um vasto deserto.

Chegou a Luanda magro e doente. Apesar da insistência do cônsul britânico para que regressasse à Inglaterra, a fim de recuperar a saúde abalada, ele voltou a Zambeze por outro caminho a fim de levar seus fiéis companheiros até em casa, conforme lhes prometera antes de iniciarem a viagem.

Nessa viagem, Livingstone descobriu as magníficas cataratas de Vitória, nome que ele deu às grandes quedas em homenagem à rainha da Inglaterra. Nesse lugar, o rio Zambeze tem a largura de mais de um quilômetro; ali, as águas desse grande rio se precipitam espetacularmente de uma altura de cem metros.

Livingstone continuou a pregar o Evangelho constantemente, às vezes a auditórios de mais de mil indígenas. Antes de tudo, esforçava-se para ganhar a estima das tribos hostis, por onde passava, por sua conduta cristã, em grande contraste com a dos mercadores de escravos.

Sozinho, com os seus fiéis macololos, caiu trinta e uma vezes de febre nos matagais, durante um período de sete meses. Mas não era tanto o sofrimento físico. Suas cartas revelam a sua angústia de espírito ao ver os horrores do povo africano massacrado e arrebatado dos seus lares, conduzido como gado para ser vendido no mercado. De um lugar alto onde subiu, contou dezessete aldeias em chamas, incendiadas por esses nefandos mercadores de seres humanos.

Prometera à sua esposa reunir-se com a família depois de dois anos, mas passaram-se quatro anos e meio antes que ela recebesse qualquer notícia dele!

Por fim, após uma ausência de dezessete anos da pátria, regressou à Inglaterra. Voltou à civilização e à sua família como quem volta da morte. Antes de desembarcar, soube que seu querido pai falecera. Em toda a história de Livingstone, não se conta um acontecimento mais comovente do que o seu reencontro com a esposa e filhos.

Na Inglaterra, foi aclamado e honrado como heróico descobridor e grande benfeitor da humanidade. Os diários publicavam os seus atos de bravura. As multidões afluíam para ouvi-lo contar a sua história, como relata este trecho de sua biografia:

O doutor Livingstone era muito humilde... Temia passear nas ruas, receando ser atropelado pelas massas. Certo dia, na Regent Street, em Londres, foi apertado por tão grande multidão, que só com grande dificuldade conseguiu refugiar-se num táxi. Pela mesma razão evitava ir aos cultos. Certa vez, desejoso de assistir ao culto, meu pai persuadiu-o a ocupar um assento debaixo da galeria, em um lugar não visível ao auditório. Mas foi descoberto e o povo passou por cima dos bancos para cercá-lo e apertar-lhe a mão.

Uma das muitas coisas que levou a efeito, enquanto na Inglaterra, foi a de escrever seu livro. *Viagens Missionárias* alcançou enorme circulação e produziu mais interesse na questão africana do que qualquer movimento anterior.

Em março de 1858, com a idade de 46 anos, Livingstone, acompanhado de sua esposa e filho mais novo, Osvaldo, embarcou novamente para a África. Deixando os dois na casa do sogro, o missionário Moffatt, Livingstone continuou as suas viagens. No ano seguinte, descobriu o lago Niassa. Recebeu, também, uma carta da esposa, da casa de seus pais, em Curumã, informando-o do nascimento de mais uma filha. A menina já estava há quase um ano no mundo quando o pai soube do seu nascimento.

As explorações dos rios Zambeze, Tete e Shire, e do lago Niassa, foram feitas com o propósito de saber quais os pontos mais estratégicos para a evangelização, e missionários foram enviados da Inglaterra para ocupar esses lugares.

Em 1862 a esposa reuniu-se a ele novamente e acompanhava-o nas viagens, mas três meses depois faleceu, vítima da febre, e foi enterrada em uma encosta verdejante na margem do rio Zambeze. No seu diário, Livingstone assim escreveu:

> Chorei-a porque merece as minhas lágrimas. Amei-a ao nos casarmos, e quanto mais tempo vivíamos juntos, tanto mais a amava. Que Deus tenha piedade dos filhos...

Um dos maiores obstáculos que Livingstone enfrentou na obra missionária foi o terror dos indígenas ao verem o rosto de um homem branco. Não era para menos, se considerarmos suas atrocidades. Aldeias inteiras em ruínas; fugitivos escondendo-se nos campos de alto capim, sem nada terem para comer; centenas de esqueletos e cadáveres insepultos; comboios de homens e mulheres algemados aos troncos, seguros pelo pescoço, conduzidos aos portos. É difícil concebermos a magnitude da desolação criada por homens cruéis que participavam do tráfico de escravos.

Esses homens tentavam, também, com ódio cruel e arte diabólica, terminar com a obra de Livingstone. Finalmente conseguiram, por meio da política do seu país, induzir a Inglaterra a chamá-lo de volta à sua terra. Foi assim que Livingstone chegou de novo à sua pátria depois de uma ausência de cerca de oito anos.

Os crentes e amigos na Inglaterra, animados pela visão de Livingstone, começaram a orar e enviar-lhe dinheiro para continuar sua obra no continente negro. O nosso herói desembarcou pela terceira e última vez na África, em Zanzibar.

Na expedição que iniciou em Zanzibar, descobriu os lagos Tanganyka (1867), Moero (1867) e Bangueolo (1868). Passou cinco longos anos explorando as bacias desses lagos. A oração e a Palavra de Deus foram o seu sustento espiritual durante esses anos de provações, que sofria por parte dos negociantes de escravos.

Resolveu, então, fazer o possível para descobrir as nascentes do rio Nilo e solver um problema que durante milhares de anos havia zombado dos geógrafos. Sabia que se descobrisse as nascentes do famoso Nilo, o mundo todo lhe daria ouvidos acerca da chaga aberta na África: o comércio de escravos. É interessante conhecer o que ele escreveu: "O mundo acha que busco fama, porém eu tenho uma regra, isto é, não leio coisa alguma sobre os elogios que me fazem". Ele sabia que, ao findar a escravatura, o continente se abriria para deixar entrar o Evangelho.

Durante os longos intervalos de tempo em que uma carta e outra era recebida na Inglaterra, vindas do coração da África, circularam boatos de que Livingstone morrera. Não só os homens que traficavam escravos queriam matá-lo, mas também muitos dos próprios indígenas, por não acreditarem existir um homem branco que fosse amigo de coração. Ele mesmo contou muitos fatos relacionados a ciladas na terra do Maniuema para o matarem. Nesse lugar, ele escreveu no seu diário: "Li toda a Bíblia quatro vezes, enquanto estive em Maniuema". Na solidão, achou grande conforto nas Escrituras.

Reconhecia sempre a possibilidade de perecer nas mãos dos inimigos, mas sempre respondia à insistência dos amigos com esta pergunta: "Não pode o amor de Cristo constranger o missionário a ir onde a traficância leva o mercador de escravos?"

Pela primeira vez, nas milhares de léguas que caminhou, os pés do pioneiro falharam. Obrigado a ficar algum tempo em uma cabana, todos os seus companheiros o abandonaram, à exceção de três, que permaneceram com ele.

Reduzido a pele e ossos por causa da grave doença que sofrera em Maniuema, por fim chegou a Ujiji. Não tinha recebido cartas havia dois anos e esperava receber também as provisões que enviara para lá. Contudo, as cartas não haviam chegado. Com o corpo enfraquecido e destituído de roupas e alimentos, veio a saber que lhe tinham roubado tudo. Nessa situação, ele escreveu:

> Na minha pobreza, senti-me como o homem que, descendo de Jerusalém a Jericó, caiu nas mãos de ladrões. Não tinha esperança de que sacerdotes, levitas ou o bom samaritano viessem em meu socorro. Entretanto, quando minha alma se achava mais abatida, o bom samaritano já estava bem perto de mim!

O "bom samaritano" era Henrique Stanley, enviado pelo New York Herald devido à insistência de muitos milhares de leitores desse jornal, pois queriam saber ao certo se Livingstone ainda vivia, ou, no caso de ter morrido, para trazer seu corpo.

Stanley passou o inverno com Livingstone. Mas este recusou-se a ceder aos apelos do jornalista para que voltasse à Inglaterra. Livingstone podia voltar e descansar entre amigos, com todo o conforto, mas preferiu ficar e realizar seu anelo de abrir o continente africano ao Evangelho.

A sua última viagem foi para Luapula, pois desejava verificar se esse rio era a nascente do Nilo ou do Congo. Nessa região chovia incessantemente. Livingstone sofria dores atrozes; dia após dia tornava-se-lhe mais e mais difícil caminhar. Foi então carregado, pela primeira vez, pelos fiéis companheiros: Susi, Chuman e Jacó Wainwright, todos indígenas.

No seu diário, as últimas notas que escreveu dizem: "Cansadíssimo, fico... Recuperada a saúde... Estamos nas margens do Mililamo".

Chegaram à aldeia de Chitambo, em Ilala, onde Susi fez uma cabana para ele. Nessa cabana, a 1º de maio de 1873, fiel Susi achou seu bondoso mestre de joelhos, ao lado da cama, morto. Orou enquanto viveu e partiu deste mundo orando!

Os dois fiéis companheiros, Susi e Chuman, enterraram o coração de Livingstone debaixo de uma árvore em Chitambo, secaram e embalsamaram o corpo e o levaram até a costa, viagem que durou alguns meses e exigiu que passassem pelo território de várias tribos hostis. O sacrifício desses valentes filhos da África, sem terem qualquer propósito de remuneração, não será esquecido por Deus nem pelo mundo.

O corpo, depois de chegar em Zanzibar, foi transportado para a Inglaterra, onde foi sepultado na abadia de Westminster, entre os monumentos dos reis e heróis daquela nação. Não havia dúvida quanto ao corpo de Livingstone; era fácil de identificar: o osso de cima do braço esquerdo tinha distintamente as marcas dos dentes do leão que o atacara.

Entre os que assistiram ao enterro, estavam seus filhos e o velho missionário Roberto Moffatt, pai da sua querida esposa. A multidão consistia de povo humilde, que o amava, e dos grandes, que o honravam e respeitavam.

Conta-se que entre as multidões que permaneciam nas calçadas das ruas de Londres no dia em que o cortejo acompanhava o corpo de Davi Livingstone, havia um velho chorando amargamente. Ao lhe perguntarem por que chorava, respondeu:

É porque Davizinho e eu nascemos na mesma aldeia, cursamos o mesmo colégio, assistimos à mesma Escola Dominical e trabalhávamos na mesma máquina de fiar. Mas Davizinho foi por *aquele* caminho, e eu por *este*. Agora ele é honrado pela nação, enquanto eu sou desprezado, desconhecido e desonrado. O único futuro para mim é o enterro de beberrão. (Grifo do autor.)

Não é somente o ambiente, mas as escolhas feitas na mocidade são o que determinam o destino de alguém; não só aqui no mundo, mas para toda a eternidade.

Quando Livingstone falou aos alunos da Universidade de Cambridge, em 1857, disse:

> Por minha parte, nunca cesso de me regozijar por Deus ter-me apontado para tal ofício. O povo fala do sacrifício de eu passar tão grande parte da vida na África. Será sacrifício pagar uma pequena parte da dívida, dessa dívida que nunca poderemos liquidar, do que devemos ao nosso Deus? É sacrifício aquilo que traz a bendita recompensa de saúde, o conhecimento de praticar o bem, a paz de espírito e a viva esperança de um glorioso destino? Longe esteja tal idéia! Digo com ênfase: Não é sacrifício... Nunca fiz sacrifício. Não devemos falar dos nossos sacrifícios ao nos lembrarmos do grande sacrifício que fez aquEle que desceu do trono de seu Pai, nas alturas, para se entregar por nós.

Se Livingstone não tivesse adoecido, teria descoberto as nascentes do Nilo. Durante os trinta anos que passou na África, nunca se esqueceu do seu alvo principal, que era levar Cristo aos povos desse obscuro continente. Todas as viagens que realizou foram viagens missionárias.

Gravadas no seu túmulo podem ser lidas estas palavras:

> O coração de Livingstone jaz na África, seu corpo descansa na Inglaterra, mas sua influência continua.

Gravados para sempre na história da Igreja de Cristo estão os grandes êxitos obtidos na África por Livingstone durante um período de mais de setenta e cinco anos depois de sua morte; êxitos inspirados, em grande parte, pelas orações e persistência desse eminente servo de Deus, que foi fiel até a morte.

João Paton

Um Missionário entre os Antropófagos
(1824 — 1907)

Perto de Dalswinton, na Escócia, morava um casal conhecido em toda a região como os velhos Adão e Eva. A esse lar veio em visita uma sobrinha, Janete Rogerson. Supunha-se que não houvesse muita coisa na casa isolada dos velhos para distrair a jovem, sempre viva e alegre. Mas uma coisa atraiu-lhe o interesse: um rapaz chamado Tiago Paton, que entrava, dia após dia, no matagal perto da casa. Levava sempre um livro na mão, como se ali fosse para estudar e meditar.

Certo dia, a moça, vencida pela curiosidade, entrou furtivamente por entre as árvores e espiou o rapaz recitando os *Sonetos Evangélicos*, de Erskine. A sua curiosidade tornou-se em santa admiração quando o jovem, deixando o chapéu no chão, ajoelhou-se debaixo duma árvore para derramar a alma em oração perante Deus. Ela, espírito de brincalhona, avançou e pendurou o chapéu em um galho que estava próximo. Em seguida escondeu-se onde podia, sem ser vista, para presenciar o rapaz perplexo, a procurar o chapéu. No dia seguinte, a cena se repetiu. Mas o coração da moça comoveu-se ao ver a perturbação do rapaz, imóvel por alguns minutos com o chapéu na mão. Foi assim que ele, ao voltar no dia seguinte ao lugar onde se ajoelhava diariamente, achou, preso na árvore, um cartão que continha os seguintes dizeres: "A pessoa que escondeu seu chapéu confessa-se sinceramente arrependida de tê-lo feito e pede que ore, rogando a Deus que a torne crente tão sincera como o senhor".

O jovem fitou por algum tempo o cartão, esquecendo-se completamente naquele dia dos sonetos. Por fim, tirou o cartão da árvore. No momento em que se reprovava e à sua estupidez por não saber que fora um ser humano quem escondera o chapéu duas vezes, viu passar, por entre as árvores, na frente da casa do velho Adão, uma moça, balde na mão, cantando um hino escocês.

Naquele instante, o moço sabia, por instinto divino, que a visita angélica que invadira seu retiro de oração fora a gentil e hábil sobrinha dos velhos Adão e Eva. Tiago Paton ainda não conhecia Janete Rogerson, mas ouvira falar nas suas extraordinárias qualificações intelectuais e espirituais.

É provável que Tiago Paton começasse a orar pela jovem, mas num sentido diferente daquele que ela pedira. De qualquer forma, a moça furtara não somente o chapéu do rapaz, mas também o seu leal coração — um furto que resultou, por fim, no casamento dos dois.

Tiago Paton, fabricante de meias no condado de Dunfries, e sua esposa Janete, andavam, como Zacarias e Isabel na antiguidade, irrepreensíveis perante o Senhor. Ao nascer-lhes o primogênito, deram-lhe o nome de João, dedicando-o solenemente a Deus, com oração, para ser missionário ao povos que não tinham oportunidade de conhecer a Cristo.

Entre a casa própria em que morava a família dos Paton e a parte que servia de fábrica havia um pequeno aposento. Acerca desse quarto, João Paton escreveu:

Era o santuário de nossa humilde casa. Várias vezes ao dia, geralmente depois das refeições, o nosso pai entrava nesse quarto e, "fechada a porta", orava. Nós, seus filhos, compreendíamos, como se fosse por instinto espiritual, que se derramavam orações por nós, como fazia na antigüidade o sumo sacerdote, quando entrava no Santo dos Santos, em favor do povo. De vez em quando se ouvia o eco duma voz em tons de quem suplica pela vida; passávamos pela porta nas pontinhas dos pés, de modo a não perturbar a santa e íntima conversação. O mundo lá fora não sabia de onde vinha o gozo que brilhava no rosto de nosso pai, mas nós, seus filhos, o sabíamos: era o reflexo da presença divina, que era sempre uma realidade para ele na vida cotidiana.

Nunca espero, quer num templo, quer nas serras, quer nos vales, sentir Deus mais perto, mais visível, andando e conversando mais intimamente com os homens do que naquela humilde casa coberta de palha. Se, por uma catástrofe indizível, tudo quanto pertence à religião fosse apagado da memória, minha alma reverteria de novo ao tempo da minha mocidade: ela fechar-se-ia naquele santuário e, ao ouvir novamente os ecos daquelas súplicas a Deus, lançaria para longe toda a dúvida com este grito vitorioso: "Meu pai andava com Deus; por que não posso eu também andar?"

Na autobiografia de João Paton, vê-se que as suas lutas diárias eram grandes. Mas o que lemos abaixo revela qual a força que operava para que ele sempre avançasse na obra de Deus.

Antes, realizava-se culto doméstico na casa de meus avós somente aos domingos, mas meu pai convenceu primeiro a minha avó a orar, ler um trecho da Bíblia e cantar um hino diariamente, pela manhã e à noite; depois todos os membros da família seguiram esse costume. Foi assim que meu pai começou, aos 17 anos de idade, o bendito costume de fazer cultos matutinos e vespertinos em casa; costume que observou, talvez sem uma única exceção, até se achar no leito de morte, com 77 anos de idade. No último dia da sua vida, uma passagem das Escrituras foi lida, e ouviu-se sua voz na oração.

Nenhum dos filhos se recorda de um só dia que não fosse assim santificado. Muitas vezes havia pressa em atender a um negócio; inúmeras vezes chegavam os amigos. Mas nada impedia que nos ajoelhássemos em redor do altar familiar, enquanto o "sumo sacerdote" dirigia as nossas orações a Deus e se oferecia a si mesmo e a seus filhos ao mesmo Senhor. A luz de tal exemplo era uma bênção, tanto para o próximo, como para a nossa família.

Muitos anos depois, contaram-me que a mais depravada mulher da vila, uma mulher da rua, declarou que a única coisa que evitou o seu suicídio foi que, numa noite escura, perto da janela da casa de meu pai, ouviu-o implorando, no culto doméstico, que Deus convertesse "o ímpio do erro do seu caminho e o fizesse luzir como uma jóia na coroa do Redentor". "Vi", disse ela, "como eu era um grande peso sobre o coração desse bom homem e sabia que Deus responderia à sua súplica. Foi por causa dessa certeza que não entrei no inferno e que achei o único Salvador". Por meio desse ocorrido, a mulher foi salva e transformada pela graça divina.

Não é de admirar que, em tal ambiente, três dos onze filhos de Tiago Paton — João, Valter e Tiago — fossem constrangidos a dar suas vidas à obra mais gloriosa, a de ganhar almas. Não julgamos estar esse ponto completo sem lhe acrescentar mais um trecho dessa autobiografia:

> Até que ponto fui impressionado nesse tempo pelas orações de meu pai, não posso dizer, nem ninguém pode compreender. Quando de joelhos, e todos nós ajoelhados em redor dele no culto doméstico, ele derramava toda a sua alma em oração, com lágrimas — não só por todas as necessidades pessoais e domésticas, mas também pela conversão da parte do mundo onde não havia pregadores para servirem a Jesus —, sentíamo-nos na presença do Salvador vivo e chegamos a conhecê-lo e a amá-lo como nosso Amigo divino. Ao levantarmo-nos da oração, eu costumava olhar para a luz do rosto do meu pai e cobiçava o mesmo espírito; anelava, em resposta às suas orações, a oportunidade de me preparar e sair, levando o bendito Evangelho a uma parte do mundo então sem missionários.

Acerca da disciplina do lar, eis o que ele escreveu:

> Se houvesse algo realmente sério para corrigir, meu pai se retirava primeiramente para o quarto de oração e nós compreendíamos que ele levava o

caso a Deus. Essa era a parte mais severa do castigo para mim! Eu estava pronto a encarar qualquer penalidade, mas o que ele fazia penetrava na minha consciência como uma mensagem de Deus. Amávamos ainda mais o nosso pai ao ver o quanto tinha de sofrer para nos castigar, e, de fato, tinha muito pouco a nos castigar, pois dirigia a todos nós, onze filhos, muito mais pelo amor do que pelo temor.

Por fim chegou o dia em que João tinha de deixar o lar paterno. Sem o dinheiro para a passagem e com tudo o que possuía, inclusive uma Bíblia embrulhada num lenço, saiu a pé para trabalhar e estudar em Glasgow. O pai o acompanhou até uma distância de nove quilômetros. No último quilômetro, antes de se separarem um do outro, os dois caminhavam sem poder falar uma só palavra, mas o filho sabia, pelo movimento dos lábios do pai, que este orava em seu coração por ele. Chegando ao lugar combinado onde se separariam, o pai balbuciou: "Deus te abençoe, meu filho! O Deus de teu pai te prospere e te guarde de todo o mal". Depois de se abraçarem, o filho saiu correndo, enquanto o pai, em pé no meio da estrada, imóvel, com o chapéu na mão e lágrimas correndo pelas faces, continuava a orar em seu coração.

Alguns anos depois, o filho testificou de que essa cena, gravada na sua alma, o estimulava como um fogo inextinguível a não desapontar o pai no que esperava dele, seu filho, que seguisse o seu bendito exemplo de andar com Deus.

Durante os três anos de estudos em Glasgow, apesar de trabalhar com as próprias mãos para se sustentar, João Paton, no gozo do Espírito Santo, fez uma grande obra na seara do Senhor. Contudo, soava-lhe constantemente aos ouvidos o clamor dos selvagens nas ilhas do Pacífico e isso foi, antes de tudo, o assunto que ocupava as suas meditações e orações diárias. Havia outros para continuar a obra que fazia em Glasgow, mas quem desejava levar o Evangelho a esses pobres bárbaros?!

Ao declarar sua resolução de trabalhar entre os canibais das Novas Hébridas, quase todos os membros da sua igreja se opuseram à sua saída. Um muito estimado irmão assim se exprimiu: "Entre os antropófagos! Será comido por eles!" A isso João Paton respondeu: "O irmão é muito mais velho que eu, breve será sepultado e comido por vermes. Declaro ao irmão que, se eu conseguir viver e morrer servindo ao Senhor Jesus e honrando o seu nome, não me importarei ser comido por antropófagos ou por vermes. No grande dia da ressurreição, o meu corpo se levantará tão belo como o seu, na semelhança do Redentor ressuscitado".

De fato, as Novas Hébridas haviam sido batizadas com sangue de mártires. Os dois missionários, William e Harris, enviados para evangelizar essas ilhas, poucos anos antes desse tempo, foram mortos a cacetadas, e seus cadáveres cozidos e comidos. "Os pobres selvagens não sabiam que assassinavam seus amigos mais fiéis; assim, os crentes em todos os lugares, ao receberem as notícias do martírio dos dois, oraram com lágrimas por esses povos".

E Deus ouviu as súplicas, chamando, entre outros, a João Paton. Mas a oposição à sua saída era tal, que ele resolveu escrever a seus pais e, pela resposta, veio a saber que eles o haviam dedicado para tal serviço no dia do seu nascimento. Desde esse momento, João Paton não mais duvidou da vontade de Deus, e assentou no seu coração gastar a vida servindo aos indígenas das ilhas do Pacífico.

O nosso herói conta muitas coisas de interesse acerca da longa viagem à vela para as Novas Hébridas. Quase no fim da viagem, quebrou-se o mastro do navio. As águas os levavam lentamente para Tana, uma ilha de antropófagos, onde a bagagem teria sido saqueada e todos a bordo cozidos. Contudo, Deus ouviu suas súplicas e os fizeram alcançar uma outra ilha. Alguns meses depois, foram à mesma ilha de Tana, onde conseguiram comprar o terreno dos silvícolas e edificar uma casa. Comove o coração ler que construíram a casa sobre os mesmos alicerces lançados pelo missionário Turner, quinze anos antes, o qual teve de fugir da ilha para escapar de ser morto e comido pelos selvagens.

Acerca da sua primeira impressão sobre o povo, Paton escreveu:

> Fui levado ao maior desespero. Ao vê-los na sua nudez e miséria, senti tanto horror como compaixão. Eu tinha deixado a obra entre os amados irmãos em Glasgow, obra em que sentia muito gozo, para dedicar-me a criaturas tão degeneradas. Perguntei-me a mim mesmo: "É possível ensiná-

las a distinguir entre o bem e o mal, e levá-las a Cristo, ou mesmo a civilizá-las?" Mas tudo isso eram apenas sentimentos passageiros. Logo senti um desejo tão profundo de levá-los ao conhecimento e amor de Jesus, como jamais sentira quando trabalhava em Glasgow.

Antes de completar a casa em que o casal Paton iria morar, houve uma batalha entre duas tribos. As mulheres e crianças fugiram para a praia, onde conversavam e riam ruidosamente, como se seus pais e irmãos estivessem ocupados em algum trabalho pacífico. Mas enquanto os selvagens gritavam e se empenhavam em conflitos sangrentos, os missionários entregavam-se à oração por eles. Os cadáveres dos mortos foram levados pelos vencedores a uma fonte de água fervente, onde foram cozidos e comidos. À noite ainda se ouvia pranto e gritos prolongados nas vilas em redor. Os missionários foram informados de que um guerreiro, ferido na batalha, acabara de morrer em casa. A sua viúva foi estrangulada imediatamente, conforme o costume, para que o seu espírito acompanhasse o do marido e lhe continuasse a servir de escrava.

Os missionários, então, nesse ambiente da mais repugnante superstição, da mais baixa crueldade e da mais flagrante imoralidade, esforçavam-se para aprender a usar todas as palavras possíveis desse povo que não conhecia a escrita. Anelavam falar de Jesus e do amor de Deus a esses seres que adoravam árvores, pedras, fontes, riachos, insetos, espíritos dos homens falecidos, relíquias de cabelos e unhas, astros, vulcões, etc.

A esposa de Paton era uma ajudadora esforçada e, dentro de poucas semanas, reuniu oito mulheres da ilha a quem instruía diariamente. Três meses depois da chegada dos missionários à ilha, a esposa de Paton faleceu de malária e, um mês depois, o filhinho também morreu.

Quem pode avaliar as saudades de Paton durante os anos que trabalhou sem ajudadora em Tana? Apesar de quase haver morrido também da mesma enfermidade, de os crentes insistirem para que voltasse à sua terra, e de os indígenas fazerem plano após plano de matá-lo, esse herói permaneceu orando e trabalhando fielmente no posto onde Deus o colocara.

Um templo foi construído e um bom número se congregava para ouvir a mensagem divina. Paton não somente conseguiu reduzir a língua dos tanianos à forma escrita, mas também traduziu uma parte das Escrituras, a qual imprimiu, apesar de não conhecer a arte tipográfica. Acerca da gloriosa façanha de imprimir o livro em taniano, assim escreveu:

> Confesso que gritei de alegria quando a primeira folha saiu do prelo, tendo todas as páginas na ordem própria. Era uma hora da madrugada, eu era o único homem branco na ilha e havia horas em que todos os nativos dormiam. Contudo, atirei ao ar o chapéu e dancei como um menino, por algum tempo, ao redor do prelo.
> Terei eu perdido a razão? Não devia, como missionário, estar de joelhos louvando a Deus por mais esta prova de sua graça? Crede, amigos, o meu culto foi tão sincero como o de Davi, quando dançou diante da arca do seu Deus! Não deveis pensar que, depois de pronta a primeira página, eu não me tivesse ajoelhado pedindo ao Todo-Poderoso que propagasse a luz e a alegria do seu Santo Livro nos corações entenebrecidos dos habitantes daquela terra inculta.

Depois de Paton haver passado três anos em Tana, o casal de missionários que vivia na ilha vizinha, Erromanga, foi martirizado barbaramente a machadadas, em pleno dia. Ao completar quatro anos de estada em Tana, o ódio dos indígenas dessa ilha chegou ao auge. Diversas tribos combinaram matar o "indefeso" missionário e findar, assim, com a religião do Deus de amor, em toda a ilha. Contudo, como ele mesmo se declarava "imortal até findar sua obra na terra", evitava, em pleno campo, os inúmeros golpes de lanças, machadinhas e cacetes, armados pelas mãos dos indígenas. E assim conseguiu escapar para a ilha de Aneitium.

Planejou então ocupar-se na obra de tradução do resto dos evangelhos na língua taniana, enquanto esperava a oportunidade de voltar a Tana. Porém, sentiu-se dirigido a aceitar a chamada para ir à Austrália. Em poucos meses, animou as igrejas ali a comprarem um navio a vela para servir aos missionários. Despertou-as, também, a contribuírem liberalmente e a enviarem mais missionários a evangelizar todas as ilhas.

Acerca da sua viagem à Escócia, depois de alguns anos nas Novas Hébridas, ele escreveu:

Fui de trem a Dunfries e lá achei condução para o querido lar paterno, onde fui acolhido com muitas lágrimas. Havia somente cinco curtíssimos anos que saíra desse santuário com a minha jovem esposa, e agora, ai de mim! Mãe e filhinho jazem no túmulo, em Tana, nos braços um do outro, até o dia da ressurreição... Não foi com menos gozo, apesar de sentir-me angustiado, que, poucos dias depois, encontrei-me com os pais da minha querida falecida esposa.

Antes de deixar a Escócia para nova viagem, Paton casou-se com a irmã de outro missionário. Chamada por Deus a trabalhar entre os povos mergulhados nas trevas das Novas Hébridas, ela serviu como fiel companheira de seu marido por muitos anos.

Meu último ato na Escócia foi ajoelhar-me no lar paterno, durante o culto doméstico, enquanto meu venerando pai, como sacerdote, de cabelos brancos, nos entregava, uma vez mais, "aos cuidados e proteção de Deus, Senhor das famílias de Israel". Eu tinha por certo, quando nos levantamos da oração e nos despedimos uns dos outros, que não nos encontraríamos com eles antes do dia da ressurreição. Porém, ele e minha querida mãe, com corações alegres, nos ofertaram de novo ao Senhor para o seu serviço entre os silvícolas. Mais tarde, meu querido irmão me escreveu que a "espada" que traspassara a alma da minha mãe era demasiado aguda e que, depois da nossa saída, ela jazeu por muito tempo como morta, nos braços de meu pai.

Prestes a regressar às ilhas, Paton foi constrangido pelo voto de todos os missionários a não voltar a Tana, mas abrir a obra na vizinha ilha de Aniwa. Dessa forma, tinha de aprender outra língua e começar tudo de novo. Na tarefa de preparar o terreno para a construção da casa em seu novo *habitat*, Paton ajuntou dois cestos de ossos humanos de vítimas comidas pelo povo da ilha!

Quando essas pobres criaturas começavam a usar um pedacinho de chita, ou um saiote, era sinal exterior de uma transformação, apesar de estarem longe da civilização. E quando começavam a olhar para cima, e a orar àquEle a quem chamavam de 'Pai, nosso Pai', meu coração se derretia em lágrimas de gozo; e sei, por certo, que havia um coração divino nos céus que se regozijava também.

Contudo, como em Tana, Paton considerava-se imortal até completar a obra que lhe fora designada por Deus. Inúmeras vezes evitou a morte agarrando a arma levantada pelos selvagens contra ele, a fim de o matarem.

Tempos depois, a força das trevas unidas contra o Evangelho em Aniwa cedeu. Isso data do tempo em que cavou um poço na ilha. Para os indígenas, a água de coco, para satisfazer a sede, era suficiente, porque se banhavam no mar e usavam pouco a água para cozinhar — e nenhuma para lavar a roupa! Mas para os missionários, a falta de água doce era o maior sacrifício. Por isso Paton resolveu cavar um poço.

No início, os indígenas auxiliaram-no na obra, apesar de considerarem o plano "do Deus de Missi dar chuva de baixo" uma concepção nada lúcida. Mas depois, amedrontados pela profundeza da cavidade, deixaram o missionário a cavar sozinho, dia após dia, enquanto o contemplavam de longe, dizendo uns aos outros: "Quem jamais ouviu falar em chuva que vem debaixo?! Pobre Missi! Coitado!" Quando o missionário insistia em dizer que o abastecimento de água em muitos países vinha de poços, eles respondiam: "É assim que se dá com os doidos; ninguém pode desviá-los de suas idéias loucas".

Depois de longos dias de labor enfadonho, Paton alcançou terra úmida. Confiava em Deus para obter água doce, em resposta às suas orações. Contudo, nessa altura, ao meditar sobre o efeito que causaria entre o povo o fato de encontrar água salgada, sentia-se quase que tomado de horror. "Sentia-me", escreveu ele, "tão comovido que fiquei molhado de suor e tremia-me todo o corpo, quando a água começou a borbulhar debaixo e a encher o poço. Tomei um pouco de água na mão, levei-a à boca para prová-la. Era água! Era água potável! Era água viva do poço de Jeová!"

Os chefes indígenas, com seus homens, a tudo assistiam. Era uma repetição, em escala reduzida, do episódio em que os israelitas rodearam Moisés quando ele fez água sair da rocha. O missionário, depois de passar algum tempo louvando a Deus, ficou mais calmo, desceu novamente, encheu um jarro da "chuva que Deus Jeová lhe dava pelo poço" e entregou-o ao chefe. Este sacudiu o jarro para ver se realmente havia água dentro; então tomou um pouco na mão e, não satisfeito com isso, levou à boca um pouco mais. Depois de revolver os olhos de alegria, bebeu-a e rompeu em gritos: "Chuva! Chuva! É chuva mesmo! Mas como a arranjou?" Paton respondeu: "Foi Jeová, meu Deus, quem a deu da sua terra, em resposta ao nosso labor e orações. Olhai e vede por vós mesmos como borbulha a terra!"

Não havia um homem entre eles que tivesse coragem de chegar perto da boca do poço. Então formaram uma fila comprida e, segurando-se uns aos outros pelas mãos, avançaram até que o homem da frente pudesse olhar para dentro do poço. A seguir, o que tinha olhado passava para a retaguarda, deixando o segundo olhar para a "chuva de Jeová, mui embaixo".

Depois de todos olharem, um por um, o chefe dirigiu-se a Paton e disse: "Missi, a obra de seu Deus Jeová é admirável, é maravilhosa! Nenhum dos deuses de Aniwa jamais nos abençoou tão maravilhosamente. Mas, Missi, Ele continuará para sempre a dar chuva por essa forma ou acontecerá como a chuva das nuvens?" O missionário explicou, para gozo indizível de todos, que essa bênção era permanente e para todos os aniwanianos.

Durante os anos que se seguiram, os nativos experimentaram cavar poços em seis ou sete dos lugares mais prováveis, perto de várias vilas. Todas as vezes que o fizeram, ou encontraram pederneira ou o poço dava água salgada. Diziam entre si: "Sabemos cavar, mas não sabemos orar como Missi e, portanto, Jeová não nos dá chuva debaixo!"

Num domingo, depois que Paton alcançou água do poço, o chefe Namakei convocou o povo da ilha. Fazendo seus gestos com a machadinha na mão, dirigiu-se aos ouvintes da seguinte maneira:

Amigos de Namakei, todos os poderes do mundo não podiam obrigar-nos a crer que fosse possível receber chuva das entranhas da terra, se não a tivéssemos visto com os próprios olhos e provado com a boca... Desde já, meu povo, devo adorar ao Deus que nos abriu o poço e nos dá chuva debaixo. Os deuses de Aniwa não podem socorrer-nos como o Deus de Missi. Para todo o sempre sou um seguidor de Deus Jeová. Todos vós que quiserdes fazer o mesmo, tomai os ídolos de Aniwa, os deuses que nossos pais temiam, e lançai-os aos pés de Missi... Vamos a Missi para ele nos ensinar como devemos servir a Jeová... que enviou seu Filho Jesus para morrer por nós e nos levar aos céus.

Durante os dias que se seguiram, grupo após grupo dos silvícolas, alguns com lágrimas e soluços, outros aos gritos de louvor a Jeová, levaram seus ídolos de pau e pedra perante o missionário. Reunidos em montes, os ídolos de pau foram queimados, os de pedra enterrados em covas de quatro a cinco metros de profundidade e alguns, de maior superstição, foram lançados no fundo do mar, longe da terra.

Um dos primeiros passos da vida cotidiana da ilha, depois da destruição dos ídolos, foi a invocação da bênção do Senhor às refeições. O segundo passo — uma surpresa maior e que também encheu o missionário de gozo — foi um acordo entre eles de fazer culto doméstico de manhã e à noite. Sem dúvida, esses cultos eram misturados, por algum tempo, com muitas das superstições do paganismo. Mas Paton traduziu as Escrituras, imprimiu-as na língua aniwaniana e ensinou o povo a lê-las.

A transformação do povo da ilha foi uma das maravilhas dos tempos modernos. Como arde o coração ao ler acerca da ternura que o missionário sentia para com esses amados filhos na fé, e do carinho com que esses, outrora cruéis selvagens que comiam carne humana, mostravam para com o missionário!

Que o nosso coração arda também para ver a mesma transformação dos milhares de indígenas no interior de nosso querido Brasil!

Paton descreveu a primeira Ceia do Senhor com as seguintes palavras:

> Ao colocar o pão e o vinho nas mãos, outrora manchadas do sangue da antropofagia, agora estendidas para receber e participar dos emblemas do amor do Redentor, antecipei o gozo da glória até o ponto de o coração

não suportar mais. É-me impossível experimentar delícia maior antes de eu poder fitar o rosto glorificado do próprio Senhor Jesus Cristo!

Deus não somente concedeu ao nosso herói o indizível gozo de ver os aniwanianos evangelizando as ilhas vizinhas, mas também de ver seu próprio filho, Frank Paton, e esposa, morando na ilha de Tana e dando prosseguimento à obra que ele começara com o maior sacrifício.

Foi com a idade de 83 anos que João G. Paton ouviu a voz de seu precioso Jesus chamando-o para o lar eterno. Quão grande o seu gozo, não somente ao reunir-se aos seus queridos filhos das ilhas do sul do Pacífico que entraram no céu antes dele, mas, também, saudar com um "bem-vindo" os demais quando chegarem ali, um por um!

Hudson Taylor

O Pai das Missões no Interior da China
(1832 — 1905)

Tiago Taylor tinha-se levantado cedo de madrugada. Chegara, enfim, o auspicioso e anunciado dia de seu casamento.
O moço ocupava-se em arrumar tudo para receber a noiva na casa que iam ocupar. Enquanto trabalhava, meditava sobre as ocorrências recentes na aldeola.

Duas famílias, a dos Cooper e a dos Shaw, converteram-se e convidaram João Wesley para pregar na feira. O velho discursou sobre "a ira vindoura" de tal maneira, que o povo desistiu da amarga perseguição e deixou o intrépido pregador hospedar-se na casa do senhor Shaw.

Enquanto Tiago preparava a casa para a chegada da noiva, ouvia-se a voz da vizinha, a Sra. Shaw, cantando. Lembrou-se de como ela, meses antes, passava todo o tempo acamada, gemendo dia após dia por causa do reumatismo que a deixara aleijada. Mas quando "confiou no Senhor", como disse, para a cura imediata, grande foi a transformação. E indizível foi a surpresa do marido ao voltar a casa: a esposa não somente estava curada e de pé, mas estava varrendo a cozinha!

Tiago Taylor odiava a religião. Ainda mais que aquele era o dia em que se ia casar. Depois do casamento iam dançar e beber, como se fazia em tais ocasiões. Mas não podia livrar-se das palavras, talvez ouvidas do sermão do pregador: "Porém eu e a minha casa serviremos ao Senhor".

Sim, ia ter uma esposa e assumir as responsabilidades de marido e de pai de família. Grande tinha sido o seu descuido. Resolvido, então, a entrar seriamente na vida de casado, começou a repetir as palavras: "Serviremos ao Senhor!"

As horas se passavam. O sol subia mais e mais sobre as casas cobertas de neve. Mas o jovem Tiago, esquecido de tudo que é material e tomado pela realidade das coisas eternas, permaneceu de joelhos, face a face com Deus. O amor do Salvador, por fim, venceu o seu coração e Tiago Taylor levantou-se com a alma cheia do Senhor Jesus.

Podemos imaginar como os sinos dobraram, como a noiva e os convivas se impacientaram nesse dia. Já havia passado a hora para a cerimônia de casamento quando o jovem despertou do enlevo com Deus e se levantou da oração. Depois de vestir-se, venceu rapidamente os três quilômetros até o vilarejo de Royston.

Sem perder tempo em perguntar ao rapaz a razão de tanto atraso, o culto foi realizado e Tiago e Elisabete saíram da igreja casados. O jovem não vacilou e, ao sair, contou tudo acerca da sua conversão ao ouvido de Bete. Ao ouvir o que ele relatava, exclamou em tom de desespero: "Casei-me, então, com um desses metodistas!"

Não houve dança nesse dia; a voz e o violino do noivo foram usados para glorificar o Mestre. Bete, apesar de saber em seu coração que Tiago tinha razão, continuou a resistir e a queixar-se dia após dia. Então, certa feita, quando se mostrava ainda mais contrariada, o robusto Tiago levantou-a nos braços e a levou para o quarto, onde ajoelhou-se ao seu lado, derramando a sua alma em oração por ela. Comovida pela profundeza da mágoa e cuidado que

Tiago sentia por sua alma, ela começou a sentir também seu pecado. No dia seguinte, de joelhos, ao lado do marido, Elisabete Taylor clamou a Deus, renunciando a vaidade do mundo e entregando-se a Cristo.

É, assim, com os bisavós, que começa a verdadeira biografia do herói da fé Hudson Taylor. Os avós e os pais, por sua vez, criaram seus filhos no mesmo temor de Deus.

Num memorável dia, antes do nascimento de Hudson, o primogênito da família, o pai procurou a sua esposa para conversar sobre uma passagem das Escrituras que o impressionava profundamente. Na sua Bíblia, leu para ela uma parte dos capítulos 13 de Êxodo e 3 de Números: "Santifica-me todo o primogênito... Todo o primogênito meu é... Meus serão... Apartarás para o Senhor..."

Os dois conversaram muito tempo sobre o gozo que esperavam ter. Então, de joelhos, entregaram seu primogênito ao Senhor, pedindo que desde já ele o separasse para a sua obra.

Tiago Taylor, o pai de Hudson, não somente orava fervorosamente por seus cinco filhos, mas ensinou-os a pedirem detalhadamente a Deus todas as coisas. Ajoelhados, diariamente, ao lado da cama, o pai colocava o braço ao redor de cada um enquanto orava insistentemente por eles. Desejava que cada membro da família passasse, ao menos meia hora, todos os dias, perante Deus, renovando a alma por meio de oração e estudo das Escrituras.

A porta fechada do quarto da sua mãe, diariamente ao meio-dia, apesar das suas constantes e inumeráveis obrigações, tinha também grande influência sobre todos, pois sabiam que ela, assim, se prostrava perante Deus para renovar suas forças, e para que o próximo se sentisse atraído ao Amigo invisível que habitava nela.

Não é de admirar, portanto, que, ao crescer, Hudson se consagrasse inteiramente a Deus. O grande segredo do seu incrível êxito é que em tudo que carecia, no sentido espiritual ou material, recorria a Deus e recebia dos tesouros infinitos.

Contudo, não devemos julgar que a mocidade de Hudson Taylor fosse isenta de grandes lutas. Como acontece com muitos, o moço chegou à idade de 17 anos sem reconhecer a Cristo como seu Salvador. Acerca disso ele escreveu mais tarde:

Pode ser coisa estranha, mas sou grato pelo tempo que passei no ceticismo. O absurdo de crentes que professam crer na Bíblia, enquanto se comportam justamente como se não existisse tal livro, era um dos maiores argumentos dos meus companheiros céticos. Freqüentemente afirmava que, se eu aceitasse a Bíblia, ao menos faria tudo para seguir o que ela ensina e, no caso de achar que tal coisa não era prática, lançaria tudo fora. Foi essa a minha resolução quando o Senhor me salvou. Acho que desde então realmente provei a Palavra de Deus. Certamente nunca me arrependi de confiar nas suas promessas ou de seguir a sua direção.

Quero relatar, então, como Deus respondeu às orações da minha mãe e da minha querida irmã, por minha conversão:

Certo dia, para mim inesquecível... para me divertir, escolhi um tratado na biblioteca de meu pai. Pensei em ler o começo da história e não ler a exortação do fim.

Eu não sabia o que acontecia, ao mesmo tempo, no coração da minha querida mãe, que estava a mais de cem quilômetros de casa. Ela levantara-se da mesa anelando a salvação de seu filho. Estando longe da família e livre da lida doméstica, entrou no seu quarto resolvida a não sair antes de receber a resposta às suas orações. Orou hora após hora, até que, por fim, só podia louvar a Deus: o Espírito Santo revelou-lhe que o filho por quem orava já se havia convertido.

Eu, como já mencionei, fui dirigido ao mesmo tempo a ler o tratado. Fui atraído pelas palavras *A Obra Consumada*. Perguntei-me a mim mesmo: "Por que o escritor não escreveu *A Obra Propiciatória*? Qual é a obra consumada?" Então vi que a propiciação de Cristo era plena e perfeita. Toda a dívida de nossos pecados ficou paga e não restava coisa alguma que eu fizesse. Então raiou em mim a gloriosa convicção. Fui iluminado pelo Espírito Santo para reconhecer que eu somente precisava prostrar-me e, aceitando ao Salvador e a sua salvação, louvá-lo para todo o sempre.

Assim, enquanto a minha querida mãe, no seu quarto, de joelhos, estava louvando a Deus, eu também louvava a Deus na biblioteca de meu pai, onde entrara para ler o livrinho.

Foi assim que Hudson Taylor aceitou, para a sua própria vida, a obra propiciatória de Cristo, um ato que transformou todo o resto da sua vida. Acerca da sua consagração, ele escreveu:

Lembro-me bem da ocasião, quando, com gozo no coração, derramei a alma perante Deus, repentinamente, confessando-me grato e cheio de amor porque Ele tinha feito tudo — salvando-me quando eu não tinha mais esperança, nem queria a salvação. Supliquei-lhe que me concedesse uma obra para fazer, como expressão do meu amor e gratidão, algo que envolvesse abnegação, fosse o que fosse; algo para agradar a quem fizera tanto para mim. Lembro-me de como, sem reserva, consagrei tudo, colocando a minha própria pessoa, a minha vida, os amigos, tudo sobre o altar. Com a certeza de que a oferta fora aceita, a presença de Deus se tornou verdadeiramente real e preciosa. Prostrei-me em terra perante Ele, humilhado e cheio de indizível gozo. Para que serviço fora aceito eu não sabia. Mas fui possuído de uma certeza tão profunda de não pertencer mais a mim mesmo, que esse entendimento dominou depois toda a minha vida.

O moço que entrou no quarto para estar sozinho com Deus nesse dia não era o mesmo quando dali saiu. Um alvo e um poder se apossaram dele. Não mais ficou satisfeito em somente alimentar a sua própria alma nos cultos; começou a sentir a sua responsabilidade para com o próximo. Anelava "tratar dos negócios de seu Pai". Regozijava-se com riquezas e bênçãos indizíveis. E, como os leprosos no arraial dos siros, Hudson e sua irmã, Amélia, diziam: "Não fazemos bem; este dia é de boas novas, e nos calamos". Desistiram, pois, de assistir aos cultos aos domingos à noite e saíram para anunciar a mensagem, de casa em casa, entre as classes mais pobres da cidade.

Mas Hudson Taylor não se sentia satisfeito; sabia que ainda não estava no centro da vontade de Deus. Na angústia de seu espírito, como aquele da antigüidade, clamou: "Não te deixarei ir, se me não abençoares". Então, sozinho e de joelhos, surgiu na sua alma um grande propósito: se Deus rompesse o poder do pecado e o salvasse em espírito, alma e corpo para toda a eternidade, ele renunciaria tudo na terra para ficar sempre ao seu dispor. Acerca dessa experiência, ele mesmo se expressou:

Nunca me esquecerei do que senti, então; não há palavras para descrever. Senti-me na presença de Deus, entrando numa aliança com o Todo-Poderoso. Pareceu-me que ouvi enunciadas as palavras: "Tua oração é ouvida;

todas as condições são aceitas". Desde então nunca duvidei da convicção de que Deus me chamava a trabalhar na China.

A chamada de Deus, apesar de Hudson Taylor quase nunca a mencionar, ardia como um fogo dentro do seu coração. Abaixo, a transcrição de um trecho de uma das cartas enviada a sua irmã:

> Imagina, centenas de milhões de almas sem Deus, sem esperança, na China! Parece incrível; milhões de pessoas morrem dentro de um ano sem qualquer conforto do Evangelho!... Quase ninguém liga importância à China, onde habita cerca da quarta parte da raça humana... Ora por mim, querida Amélia, pedindo ao Senhor que me dê mais da mente de Cristo... Eu oro no armazém, na estrebaria, em qualquer canto onde posso estar sozinho com Deus. E Ele me concede tempos gloriosos... Não é justo esperar que V... [a noiva de Hudson] vá comigo para morrer no estrangeiro. Sinto profundamente deixá-la, mas meu Pai sabe qual é a melhor coisa, e não me negará coisa alguma que seja boa...

A falta de espaço não nos permite relatar aqui o heroísmo da fé que o jovem mostrou ao suportar os sacrifícios e as privações necessárias para cursar a escola de medicina e de cirurgia para melhor servir o povo da China.

Antes de embarcar, escreveu estas palavras à sua mãe: "Anelo estar aí uma vez mais e sei que a senhora quer ver-me, mas acho melhor não nos abraçarmos um ao outro mais, pois isso seria encontrarmo-nos para logo nos separarmos para todo o sempre..."

Contudo, sua mãe foi ao porto de onde o navio se ia fazer à vela. Alguns anos depois, ele assim registrou a partida:

> Minha querida mãe, que agora está com Cristo, veio a Liverpool para despedir-se de mim. Nunca me esquecerei de como ela entrou comigo no camarote em que eu ia morar quase seis longos meses. Com o carinho de mãe, endireitou os cobertores da pequena cama. Assentou-se ao meu lado e cantamos o último hino antes de nos separarmos um do outro. Ajoelhamo-nos e ela orou. Foi a última oração de minha mãe antes de eu partir para a China. Ouviu-se então o sinal para que todos os que não

eram passageiros saíssem do navio. Despedimo-nos um do outro, sem a esperança de nos encontrarmos outra vez... Ao passar o navio pelas comportas, e quando a separação começou a ser realidade, do seu coração saiu um grito de angústia tão comovente, que jamais esquecerei. Foi como se meu coração fosse traspassado por uma faca. Nunca reconheci tão plenamente até então, o que significam as palavras: "Pois assim amou Deus ao mundo". Estou certo de que a minha preciosa mãe, nessa ocasião, chegou a compreender mais do amor de Deus para com um mundo que perece do que em qualquer outro tempo da sua vida. Oh! como se entristece o coração de Deus ao ver como seus filhos fecham os ouvidos à chamada divina para salvar o mundo pelo qual seu amado, seu único Filho sofreu e morreu!

Os passageiros de navios modernos conhecem muito pouco do incômodo de viajar em navio a vela. Depois de uma das muitas tempestades por que passou o *Dumfries*, o nosso herói escreveu: "A maior parte do que possuo está molhada. O camarote do comissário, coitado, inundou-se..." Somente pelas orações e grandes esforços de todos a bordo é que conseguiram salvar as próprias vidas quando o navio, levado por grande temporal, estava prestes a naufragar nas pedras da praia de Gales. A viagem que esperavam realizar em quarenta dias levou cinco meses e meio! Somente em 1º de março de 1854, Hudson Taylor, com a idade de 21 anos, conseguiu desembarcar em Xangai, quando então ele escreveu estas impressões: "Não posso descrever o que senti ao pisar em terra. Parecia-me que o coração ia estourar; as lágrimas de gratidão e gozo corriam-me pelas faces".

Sobreveio-lhe, então, uma grande onda de saudade. Não havia amigos, nem conhecidos, nem qualquer pessoa em todo o país para saudá-lo bem-vindo, nem mesmo alguém que conhecesse o seu nome.

Nesse tempo a China era terra incógnita, a não ser os cinco portos no litoral, abertos à residência de estrangeiros. Foi na casa de um missionário em Xangai, um dos cinco portos, que o moço achou hospedagem.

A vitória em todas as provações, nesse tempo, devia-se à característica mais saliente de Hudson Taylor, talvez a de nunca ficar parado na sua obra, fosse qual fosse o contratempo.

Durante os primeiros três meses na China, distribuiu 1.800 Novos Testamentos e Evangelhos, e mais de 2 mil livros. Durante o ano de 1855, fez oito viagens — uma de trezentos quilômetros, subindo o rio Yang-tse. Em outra viagem visitou cinqüenta e uma cidades onde nunca antes se ouvira a mensagem do Evangelho. Nessas viagens, foi sempre prevenido do perigo que corria a sua vida entre um povo que nunca tinha visto estrangeiros.

Para ganhar mais almas para Cristo, apesar da censura dos demais missionários, adotou o hábito de vestir-se como os chineses. Rapou a cabeça na frente, deixando o resto dos cabelos a formar trança comprida. A calça, que tinha mais de meio metro de folga, ele a segurava conforme o costume, com um cinto. As meias eram de chita branca, o calçado de cetim. O manto pendendo dos ombros sobressaía-lhe a ponta dos dedos das mãos mais que setenta centímetros.

Mas uma das cruzes mais pesadas que o nosso herói teve de levar foi a falta de dinheiro, quando a missão que o enviara se achava sem recursos.

Em 20 de janeiro de 1858, Hudson Taylor casou-se com Maria Dyer, uma missionária de talento na China. Desse enlace nasceram cinco filhos. A casa em que moraram primeiro, na cidade de Ningpo, tornou-se depois o berço da famosa Missão no Interior da China.

As privações e os encargos de serviço em Xangai, Ningpo e outros lugares eram tais, que Hudson Taylor, antes de completar seis anos na China, foi obrigado a voltar à Inglaterra para recuperar a saúde. Foi para ele quase como que uma sentença de morte quando os médicos informaram-lhe de que nunca mais devia voltar à China.

Entretanto, o fato de perecerem mais de um milhão de almas todos os meses na China era uma realidade para Hudson Taylor. Com seu espírito indômito, ao chegar à Inglaterra, iniciou imediatamente a tarefa de preparar um hinário e a revisão do Novo Testamento para os novos convertidos que deixara na China. Usando ainda o traje chinês, trabalhava tendo o mapa da China na parede e a Bíblia sempre aberta sobre a mesa. Depois de alimentar-se e fartar-se da Palavra de Deus, fitava o mapa, lembrando-se dos que não tinham tais riquezas. Todos os problemas, ele os levava a Deus; não havia coisa alguma demasiado grande, nem tão insignificante que não fosse deixada com o Senhor em oração.

Em razão de suas atividades, estava tão sobrecarregado de correspondência e nos trabalhos dos cultos em prol da China, que após a sua chegada passaram-se mais de vinte dias antes de conseguir abraçar seus queridos pais em Bransley.

Passava, às vezes, a manhã, outras vezes à tarde, em jejum e oração. O trecho seguinte, escrito por ele, mostra como a sua alma continuou a arder pela obra missionária através de seus discursos nas igrejas da Inglaterra.

Havia a bordo, entre os companheiros de viagem, certo chinês que se chamava Pedro. Passara alguns anos na Inglaterra, mas, apesar de conhecer algo do Evangelho, não reconhecia coisa alguma do seu poder para salvar. Senti-me ligado a ele e esforcei-me em orar e falar para levá-lo a Cristo. Mas quando o navio se aproximava de Sung-Kiang e eu me preparava para ir à terra pregar e distribuir tratados, ouvi o grito de um homem que caíra na água. Fui ao convés, com os outros, e Pedro tinha desaparecido.

Imediatamente arriamos as velas, mas a correnteza da maré era tal que não tínhamos a certeza do lugar onde o homem caíra. Vi alguns pescadores próximos que usavam uma rede varredoura. Angustiado, clamei:

— Venham passar a rede aqui, pois um homem está morrendo afogado!

— *Veh bin* — foi a resposta inesperada, isto é, "Não é conveniente".

— Não falem se é ou não conveniente. Venham depressa antes que o homem pereça.

— Estamos pescando.

— Eu sei! Mas venham imediatamente e pagarei bem.

— Quanto nos quer dar?

— Cinco dólares, mas não fiquem conversando. Salvem o homem sem demora!

— Cinco dólares não basta — responderam eles. — Não o faremos por menos de 30 dólares.

— Mas não tenho tanto! Darei tudo o que eu tenho.

— Quanto tem o senhor?

— Não sei, porém não é mais do que 14 dólares.

Então os pescadores vieram e passaram a rede no lugar indicado. Logo à primeira vez apanharam o corpo do homem. Mas todos os meus esforços para restaurar-lhe a respiração foram inúteis. Uma vida fora sacrificada pela indiferença dos que podiam salvá-la quase sem esforço.

Ao ouvirem contar esta história, uma onda de indignação passou por todo o grande auditório. Haveria em todo o mundo um povo tão endurecido e interesseiro como esse?! Mas ao continuar o seu discurso, a convicção feriu ainda mais o coração dos ouvintes.

O corpo, então, tem mais valor que a alma? Censuramos esses pescadores, dizendo que foram culpados da morte de Pedro, porque era coisa fácil salvá-lo. Mas que acontece com os milhões que estamos deixando perecer para toda a eternidade? Que diremos acerca da ordem implícita: "Ide por todo o mundo, pregai o evangelho a toda a criatura"? Deus nos diz também: "Livra os que estão destinados à morte, e os que são levados para a matança, se os puderes retirar. Se disseres: eis que não o sabemos; porventura aquele que pondera os corações não o considerará? e aquele que atenta a tua alma não o saberá? não pagará ele ao homem conforme a sua obra?"
Credes que cada pessoa, entre esses milhões da China, tem uma alma imortal e que não há outro nome debaixo do céu, dado entre os homens, a não ser o precioso nome de Jesus, pelo qual devamos ser salvos? Credes que Ele, Ele só, é o Caminho, a Verdade e a Vida e que ninguém vai ao Pai senão por Ele? Se assim o credes, examinai-vos a vós mesmos para ver se estais fazendo todo o possível para levar seu nome a todos.
Ninguém deve dizer que não é chamado para ir à China. Ao enfrentar tais fatos, todas as pessoas precisam saber se têm uma chamada para ficar em casa. Amigo, se não tens certeza de uma chamada para continuar onde estás, como podes desobedecer à clara ordem do Salvador para ir? Se estás certo, contudo, de estares no lugar onde Cristo quer, não por causa do conforto ou dos cuidados da vida, então estás tu orando como convém em favor dos milhões de perdidos da China? Estás tu usando teus recursos para a salvação deles?

Certo dia, não muito depois de haver regressado à Inglaterra, Hudson Taylor veio a saber que o número de missionários evangélicos na

China diminuíra em vez de aumentar. Apesar de a metade da população pagã estar na China, o número de missionários durante o ano tinha diminuído de cento e quinze para somente noventa e um. Começaram a soar aos ouvidos do missionário estas palavras: "Quando eu disser ao ímpio: Certamente morrerás; não avisando tu, não falando para avisar o ímpio acerca do seu caminho ímpio, para salvar a sua vida, aquele ímpio morrerá na sua maldade, mas o seu sangue da tua mão o requererei".

Era um domingo, 25 de junho de 1865, pela manhã. Hudson Taylor, cansado e doente, estava com alguns amigos em Brighton à beira-mar. Mas não podendo suportar mais o regozijo da multidão na casa de Deus, retirou-se para andar sozinho nas areias da maré vazante. Tudo em redor era paz e bonança, mas na alma do missionário rugia uma tempestade. Por fim, com alívio indizível, clamou: "Tu, Senhor, tu podes assumir todo o encargo. Com tua chamada, e como teu servo, avançarei, deixando tudo nas tuas mãos".

Assim, "a Missão no Interior da China foi concebida na sua alma e todas as etapas do seu progresso realizaram-se por seus esforços. Na calma do seu coração, na comunhão profunda e indizível com Deus, originou-se a missão".

Com o lápis na mão, abriu a Bíblia e, enquanto as ondas do vasto mar batiam aos seus pés, escreveu as simples mas memoráveis palavras: "Em 25 de junho de 1865, orei em Brighton pedindo vinte e quatro trabalhadores competentes e dispostos".

Mais tarde, recordando-se da vitória dessa ocasião, escreveu:

"Grande foi o alívio de espírito que senti ao regressar da praia. Depois de findar o conflito, tudo era gozo e paz. Parecia que me faltava muito pouco para voar até a casa do senhor Pearse. Na noite desse dia dormi profundamente. A querida esposa achou que a visita a Brighton serviu para renovar-me maravilhosamente. Era verdade!"

O vitorioso missionário, juntamente com a família e os vinte e quatro chamados por Deus, embarcou em Londres, no *Lammermuir*, em direção à China, em 26 de setembro de 1865. O anelante alvo de todos era o de erguer a bandeira de Cristo nas onze províncias ainda não ocupadas da China. Alguns dos amigos os animaram, mas outros disseram: "Todo o mundo ficará esquecido dos irmãos. Sem uma junta aqui na Inglaterra ninguém se importará com a obra por muito tempo. Promessas são fáceis de fazer hoje em dia; dentro de pouco tempo não terão o pão cotidiano".

A viagem levou mais de quatro meses. Acerca de uma das tempestades, um dos missionários escreveu:

> Durante todo o temporal, o senhor Taylor se comportou com a maior calma. Por fim, os marinheiros recusaram-se a trabalhar. O comandante aconselhou todos a bordo a amarrarem os cintos de salvação, dizendo que o navio não resistiria à força das ondas mais que duas horas. Nessa altura, o comandante avançou na direção dos marinheiros com o revólver na mão. Então o senhor Taylor aproximou-se dele e pediu-lhe que não obrigasse dessa forma os marinheiros a trabalhar. O missionário dirigiu-se também aos homens e explicou-lhes que Deus ia salvá-los, mas que eram necessários os maiores esforços de todas as pessoas a bordo. Acrescentou que tanto ele como todos os passageiros estavam prontos a ajudá-los, e que, como era evidente, as vidas deles também corriam perigo. Convencidos por esses argumentos, os homens começaram a tirar os destroços, ajudados por todos nós; em pouco tempo conseguimos amarrar os grandes mastros, que batiam com tanta força que estavam demolindo um lado do navio.

Foram horas de grande regozijo quando o *Lammermuir*, por fim, aportou em Xangai com todos sãos a bordo. Outro navio, que chegou logo após, perdera dezesseis das vinte e duas pessoas a bordo!

Os missionários iniciaram o ano de 1867 com um dia de jejum e oração, pedindo, como Jabes, que Deus os abençoasse e estendesse os seus termos. O Senhor os ouviu dando-lhes entrada, durante o ano, em outras tantas cidades! Encerraram o ano com outro dia de jejum e oração. Um culto durou das 11 da manhã às 3 da tarde, sem ninguém se sentir enfadado. Outro culto se realizou às 8h30 da noite, quando sentiram ainda mais a unção do Espírito Santo. Continuaram juntos em oração até a meia-noite, quando celebraram a Ceia do Senhor.

No início de 1867, o Senhor chamou Graça Taylor, filha de Hudson Taylor, para o lar eterno, quando ela completava 8 anos de idade. No ano seguinte, a Sra. Taylor e o filho, Noel, faleceram de cólera. Foi assim que se expressou o pai e marido:

Ao amanhecer o dia, apareceu à luz do sol o que fora ocultado pela luz da vela: a cor característica da morte no rosto da minha esposa. O meu amor não podia ignorar mais — não somente o seu estado grave, mas que realmente ela estava morrendo. Ao conseguir acalmar o meu espírito, eu lhe disse:
— Sabes, querida, que estás morrendo?
— Morrendo?! Achas que sim? Por que pensas tal coisa?
— Posso ver que sim, querida. As tuas forças estão se acabando.
— Será mesmo? Não sinto qualquer dor, apenas cansaço.
— Sim, estás saindo para a Casa Paterna. Brevemente estarás com Jesus. Minha preciosa esposa, lembrando-se de mim e de como eu devia ficar sozinho em um tempo de tão grandes lutas, privado da companheira com a qual tinha o costume de levar tudo ao trono da graça, disse:
— Sinto muito!
Então ela parou, como que querendo corrigir o que dissera, porém eu lhe perguntei:
— Estás triste por causa da partida para estar com Jesus?
Nunca me esquecerei de como ela olhou para mim e respondeu:
— Oh! não. Bem sabes, querido, que durante mais de dez anos, não houve sombra alguma entre mim e meu Salvador. Não estou triste por causa da partida para estar com Ele, mas me entristeço porque terás de ficar sozinho nessas lutas. Contudo... Ele estará contigo e suprirá tudo o que é mister.

"Nunca presenciei uma cena tão comovente", escreveu o senhor Duncan. Com a última respiração da querida Sra. Taylor, Hudson caiu de joelhos, o coração transbordando, e a entregou ao Senhor, agradecendo-lhe a dádiva e os doze anos e meio que passaram juntos. Agradeceu-lhe, também, pela bênção de Ele mesmo a levar para a sua presença. Então, solenemente dedicou-se a si mesmo novamente ao serviço do Mestre.

Não é de supor que Satanás deixasse a Missão no Interior da China invadir seu território com vinte e quatro outros obreiros, sem incitar o povo a maior perseguição. Foram distribuídos em muitos lugares impressos atribuindo aos estrangeiros os mais horripilantes e bárbaros crimes, especialmente aos que propagavam a "religião de Jesus". Alvoroçaram-se cidades inteiras, e muitos dos missionários tiveram de abandonar tudo e fugir para escapar com vida.

Quase seis anos depois de o grupo do *Lammermuir* haver desembarcado na China, Hudson Taylor precisou voltar novamente para a Inglaterra. Durante o tempo em terras chinesas, a missão aumentou de duas estações, com sete obreiros, para treze estações com mais de trinta missionários e cinqüenta obreiros, estando separadas as estações, uma da outra, por uma média de cento e vinte quilômetros.

Foi durante essa visita à Inglaterra que Hudson Taylor se casou com Miss Faulding, também fiel e provada missionária na China.

Acerca de Hudson Taylor, nesse tempo, certa pessoa amiga escreveu:

O senhor Taylor anunciou um hino, sentou-se ao harmônio e tocou. Não fui atraído por sua personalidade. Era de físico franzino e voz mansa. Como os demais jovens, eu julgava que uma grande voz sempre acompanhava um verdadeiro prestígio. Mas quando ele disse "Oremos" e nos dirigiu em oração, mudei de parecer; eu nunca ouvira alguém orar como ele. Havia na sua oração uma ousadia, um poder, que fez todas as pessoas presentes se humilharem e se sentirem na presença de Deus. Falava face a face com Deus como um homem fala com um amigo. Sem dúvida, tal oração era fruto de longa permanência com o Senhor; era como o orvalho descendo dos céus. Tenho ouvido muitos homens orarem, mas não ouvi ninguém como o senhor Taylor e o senhor Spurgeon. Ninguém, depois de ouvir como esses homens oravam, pode esquecer-se de tais orações. Foi a maior experiência da minha vida ouvir o senhor Spurgeon. Era como se ele tivesse tomado a mão do auditório de 6 mil pessoas e as levado ao Santo dos Santos. E ouvir o senhor Taylor rogar pela China era reconhecer algo do que significa a "súplica fervorosa do justo".

Foi em 1874 quando, com a esposa, subiam o grande rio Yang-tse e ele meditava sobre as nove províncias que se estendiam dos trópicos de Burma ao planalto da Mongólia e as montanhas do Tibete, que Hudson Taylor escreveu:

A minha alma anseia, e o coração arde pela evangelização de centenas de milhões de habitantes dessas províncias sem obreiros. Oh! se eu tivesse cem vidas a dar ou gastar por eles!

Mas, no meio da viagem, receberam notícias da morte da fiel missionária Amélia Blatchley, na Inglaterra. Ela não somente cuidava dos filhos do senhor Taylor, mas também servia como secretária da Missão.

Grande foi a tristeza de Hudson Taylor ao chegar à Inglaterra e achar não somente os seus queridos filhos separados e espalhados, mas a obra da Missão quase paralisada. Mas isso não foi ainda a sua maior tristeza. Na sua viagem pelo rio Yang-tse, o senhor Taylor, ao descer a escada do navio, sofreu uma grande queda. Caiu sobre os calcanhares de tal maneira que o choque ofendeu a espinha dorsal. Depois que chegou à Inglaterra, o incômodo da queda agravou-se até ele ficar acamado. Sobreveio-lhe então a maior crise da sua vida, justamente quando havia maior necessidade de seus esforços. Completamente paralítico das pernas, tinha de passar todo o tempo deitado de costas!

Uma pequena cama era a sua prisão; é melhor dizer que era a sua oportunidade. Ao pé da cama, na parede, estava afixado um mapa da China. E ao redor dele, de dia e de noite, estava a presença divina.

Aí, de costas, mês após mês, permaneceu o nosso herói, rogando e suplicando ao Senhor em favor da China. Foi-lhe concedida a fé para pedir que Deus enviasse dezoito missionários. Em resposta aos seus "apelos para oração", escritos com a maior dificuldade e publicados no jornal, sessenta moços responderam de uma vez. Dentre eles, vinte e quatro foram escolhidos. Ali, ao lado do leito, ele iniciou aulas para os futuros missionários e ensinou-lhes as primeiras lições da língua chinesa — e o Senhor os enviou para a China.

Lê-se o seguinte acerca de como o missionário, com o corpo inutilizado, nesse tempo, ficou bom:

> Ele foi tão maravilhosamente curado, em resposta à oração, que podia cumprir com um incrível número de suas obrigações. Passou quase todo o tempo das férias em Guernsey, escrevendo. Durante os quinze dias que passou ali, apesar de desejar compartilhar da delícia da linda praia com seus filhos, saiu com eles apenas uma vez. Mas as cartas que enviou para a China e outros lugares valiam mais do que ouro.

Acerca de uma visita que lhe fez na China, certo missionário assim escreveu:

Nunca me esquecerei do gozo e da amável maneira com que me saudou. Conduziu-me logo para o "escritório" da Missão no Interior da China. Devo dizer que foi para mim uma surpresa, ou choque, ou ambas as coisas. Os "móveis" eram caixotes. Uma mesa estava coberta de inúmeros papéis e cartas. Ao lado do lume havia uma cama, bem arrumada, tendo um pedaço de tapete a servir de cobertor. Nessa cama o senhor Taylor descansava de dia e de noite.

O senhor Taylor, sem qualquer palavra de desculpa, deitou-se na cama, e travamos a palestra mais preciosa da minha vida. Toda a idéia que eu tinha das qualificações para ser um "grande homem" foi completamente mudada; não havia nele coisa alguma do espírito de superioridade. Vi nele o ideal de Cristo, da verdadeira grandeza, tão evidente que permanece ainda no meu coração, através dos anos, até o presente momento. Hudson Taylor reconhecia profundamente que, para evangelizar os milhões da China, era imperioso que os crentes na Inglaterra mostrassem muito mais abnegação e sacrifício. Mas como podia ele insistir em sacrifício sem primeiramente praticá-lo na sua própria vida? Assim ele, deliberadamente, cortou da sua vida toda a aparência de conforto e luxo.

Nas viagens pelo interior da China, ele, invariavelmente, se levantava para passar uma hora com Deus antes de clarear o dia, às vezes, para depois dormir novamente. Quando eu despertava para alimentar os animais, sempre o achava lendo a Bíblia à luz de vela. Fosse qual fosse o ambiente ou o barulho nas hospedarias imundas, não descuidava do hábito de ler a Bíblia. Geralmente, em tais viagens, orava de bruços, porque lhe faltavam as forças para permanecer tanto tempo de joelhos.

— Qual será o assunto do seu discurso hoje? — perguntou-lhe certo crente que viajava com ele, de trem.

— Não tenho certeza; ainda não tive tempo de resolver — respondeu-lhe Hudson Taylor.

— Não teve tempo! — exclamou o homem. — Ora, que faz o senhor a não ser descansar depois de assentar-se aí?

— Não conheço o que seja descansar — foi a resposta calma que ele deu. Depois de embarcarmos em Edimburgo, passei todo o tempo orando e levando ao Senhor todos os nomes dos membros da Missão no Interior da China e os problemas de cada um.

Está além da nossa compreensão como, no meio de uma das maiores obras de evangelização de toda a história, ele podia dizer:

Nunca fomos obrigados a abandonar uma porta aberta por falta de recursos. Apesar de muitas vezes gastarmos até o último pêni, a nenhum dos obreiros nacionais nem a nenhum dos missionários faltou o prometido "pão" cotidiano. Os tempos de provações são sempre tempos abençoados, e o que é necessário nunca chega demasiado tarde.

Outro segredo do seu grande êxito em levar a mensagem de salvação ao interior da China era a determinação de que a obra não somente continuasse com caráter internacional, mas também interdenominacional — que aceitasse missionários dedicados a Deus, de qualquer nação ou denominação.

Em 1878, ao regressar de uma viagem, começou a orar pedindo que Deus enviasse mais trinta missionários antes de findar o ano de 1879. Considerando o dinheiro necessário para pagar as passagens e sustentar tantas pessoas, podemos dizer que a sua fé era grande. Pois bem, vinte e oito pessoas com os corações acesos pelo desejo de salvação dos perdidos na China, confiando em Deus para o seu sustento diário, embarcaram antes de findar o ano de 1878, e ainda outros seis em 1879.

Conversando com um companheiro de lutas, na cidade de Wuchang, Hudson Taylor começou a enumerar os pontos estratégicos com os quais deviam começar logo a evangelizar os 2 milhões de habitantes do vale do grande rio Yang-tse e o do seu tributário, o rio Hã. Com menos de cinquenta ou sessenta novos obreiros, a Missão não podia dar tal passo — e a própria Missão não tinha mais de um total de cem! Contudo, a Hudson Taylor foi dada a fé de pedir outros setenta, lembrando-se das palavras: "Designou o Senhor ainda outros setenta".

"Reunimo-nos hoje para passar o dia em jejum e oração", escreveu Hudson Taylor em 30 de junho de 1872. "O Senhor nos abençoou grandemente... Alguns passaram a maior parte da noite em oração... O

Espírito Santo nos encheu até nos parecer impossível receber mais sem morrer".

Em certo culto, durante quase duas horas, louvaram ininterruptamente a Deus pelos setenta obreiros já recebidos pela fé. Na realidade, foram recebidos mais do que setenta, e dentro do prazo marcado.

O Senhor conduziu a Missão, pouco a pouco, para uma visão ainda mais larga — levou os obreiros a pedirem ao Senhor outros cem, em 1887. Assim disse o senhor Stephenson: "Se me mostrassem uma foto de todos os cem, batida aqui na China, não seria mais real do que realmente é".

Contudo, Hudson Taylor não iniciou precipitadamente o programa de orar e se esforçar para receber mais cem missionários. Como sempre, devia ter certeza da direção de Deus antes de resolver orar e se esforçar para alcançar o alvo.

Seis vezes mais do que o número que pediram se ofereceram para ir! Mas a Missão rejeitou fielmente a todos os que não concordaram com os princípios declarados desde o início. Assim, exatamente o número pedido embarcou para a China. Não foram cento e um, nem noventa e nove, mas exatamente cem.

Depois da visita de Hudson Taylor ao Canadá, aos EUA e à Suécia, em 1888 e 1889, a Missão no Interior da China gozou de um dos maiores impulsos para avançar em todos os anais da história de missões. Assim escreveu depois o nosso missionário, acerca do que lhe pesava grandemente no coração durante toda a sua visita à Suécia:

Confesso-me envergonhado de que, até essa ocasião, nunca tivesse meditado sobre o que o Mestre realmente queria dizer ao mandar pregar o Evangelho "a toda criatura". Esforcei-me durante muitos anos, como muitos outros servos de Deus, para levar o Evangelho aos lugares mais distantes. Planejei alcançar todas as províncias e muitos dos distritos menores da China, sem compreender o sentido evidente das palavras do Salvador.

"... a toda criatura"? O número total de evangelizadores entre os crentes da China não excedia a quarenta mil. Se houvesse outro tanto de adesões, ou mesmo três vezes mais, e se cada um levasse a mensagem a oito de seus patrícios, mesmo assim não alcançariam mais de um milhão. "... a toda criatura"! As palavras abrasavam-me o íntimo da alma. Mas como a Igreja, e eu mesmo, falhávamos em aceitá-las justamente como Cristo queria! Isto eu percebi então: para mim havia apenas uma saída, a de obedecer.

Qual será a nossa atitude para com o Senhor Jesus Cristo quanto a essa ordem? Suprimiremos o título "Senhor", que lhe foi dado, para reconhecê-lo apenas como nosso Salvador? Aceitaremos o fato de Ele tirar a penalidade do pecado, mas nos recusarmos a confessar que fomos "comprados por bom preço", e que Ele tem o direito de esperar a nossa obediência implícita? Diremos que somos os nossos próprios senhores, prontos a conceder-lhe apenas o que lhe é devido; a Ele, que nos comprou com seu próprio sangue, com a condição de não pedir demasiado? As nossas vidas, os nossos queridos, as nossas possessões são somente nossas, não são dEle? Daremos o que acharmos conveniente e obedeceremos à sua vontade somente se Ele não nos pedir demasiado sacrifício? Estamos prontos a deixar Jesus Cristo nos levar aos céus, mas não queremos que esse homem "reine sobre nós"?

Os corações de todos os filhos de Deus rejeitarão, certamente, uma afirmação assim formulada. Mas não é verdade que inumeráveis crentes, em todas as gerações, se comportaram tal como se isso fosse a base própria para suas vidas? São poucas as pessoas entre o povo de Deus que reconhecem a verdade de que, ou Cristo é o Senhor de tudo, ou então não é Senhor de coisa alguma! Se somos nós que julgamos a Palavra de Deus, e não a Palavra que nos julga; se concedemos a Deus somente o quanto quisermos, então somos nós os senhores e Ele o nosso devedor e, conseqüentemente, Ele deve ser grato pela esmola que lhe concedemos; deve sentir-se obrigado por nossa concordância aos seus desejos. Se, ao contrário, Ele é Senhor, então tratemo-lo como Senhor: "E por que me chamais, Senhor, Senhor, e não fazeis o que eu digo?"

Foi assim que Hudson Taylor, sem esperar, alcançou a mais larga visão da sua vida, a visão que dominou a última década de seu serviço. Com os cabelos já grisalhos, após cinqüenta e sete anos de experiência, enfrentou o novo sentido de responsabilidade com a mesma fé e confiança que o caracterizavam quando era mais novo. Sua alma ardia ao meditar nos alvos antigos! Ficou ainda mais firme ao executar a visão de outrora!

Foi assim que sentiu a direção de unificar todos os grupos evangélicos que trabalhavam na evangelização da China em torno de um mesmo alvo: orar e se esforçar para que fosse aumentado o número de missionários, enviando à China outros mil, dentro de cinco anos. O número exato enviado à China durante esse prazo foi de 1.153!

Não é, pois, de admitir que as forças físicas de Hudson Taylor começassem a faltar. Não tanto pelas privações e cansaço das viagens contínuas, nem pelos esforços incansáveis em escrever e pregar, nem pelo peso das grandes e inumeráveis responsabilidades de dirigir a Missão no Interior da China. Os que o conheciam intimamente sabiam que era um homem "gasto de tanto amar".

A gloriosa colheita de almas na China aumentava cada vez mais. Mas a situação política do país piorava dia após dia até culminar na Carnificina dos Boxers, no ano de 1900, quando centenas de crentes foram mortos. Somente da Missão no Interior da China pereceram cinqüenta e oito missionários, e vinte e um de seus filhos.

Hudson Taylor e sua esposa estavam novamente na Inglaterra quando começaram a chegar telegrama após telegrama, avisando-os dos horripilantes acontecimentos na China. Aquele coração que tanto amava cada missionário quase cessou de pulsar. Acerca desse acontecimento, assim se manifestou: "Não sei ler, não sei pensar, nem mesmo sei orar, mas sei confiar".

Certo dia, alguns meses depois, Hudson Taylor, com o coração transbordante e as lágrimas correndo-lhe pelas faces, estava contando o que lera em uma carta que acabara de receber de duas missionárias, escrita um dia antes de elas morrerem nas mãos dos boxers. Eis o que ele disse: "Oh! o gozo de sair de tal motim de pessoas enfurecidas para estar na *sua* presença, para ver o *seu* sorriso!" Quando pôde continuar, acrescentou: "Elas agora não estão arrependidas. *Têm a imperecível coroa! Andam com Cristo em vestes brancas, porque são dignas*" (grifo do autor).

Falando acerca de seu grande desejo de ir a Xangai para estar ao lado dos refugiados, ele disse: "Não sei se poderia ajudá-los, mas sei que me amam. Se pudessem chegar-se a mim nas tristezas para chorarmos juntos, ao menos poderiam ter um pouco de conforto". Mas ao lembrar-se de que tal viagem lhe era impossível por causa da saúde, a sua tristeza parecia maior do que podia suportar.

Apesar de sentir profundamente a sua incapacidade para trabalhar como de costume, achou grande conforto em estar com a sua esposa, a qual tanto amava. Findara o tempo em que deviam passar longos meses e anos separados um do outro, nas lutas em tantos lugares.

Foi em 30 de julho de 1904 que sua esposa faleceu. "Não sinto nada de dor, nada de dor", dizia ela, apesar da ânsia em respirar. Então, de madrugada, percebendo a angústia de espírito do seu marido, pediu-lhe que orasse rogando ao Senhor que a levasse logo. Foi a oração mais difícil da vida de Hudson Taylor, mas pelo amor que lhe tinha, ele orou pedindo a Deus que libertasse o espírito da sua esposa. Logo que orou, dentro de cinco minutos cessou a ânsia, e não muito depois ela adormeceu em Cristo.

A desolação de espírito que Hudson Taylor sentiu depois da partida da sua fiel companheira era indescritível. Todavia, achou indizível paz nesta promessa: "A minha graça te basta". Começou a recuperar as forças físicas e, na primavera, fez a sua sétima viagem aos EUA. Dali fez a última viagem à China, desembarcando em Xangai em 17 de abril de 1905.

O valente líder da Missão, depois de tão prolongada ausência, foi recebido em todos os lugares com grandes manifestações de amor e estima da parte dos missionários e crentes, especialmente dos que escaparam dos intraduzíveis espetáculos da insurreição dos Boxers.

Em Chin-Kiang, o veterano missionário visitou o cemitério onde estão gravados os nomes de quatro filhos e o da esposa. As recordações eram motivo de grande gozo, isto é, o dia da "grande reunião" se aproximava.

No meio da viagem, quando visitava as igrejas na China, sem ninguém esperar, nem ele mesmo, findou a sua carreira na terra. Seu passamento aconteceu na cidade de Chang-sha em 3 de junho de 1905. Sua nora contou o seguinte sobre o ocorrido:

O querido papai estava deitado. Como sempre gostava de fazer, tirou as cartas dos queridos da sua carteira e as estendeu sobre a cama. Baixou-se para ler uma das cartas perto do candeeiro aceso, colocado na cadeira ao lado do leito. Para que ele não se sentisse demasiadamente incomodado, puxei outro travesseiro e o coloquei por baixo da sua cabeça e assentei-me numa cadeira ao seu lado. Mencionei as fotografias da revista "Missionary Review" que estava aberta sobre a cama. Howard tinha saído para ir buscar algo para comer, quando papai, de repente, virou a cabeça e abriu a boca como se quisesse espirrar. Abriu a boca a segunda, e a terceira vez. Não clamou; não pronunciou qualquer palavra. Não mostrou qualquer dificuldade para respirar; nada de ânsia. Não olhou para mim e não parecia cônscio... Não era a morte, era a entrada na vida imortal. Seu semblante era de descanso e sossego. Os vincos do rosto feitos pelo peso da luta de longos anos pareciam haver desaparecido em poucos momentos. Parecia dormir como criança no colo da mãe; o próprio quarto parecia cheio de indizível paz".

Na cidade de Chin-Kiang, à beira do grande rio que tem a largura de mais de dois quilômetros, foi enterrado o corpo de Hudson Taylor.

Muitas foram as cartas de condolências recebidas de fiéis filhos de Deus do mundo inteiro. Emocionantes foram os cultos celebrados em vários países, em sua memória. Impressionantes foram os artigos e livros impressos acerca das suas vitórias na obra de Deus. Mas as vozes mais destacadas, as que Hudson Taylor mais apreciaria, se pudesse ouvi-las, eram as das muitas crianças chinesas, que, cantando louvores a Deus, deitaram flores sobre o seu túmulo.

Carlos Spurgeon

O Príncipe dos Pregadores
(1834 — 1892)

No período da Inquisição, na Espanha, sob o reinado do imperador Carlos V, milhares de crentes foram queimados em praça pública ou enterrados vivos. O filho de Carlos V, Filipe II, em 1567, levou a perseguição aos Países Baixos, declarando que ainda que lhe custasse mil vezes a sua própria vida, limparia todo o seu domínio do "protestantismo". Antes da sua morte, gabava-se de ter mandado ao carrasco, pelo menos, 18 mil "hereges".

Ao começar esse reinado de terror nos Países Baixos, muitos milhares de crentes fugiram para a Inglaterra. Entre os que escaparam do "Concílio de Sangue", encontrava-se a família Spurgeon.

Na Inglaterra, contudo, o povo de Deus não estava completamente livre da perseguição, "passando a maior parte do tempo sentado, por se achar fraco demais para se deitar". Os bisavós de Carlos eram crentes fervorosos e criaram os filhos na admoestação do Senhor. Seu avô paterno, depois de quase cinqüenta anos de pastorado no mesmo lugar, podia dizer: "Não passei nem uma hora triste com a minha igreja depois que assumi o cargo de pastor!" O pai de Carlos, Tiago Spurgeon, era o amado pastor de Stambourne.

Carlos, quando ainda criança, interessava-se pela leitura de *O Peregrino*, pela história dos mártires e por diversas obras de teologia. É impossível calcular a influência dessas obras sobre a sua vida.

Que era precoce nas coisas espirituais, vê-se no acontecimento que passamos a relatar. Com apenas 5 anos de idade, Carlos percebeu profundamente o cuidado do avô com relação ao procedimento de um dos membros da igreja, mais conhecido como Velho Roads. Certo dia, encontrando Roads em companhia de outros fumando e bebendo cerveja, a criança dirigiu-se a ele, dizendo: "Que fazes aqui, Elias?" O Velho Roads, arrependido, contou, então, ao seu pastor, como a princípio se irou com o pequeno Carlos, mas por fim sentiu-se quebrantado. Desde aquele dia, o Velho Roads andou sempre perto do Salvador.

Quando ainda em tenra idade, Carlos foi por Deus convencido do pecado. Durante alguns anos sentia-se uma criatura sem esperança e sem conforto; visitava locais de culto uns após outros, sem no entanto conseguir saber como podia livrar-se do pecado. Então, aos 15 anos de idade, aumentou nele o desejo de ser salvo. E aumentou de tal forma, que passou seis meses agonizando em oração. Nesse tempo assistiu a um culto numa igreja em que o pregador não pudera comparecer por causa de uma grande tempestade de neve. Na ausência do pastor, um sapateiro se levantou para pregar às poucas pessoas presentes, e leu este texto: "Olhai para mim e sede salvos, todos os confins da terra" (Is 45.22). O sapateiro, inexperiente na arte de pregar, só fazia repetir a passagem e dizer: "Olhai! Não vos é necessário levantar um pé, nem um dedo. Não vos é necessário estudar no colégio para saber olhar; nem contribuir com mil libras. Olhai para mim, não para vós mesmos. Não há conforto em vós. Olhai para mim, suando grandes gotas de sangue. Olhai para mim, pendurado na cruz. Olhai para mim, morto e sepultado. Olhai para mim, ressuscitado. Olhai para mim, à direita de Deus". Em seguida, fitando os olhos em Carlos, disse:

"Moço, tu pareces ser miserável. Serás infeliz na vida e na morte se não obedeceres". Então gritou ainda mais: "Moço, olha para Jesus! Olha agora!" O rapaz olhou e continuou a olhar, até que, por fim, um gozo indizível entrou na sua alma.

O recém-salvo, ao perceber as constantes investidas do maligno, foi tomado pela aspiração de fazer todo o possível para receber o poder divino e, assim, frustrar a obra do inimigo do bem. Spurgeon, por exemplo, aproveitava todas as oportunidades para distribuir folhetos. Também entregava-se de todo o coração a ensinar na Escola Dominical, onde alcançou, de início, o amor dos alunos e, por intermédio destes, a presença dos pais na escola. Com a idade de 16 anos começou a pregar. Acerca desse fato, declarou: "Quantas vezes me foi concedido o privilégio de pregar na cozinha da casa de um agricultor, ou num celeiro!"

Alguns meses depois de pregar seu primeiro sermão, foi chamado a pastorear a igreja em Waterbeach. Ao fim de dois anos, essa igreja de quarenta membros passou a ter cem. Como o jovem pregador tinha o desejo de aperfeiçoar-se, o diretor de uma escola superior, de visita à cidade, na ocasião, marcou uma hora para tratar com ele acerca desse assunto. A criada que recebeu Carlos, porém, descuidou-se e acabou não chamando o professor, que saiu sem saber que o moço o esperava.

Mais tarde, já na rua, Carlos, um tanto triste, ouviu uma voz dizer-lhe: "Buscas grandes coisas para ti? Não as busques!" Foi então, ali mesmo, que abandonou a idéia de estudar naquele colégio, convencido de que Deus o dirigia para outras coisas. Não se deve concluir, contudo, que Carlos Spurgeon tenha desistido de se educar. Depois disso, ele aproveitou todos os momentos livres para estudar. Diz-se que alcançou fama de ser um dos homens mais instruídos de seu tempo.

Spurgeon havia ministrado em Waterbeach apenas durante dois anos, quando foi chamado a pregar na Park Street Chapel, em Londres. O local era inconveniente para os cultos, e o templo, que tinha assentos para 1.200 pessoas, era demasiado grande para a platéia. No entanto, "havia ali um grupo de fiéis que nunca cessou de rogar a Deus por um glorioso avivamento". Esse fato é assim registrado nas palavras do próprio Spurgeon:

No início, eu pregava somente a um punhado de ouvintes. Contudo, não me esqueço da insistência das suas orações. Às vezes, parecia que rogavam até verem realmente a presença do Anjo do Concerto (Cristo) querendo abençoá-los. Mais de uma vez nos admiramos com a solenidade das orações até alcançarmos quietude, enquanto o poder do Senhor nos sobrevinha... Assim desceu a bênção, a casa se encheu de ouvintes e foram salvas dezenas de almas!

Sob o ministério desse moço de 19 anos, a concorrência aumentou em poucos meses a ponto de o prédio não mais comportar as multidões. Centenas de ouvintes permaneciam na rua para aproveitar as migalhas que caíam do banquete que havia dentro da casa.

Ficou resolvido que a Park Street Chapel seria reformada. Durante o tempo da obra, os cultos eram realizados em Exeter Hall, prédio com assentos para 4.500 pessoas. Ali, em menos de dois meses, a assistência era tão numerosa que as ruas, durante os cultos, se tornavam intransitáveis.

Quando voltaram para a Chapel, o problema, em vez de ter sido resolvido, ficou maior: 3 mil pessoas ocupavam o espaço preparado para 1.500! O dinheiro gasto, que alcançou uma elevada soma, fora desperdiçado! Tornou-se necessário voltar para o Exeter Hall, mas nem este auditório comportava mais o público presente. A igreja, então, tomou uma atitude espetacular — alugou o Surrey Music Hall, o prédio mais amplo, imponente e magnífico de Londres, construído para diversões públicas.

As notícias de que os cultos haviam passado do Exeter Hall para o Surrey Music Hall eletrificaram toda a cidade de Londres. O culto inaugural foi anunciado para a noite de 19 de outubro de 1856. Na tarde do dia marcado, milhares de pessoas para lá se dirigiram para achar assento. Quando, por fim, o culto começou, o prédio no qual cabiam 12 mil pessoas estava superlotado, e havia mais 10 mil fora que não puderam entrar.

No primeiro culto no Surrey Music Hall notaram-se vestígios da perseguição que Spurgeon teria de encarar. Após a leitura das Escrituras, os inimigos da obra de Deus se levantaram, gritando: "Fogo! Fogo!" Apesar de todos os esforços de Spurgeon e de outros crentes, a grande massa de gente alvoroçou-se e movimentou-se em pânico, de tal modo que sete pessoas morreram e vinte e oito ficaram gravemente feridas. Depois que tudo serenou, acharam-se espalhados em toda a parte do prédio roupas de homens e senhoras, chapéus, mangas de vestidos, sapatos, pernas de calças, mangas e paletós, xales, etc., objetos esses que as milhares de pessoas aflitas deixaram, na luta para escapar do prédio. Spurgeon comportou-se com a maior calma durante todo o tempo da indescritível catástrofe, mas depois passou dias prostrado, sofrendo em conseqüência do tremendo choque.

As notícias sobre as trágicas ocorrências durante o primeiro culto no Surrey Music Hall concorreram para aumentar o interesse pelos cultos, em vez de prejudicarem a obra. De um dia para outro, Spurgeon, o herói do sul de Londres, tornou-se um vulto de projeção mundial. Aceitou convites para pregar em cidades da Inglaterra, Escócia, Irlanda, Gales, Holanda e França. Pregava ao ar livre e nos maiores edifícios, em média oito a doze vezes por semana.

Nesse tempo, quando ainda moço, revelou como conseguia entender, nas Escrituras, os textos difíceis, isto é, simplesmente pedia a Deus: "Ó Senhor, mostra-me o sentido deste trecho!" E acrescentou: "É maravilhoso como o texto, duro como a pederneira, emite faíscas quando batido com o aço da oração". Quando mais velho, disse: "Orar acerca das Escrituras é como pisar uvas no lagar, trilhar trigo na eira ou extrair ouro do minério".

Acerca da vida familiar, Susana, a esposa de Spurgeon, assim escreveu:

> Fazíamos culto doméstico, quer hospedados em um rancho nas serras, quer num suntuoso quarto de hotel na cidade. E a bendita presença de Cristo, que muitos crentes dizem impossível alcançar, era para ele a atmosfera natural; ele vivia e respirava nEle.

Antes de iniciar a construção do famoso templo em Londres, o Metropolitan Tabernacle, Spurgeon e alguns dos membros de sua igreja ajoelharam-se no terreno, entre as pilhas de materiais, e rogaram a Deus que não permitisse que trabalhador algum morresse ou ficasse ferido durante as obras. Deus respondeu maravilhosamente, não deixando acontecer qualquer acidente durante o tempo da construção do imponente edifício, que media oitenta metros de comprimento, vinte e oito de largura e vinte de altura.

A igreja começou a edificar o tabernáculo com o alvo de liquidar todas as dívidas contraídas com a aquisição de materiais e pagar toda a mão-de-obra antes de findar a construção. Como de costume, pediram a Deus que os ajudasse a realizar esse desejo, e tudo foi pago antes do dia da inauguração.

"O Metropolitan Tabernacle foi acabado em março de 1861. Durante os trinta e um anos que se seguiram, uma média de 5 mil pessoas se congregava ali todos os domingos, pela manhã e à noite. De três em três meses, Spurgeon pedia aos que já haviam feito parte da assistência que se ausentassem. Eles o atendiam, mas mesmo assim o tabernáculo era superlotado por outras pessoas das massas ainda não alcançadas pela mensagem".

Durante certo período, pregou trezentas vezes em doze meses. O maior auditório no qual pregou foi no Crystal Palace, em Londres, em 7 de outubro de 1857. Havia exatamente 23.654 pessoas no auditório. Spurgeon esforçou-se tanto nessa ocasião, e o cansaço foi tal, que após o sermão da noite de quarta-feira, dormiu até a manhã de sexta-feira!

Todavia, não se deve julgar que era somente no púlpito que a sua alma ardia pela salvação dos perdidos. Também se ocupava grandemente no evangelismo individual. Nesse sentido, citamos aqui o que certo crente disse a respeito dele:

> Tenho visto auditórios de 6.500 pessoas inteiramente levadas pelo fervor de Spurgeon. Mas ao lado de uma criança moribunda, que ele levara a Cristo, achei-o mais sublime do que quando dominava o interesse da multidão.

Parece impossível que tal pregador tivesse tempo para escrever. Entretanto, os livros da sua autoria constituem uma biblioteca de cento e trinta e cinco tomos. Até hoje não há obra mais rica de jóias espirituais do que *A Tesouraria de Davi* — sete volumes sobre os salmos, escritos por Spurgeon. Ele publicou tão grande número de sermões que, mesmo lendo um por dia, nem em dez anos o leitor os poderia ler todos. Muitos foram traduzidos em várias línguas e publicados nos jornais do mundo inteiro. Ele mesmo escrevia grande parte da matéria para seu jornal "A Espada e a Colher", título este inspirado na história da construção dos muros de Jerusalém no tempo angustioso de Neemias.

Além de pregar constantemente a grandes auditórios e de escrever tantos livros, esforçou-se em vários outros ramos de atividades. Inspirado pelo exemplo de Jorge Müller, fundou e dirigiu o orfanato de Stockwell. Pediam a Deus e recebiam o necessário para levantar prédio após prédio e alimentar centenas de crianças desamparadas.

Reconhecendo a necessidade de instruir os jovens chamados por Deus a proclamar o Evangelho e, assim, alcançar muito maior número de perdidos, fundou e dirigiu o Colégio dos Pastores. Esse trabalho foi marcado pela mesma fé em Deus demonstrada na obra de cuidar dos órfãos.

Impressionado com a vasta circulação de literatura viciosa, formou uma junta de vendagem de livros evangélicos. Dezenas de vendedores foram sustentados e milhares de discursos feitos, além de muitas toneladas de Escrituras e outros livros terem sido vendidos de casa em casa.

Acerca de tão estupendo êxito na vida de Spurgeon, convém notar o seguinte: nenhum dos seus antepassados alcançou fama. Sua voz podia pregar às maiores multidões, mas outros pregadores sem fama gozavam também da mesma voz. "O príncipe dos pregadores" era, antes de tudo, "o príncipe de joelhos". Como Saulo de Tarso, também entrou no reino de Deus agonizando de joelhos. No caso de Spurgeon, essa angústia durou seis meses. Depois (assim aconteceu com Saulo) a oração fervorosa virou um hábito na sua vida. Aqueles que assistiam aos cultos no grande Metropolitan Tabernacle diziam que as orações eram a parte mais sublime dos cultos.

Quando alguém perguntava a Spurgeon a explicação do poder na sua pregação, "o príncipe de joelhos" apontava para a loja que ficava sob o salão do Metropolitan Tabernacle e dizia:

> Na sala que está embaixo, há trezentos crentes que sabem orar. Todas as vezes que prego eles se reúnem ali para sustentar-me as mãos, orando e suplicando ininterruptamente. Na sala que está sob os nossos pés é que se encontra a explicação do mistério dessas bênçãos.

Spurgeon costumava dirigir-se aos alunos no Colégio dos Pastores desta forma:

Permanecei na presença de Deus!... Se o vosso fervor esfriar, não podereis orar bem no púlpito... pior com a família... e ainda pior nos estudos, sozinhos. Se a alma se tornar magra, os ouvintes, sem saberem como ou por que, acharão que vossas orações públicas têm pouco sabor.

Ainda sobre a oração, sua esposa deu este testemunho:

Ele dava muita importância à meia hora de oração que passava com Deus antes de começar o culto.

Certo crente também escreveu a esse respeito:

Sente-se, durante a sua oração pública, que ele é um homem de bastante força para levar nas mãos ungidas as orações duma multidão. Isto é a idéia mais grandiosa de sacerdote entre Deus e os homens.

Convicto do grande poder da oração, Spurgeon designou o mês de fevereiro, de cada ano, no grande tabernáculo, para realizar a convenção anual e fazer súplicas por um avivamento na obra de Deus. Nessas ocasiões, passavam dias inteiros em jejum e oração, oração que se tornava mais e mais fervorosa. Não só sentiam a gloriosa presença do Espírito Santo nesses cultos, mas era-lhes aumentado o poder com frutos abundantes.

Na sua autobiografia consta que, desde o começo do seu ministério em Londres, pessoas gravemente enfermas foram curadas em resposta às suas orações.

A vida de Spurgeon não era vida egoísta e de interesse próprio. Juntamente com sua esposa, fez os maiores sacrifícios para colocar livros espirituais nas mãos de um grande número de pregadores pobres, e ambos contribuíam constantemente para o sustento das viúvas e órfãos. Recebiam grandes somas de dinheiro, mas davam tudo para o progresso da obra de Deus.

Não buscava fama nem a honra de fundador de outra denominação, como muitos amigos esperavam. A sua pregação nunca foi feita para sua própria glória, porém tinha como alvo levar os ouvintes a Deus através da mensagem da cruz. Considerava seus sermões como se fossem setas, e dava todo o seu coração, empregava toda a sua força espiritual em produzir cada um deles. Pregava confiando no poder do Espírito Santo, empregando o que Deus lhe concedera para "matar" o maior número de ouvintes.

"Carlos Hadon Spurgeon recebia o fogo do céu estudando a Bíblia, horas a fio, em comunhão com Deus".

Cristo era o segredo do seu poder. Cristo era o centro de tudo para ele; sempre e unicamente Cristo.

J. P. Fruit disse: "Quando Spurgeon orava, parecia que Jesus estava em pé ao seu lado".

As suas últimas palavras, no leito de morte, dirigidas à sua esposa, foram: "Oh! querida, tenho desfrutado um tempo mui glorioso com meu Senhor!" Ela, ao ver, por fim, que seu marido passaria para o outro lado, caiu de joelhos e, com lágrimas, exclamou: "Oh! bendito Senhor Jesus, eu te agradeço o tesouro que me emprestaste no decurso destes anos; agora, Senhor, dá-me força e direção durante todo o futuro".

Seis mil pessoas assistiram ao culto do funeral. No caixão estava uma Bíblia aberta na passagem usada por Deus para convertê-lo: "Olhai para mim, e sede salvos, todos os confins da terra".

O cortejo fúnebre passou entre centenas de milhares de pessoas postadas em pé nas calçadas; os homens descobriam-se à passagem do cortejo e as mulheres choravam.

O túmulo simples do célebre "príncipe dos pregadores", no cemitério de Norwood, testifica a verdadeira grandeza da sua vida. Ali estão gravadas estas humildes palavras:

Aqui jaz o corpo de
CARLOS HADON SPURGEON
esperando o aparecimento do seu
Senhor e Salvador
JESUS CRISTO

Pastor Hsi

O Amado Líder Chinês
(1836 — 1896)

Acontecera "o impossível" e toda a população se condoía de tal "tragédia": o senhor Hsi, cidadão respeitado por todos, tornara-se crente! Fazia dois anos que um pregador da "nova religião" pregava na província de Shan-si. Enquanto se esperava que enredasse alguns dos mais ignorantes, ninguém imaginava que o senhor Hsi, homem culto, de grande influência entre o povo e destacado adepto de Confúcio, seria o primeiro a ficar "enfeitiçado" pelos "diabos estrangeiros!"

Não havia entre o povo quem odiasse tanto os estrangeiros como o senhor Hsi. Mas, de repente, eis que ele estava ligado em espírito ao missionário. Abandonara todos os ídolos; dizia-se que os queimara! Deixara de adorar as tábuas ancestrais. Não havia mais o cheiro de incenso na sua casa. E o que era ainda mais estranho: o senhor Hsi desistira de fumar ópio!

Os velhos recordavam que Shan-si fora uma das províncias mais prósperas da China e contavam como fora introduzido o "fumo estrangeiro", isto é, o ópio. O vício se tornara tão generalizado que todo o povo estava reduzido à maior pobreza. Nem mesmo os mais velhos se recordavam de alguém, habituado a fumar ópio, que, no decorrer dos anos, tivesse conseguido libertar-se do vício. Contudo, o erudito Hsi abandonara, por completo, seu aparelho de fumar e parecia não sentir a ânsia que sentem os que são privados da droga entorpecente.

O tempo que outrora passara preparando e fumando o ópio, ele agora o empregava nas práticas, para eles estranhas, da nova religião. Dia e noite o recém-convertido se aplicava ao estudo dos "livros dos estrangeiros". Às vezes cantava de uma maneira singular e outras vezes de joelhos e, com os olhos fechados, falava ao "Deus dos estrangeiros", o Deus que ninguém via e que não tinha santuário para localizar-se.

Dia após dia a senhora Hsi notava a grande transformação na vida do marido e começou a abandonar o intenso ódio que sentiu quando ele se converteu. Quando acordava à noite, via-o absorto, lendo o precioso Livro dos livros, ou ajoelhado, suplicando ao Deus invisível, que sentia estar presente. A persistência do homem em reunir todos os membros da família, diariamente, para os cultos estranhos foi tal, que ganhou, também, sua esposa para Cristo.

Para o crente Hsi, Satanás era o temível adversário que realmente é; sempre incansável e constantemente espreitando para derrubar e destruir os crentes. Contudo, para ele o poder de Cristo era igualmente real, e Hsi saía mais que vencedor em todas as dificuldades. Considerava a oração indispensável e, não muito depois de se converter, chegou a reconhecer o valor de jejuar para melhor orar.

Foi então que aconteceu a coisa menos esperada: a própria natureza da senhora Hsi parecia mudada. Ao converter-se, tornara-se profundamente alegre e recebia as lições das Escrituras avidamente. O marido esperava que breve ela se tornasse uma verdadeira companheira na obra de ganhar almas. Mas, repentinamente, parecia pairar sobre ela uma nuvem do mal. Apesar de todos os esforços, sentia-se levada, contra a própria vontade, a praticar tudo quanto o diabo sugerisse. Caía, especialmente na hora do culto doméstico, com ataques violentos de cólera.

O povo então dizia: "O Hsi e sua esposa estão ceifando o que semearam! É, como afirmamos desde o começo, uma doutrina do diabo, e agora a senhora Hsi está possuída de demônios".

Durante algum tempo o inimigo das almas parecia invencível. A senhora Hsi, apesar de todas as orações dos crentes, continuava a definhar, ficando quase sem forças.

Nesta altura, Hsi, confiando no poder de Deus, chamou todos os membros da família para jejuarem e dedicarem-se à oração. Depois de orarem três dias e três noites seguidas, em jejum, Hsi, sentindo-se fraco no físico, mas forte no espírito, pôs as mãos sobre a cabeça da esposa e ordenou, em nome de Jesus, que os espíritos imundos saíssem para nunca mais a atormentarem. A cura da senhora Hsi foi tão notável e completa que houve grande repercussão em toda a cidade. O povo reconhecera o poder dos demônios sobre o corpo e ali, diante dos olhos, estava agora a prova de um poder maior do que o do diabo.

Mas foi o senhor Hsi, mais que qualquer outra pessoa, que se aproveitou dessa sensacional maravilha. Esforçou-se, desde então, de uma maneira nova, a proclamar o Evangelho e dedicou-se, com crescente fé em Cristo, a orar sob todas as circunstâncias.

Assim, de uma maneira simples e natural, Hsi confiava que o Senhor faria o que prometera em Marcos 16.17,18: "Estes sinais acompanharão aos que crerem: Em meu nome expulsarão demônios; falarão novas línguas; pegarão em serpentes; e, se beberem alguma coisa mortífera, não lhes fará dano algum; e porão as mãos sobre os enfermos, e estes serão curados".

Em resposta à oração desse humilde crente, o Senhor cooperava com ele e confirmava a Palavra com sinais, como em Samaria, Lida, e outros lugares nos tempos dos apóstolos. E, tal qual os tempos antigos, homens e mulheres, ao verem o poder de Deus, convertiam-se ao Senhor.

Nunca antes houve alguém para contrariar a Satanás em toda a província de Shan-si; portanto, não é de admirar que ele estivesse enfurecido. Isso também foi como nos tempos antigos.

A perseguição, entretanto, se tornou mais e mais severa até que, por fim, o povo planejou, ao tempo de uma grande festa pagã, passar cordas por cima dos caibros nos templos idólatras e pendurar todos os crentes pelas mãos até que se retratassem e negassem a fé na "religião dos estrangeiros".

Ora, Hsi era tão prático como espiritual, e levou o caso ao conhecimento das autoridades. Era novato na fé e não conhecia bem trechos das Escrituras como estes: "Não resistais ao mal" e "Minha é a vingança, eu recompensarei, diz o Senhor". Fez tão grande alvoroço perante o mandarim que este, para se ver livre do homem, mandou soldados para defenderem os crentes.

A perseguição, por isso, fracassou; o povo, assombrado da "religião dos estrangeiros", submeteu-se; e grandes multidões afluíram aos cultos. Contudo, Hsi, com o passar do tempo, sentia-se descontente; os crentes não se desenvolviam como ele esperava. As pequenas igrejas, apesar de todos os seus esforços para alimentá-las, não cresciam e, com qualquer perturbação, grande número de crentes se desviava da fé.

Entre os seus próprios escritos há um relato que mostra como, nesse tempo, Hsi viu seu erro e se deu à oração:

> Por causa das investidas de Satanás, dormimos, eu e minha esposa, durante o espaço de três anos, com a roupa que vestíamos de dia, a fim de melhor poder vigiar e orar. Às vezes, num lugar solitário, passávamos toda a noite orando, e o Espírito Santo descia sobre nós... Sempre cuidávamos de pensar, falar e nos comportar de modo a agradar ao Senhor, mas então reconhecíamos, como nunca, a nossa fraqueza; que de fato não éramos coisa alguma, e nos esforçávamos para saber a vontade de Deus.

Não há talvez maior prova de verdadeira conversão do que a influência sobre o próximo. Depois de Hsi procurar estar mais perto do Senhor, foi eleito chefe pelo povo do vilarejo onde morava, cargo que recusou de início porque não podia participar dos ritos no templo pagão. Mas esse fato foi previsto pelo povo, de modo que insistiram para que aceitasse a magistratura com a condição de ficar desobrigado de quaisquer solenidades que diziam respeito aos deuses. "É somente ele nos mandar e nós faremos", dizia a multidão. Porém quando Hsi recusou, a não ser que o povo cessasse todas as cerimônias pagãs e fechasse o seu templo, todos voltaram para casa.

Grande foi, pois, a surpresa quando, alguns dias depois, o povo voltou e concordou em fechar o templo. O erudito Hsi era o único entre eles liberto do ópio e capacitado para chefiar o povo.

O fervoroso crente, então, assumiu o cargo, como um serviço a ser feito perante o Senhor. Houve boa safra, bom êxito na parte financeira, e prevaleceram a paz e o contentamento. Foi reeleito para o segundo ano e para o terceiro. Mas quando reeleito para o quarto ano, recusou o cargo, insistindo em dizer que devia entregar todo o seu tempo na obra de evangelização, obra que aumentara grandemente. Quando o povo o elogiava pela boa maneira como servia a todos, ele respondia, com um sorriso: "Agora os ídolos por certo já morreram de fome e seria mais econômico se os não ressuscitássemos".

Foi uma lição prática e que perdurou por muito tempo.

O grande problema que o pastor Hsi tinha de enfrentar era o da salvação de um povo dado a fumar ópio. Devia haver um meio de libertar os infelizes escravos do desespero indescritível, porque o Filho de Deus veio com o alvo definido de procurar e salvar os perdidos.

Enquanto o pastor Hsi orava sobre esse problema, foi dirigido a converter a sua casa em abrigo e convidou para ajudá-lo um missionário que tinha um remédio para aliviar a ânsia dos viciados quando privados da droga. No início, somente dois dos interessados tinham a coragem de experimentar o tratamento; os outros freqüentavam o "abrigo", dia após dia, para verem o resultado.

Por fim, um dos pacientes, agonizante de corpo e mente, acordou os outros à meia-noite. Em resposta às orações, o Senhor, que é o mesmo ontem, hoje e para sempre, o aliviou imediatamente. O gozo do homem que fora liberto era tanto, que um após outro dos mais interessados solicitaram permissão para começar o tratamento imediatamente.

Nessa altura, faltou-lhes o remédio importado que usavam para diminuir os sofrimentos dos enfermos. Acerca disso, assim escreveu o fervoroso Hsi:

Em oração e jejum permaneci perante o Senhor, rogando que me mostrasse quais os ingredientes necessários e me fortalecesse e ajudasse a preparar as pílulas para aliviar os que sofriam.

Para distrair os pacientes e aproveitar o ensejo, o missionário ensinava-lhes hinos e passagens da Bíblia; realizava cultos duas vezes por dia e fazia os interessados repetir, hora após hora, trechos das Escrituras. Quando lhes faltava outro recurso, recorriam às pílulas preparadas pelo pastor Hsi, as quais faziam o mesmo efeito do remédio importado. Contudo, o fiel Hsi não confiava nas pílulas, nem as fabricava sem antes jejuar e orar. Costumava, ao fabricar as pílulas, passar o dia inteiro jejuando. Às vezes, de tarde, estando demasiadamente cansado para continuar de pé, saía para passar alguns minutos perante Deus. "Senhor, é a tua obra. Dá-me a tua força" era o seu pedido; e sempre voltava renovado, como se tivesse comido e descansado.

Um dos segredos do incrível êxito do pastor Hsi, na obra do abrigo, era a audácia do seu amor para com os infelicitados cativos do vício do ópio; amor que o levou a persistir e sacrificar tudo por eles. Quando caíam em alguma falta, ou mesmo tramavam para o derrubar, suportava tudo como somente o amor sabe suportar.

Quanto mais o pastor Hsi orava, tanto mais Deus aumentava a obra; e quanto mais crescia a obra, tanto mais ele sentia o anelo de orar. Em vez de ficar escravizado pelas inumeráveis obrigações, deliberadamente dedicava horas, e mesmo dias, freqüentemente em jejum, para orar perante o Senhor a fim de saber a sua vontade e receber da sua plenitude.

Certo dia, quando assim orava, o Senhor o impressionou profundamente acerca do povo da cidade de Chao-ch'eng, que vivia e morria sem saber o caminho da salvação. Mas como podia ele abrir outro abrigo em uma cidade da qual não conhecia os costumes? Como podia arranjar tempo? Porém, enquanto orava, o Senhor lhe disse: "Todo o poder me é dado". Mas como podia ir, sem recursos? Não possuía dinheiro suficiente para pagar a passagem até aquela cidade. Persistiu em orar, e o Senhor continuou a aplainar as dificuldades. "Dinheiro? Era de dinheiro que precisava para abrir os corações e ganhar almas? Se o Senhor chamava, não supriria Ele todo o necessário? Os muros de Jericó não caíram rentes ao chão, sem a intervenção de mãos humanas?..."

Assim, ao findar o ano de 1884, cinco anos depois da sua conversão, o pastor Hsi era o dirigente de uma obra que se estendia de Tengts'uen, ao sul de onde morava, até Chao-ch'eng sessenta quilômetros para o norte. Havia então oito abrigos e um bom número de congregações espalhadas entre eles.

Mas o pastor Hsi não podia conter-se. À distância de um dia de viagem, ainda mais ao norte, estava a grande cidade do Hoh-chau. Constrangido pelo amor de Deus, suplicava ao Senhor que o usasse para iniciar uma obra ali. Todos os dias orava insistentemente por Hoh-chau, no culto doméstico. Por fim, a senhora Hsi não mais se conteve e perguntou: "Já oramos durante tanto tempo; será que agora não convém agir?" "Por certo, se tivéssemos dinheiro!", respondeu seu marido.

No dia seguinte, o pastor Hsi, no culto doméstico, orou como de costume. Ao findar a reunião, a esposa, em vez de retirar-se, avançou e colocou um pacotinho sobre a mesa, dizendo: "Acho que o Senhor já respondeu às nossas súplicas".

Admirado e ignorando o que ela queria fazer, com aquele gesto, tomou o pacote da mesa. Continha algo pesado, embrulhado em várias tiras de papel, e dentro do papel um lenço. Ao abrir o lenço, encontrou os objetos mais prezados por uma senhora chinesa: anéis, pulseiras, brincos, grampos de ouro e de prata — objetos que lhe foram presenteados quando se casaram.

Com os olhos cheios de lágrimas, ele olhou para a esposa e notou, pela primeira vez, a diferença na sua aparência, sem os enfeites usados pelas mulheres casadas. Não havia mais aliança no dedo e, em vez dos enfeites de prata nos cabelos, viam-se as tranças seguras por fios de barbante!

Quando ele quis recusar a oferta, ela insistiu alegremente, dizendo: "Não faz mal. Posso dispensar essas coisas. Hoh-chau deve ter o Evangelho".

O pastor aceitou a oferta de sua esposa e sabia que ela representava profundo sacrifício. A doação foi suficiente para construir o abrigo, que logo se tornou um centro de luz e bênção na grande cidade.

Depois de abrir o trabalho em Hoh-chau, realizou-se uma convenção na qual foram batizados setenta dos novos convertidos. O poder de Deus era tal e a assistência tão grande às reuniões que foi necessário realizar os cultos ao ar livre, apesar das grandes chuvas. Como o evento se deu após um grande período de seca, os crentes não queriam orar ao Senhor para que retivesse a chuva.

Certo moço endemoninhado, do abrigo de Chao-ch'eng, assistiu a essa convenção. Quando o poder de Deus começou a cair no culto, ele se tornou violento, tentando destruir-se e ferir as pessoas que estavam em redor. Quando o pastor Hsi se aproximou, o moço deixou de gritar e de lutar; e os homens que o seguravam, disseram: "Ele está bom! Agora está bom! O espírito já saiu".

O pastor, contudo, não se enganou; pondo as mãos sobre a cabeça do moço, orou com instância, no nome de Jesus. Houve alívio imediato e, quando o pastor se retirou, o moço parecia completamente liberto.

Certo crente, comovido ao presenciar tudo isso, tirou 50 dólares do bolso e disse ao pastor: "Aceite isso; sei que as despesas da obra são grandes".

O pastor, surpreendido, aceitou o dinheiro, mas ao pensar sobre o caso, sentiu-se turbado; a importância era muito elevada e ele a aceitara sem pedir conselho ao Senhor. Retirou-se imediatamente para levar o caso a Deus.

Apenas tinha começado a orar, chegou um crente apressado. O endemoninhado estava mais violento do que nunca, e os homens não podiam segurá-lo.

Ao chegar o pastor à presença do moço, o espírito clamou: "Podes vir, mas não te temo mais. Parecias tão elevado como os céus, mas agora és baixo, vil e insignificante! Não tens mais poder para me domar!"

O pastor, reconhecendo que perdera a fé e o poder ao aceitar o dinheiro, dirigiu-se ao crente que lho dera, enquanto o infeliz endemoninhado blasfemava em alta voz. Devolveu toda a importância, explicando como, ao receber o dinheiro, perdera seu contato com Deus.

Depois, com as mãos vazias, mas com o coração cheio de gozo, voltou novamente para onde estava a multidão alvoroçada. O moço continuava furioso; o pastor, porém, estava em contato com o Mestre. Calmamente, e em nome de Jesus, ordenou ao espírito que se calasse e saísse. O moço deu um grito e foi lançado ao chão pelo demônio, onde ficou alguns minutos contorcendo-se em dores agonizantes. Então se levantou, com o corpo abatido, mas completamente liberto do espírito maligno.

Certo missionário escreveu o seguinte acerca de Hsi:

O pastor Hsi era perenemente alegre; servia ao próximo incansavelmente; tratava a todas as pessoas com a maior delicadeza. Nunca se comportou levianamente, nem desperdiçou o tempo em assuntos desnecessários. Ganhar almas era a paixão da sua vida... Era impossível estar com o pastor Hsi sem orar. Seu instinto em tudo era o de olhar para Deus. Muito antes de clarear o dia, ouvia-o, no seu quarto, orando e cantando horas a fio. A oração se parecia com a atmosfera em que vivia, e ele esperava e recebia de Deus as mais destacadas respostas.

Lembro-me de que, certa vez, quando viajava com ele, hospedamo-nos em uma pequena pensão. Foi procurado por uma mulher que tinha uma criança de colo enferma e que sofria muito. Homens e mulheres, em todos os lugares por onde passava, também o procuravam. Reconheciam que era homem de Deus e que podia socorrê-los. O pastor Hsi ficou em pé imediatamente, cumprimentou a mulher com o filhinho, tomou-o nos braços e orou pedindo a Deus que o curasse. A mulher, grandemente consolada, partiu. Algumas horas depois, vi o menino são, correndo e brincando. Tais acontecimentos eram comuns.

Nunca me esquecerei da convenção realizada em Ping-yang. Ao nos aproximarmos do local, durante a noite, ouvi os crentes chorando e orando em voz baixa. Ali estava o querido pastor Hsi juntamente com um grande número de irmãos, todos ajoelhados, clamando ao Senhor e suplicando que salvasse seus parentes e amigos... Acreditavam no poder da oração, e se dedicavam à intercessão...

Durante todo o inverno, o pastor Hsi esteve sob o poder do Espírito e transmitia esse poder ao próximo. Quando encontrava um auxiliar passando por alguma prova, jejuava, orava e impunha-lhe as mãos. O resultado era que, geralmente, os auxiliares recebiam o mesmo poder.

Nesse tempo, também havia grande falta de sujeição à Palavra de Deus. O pastor Hsi, porém, em tudo entregava-se à oração; no decorrer dos anos, tornou-se poderoso em expor as Escrituras.

A força e a resistência que Hsi manifestava sob provações físicas e mentais eram extraordinárias — recebia virtude de Deus para realizar a obra divina. Quando já velho, podia andar quarenta e cinco quilômetros de uma vez, e depois de jejuar por dois dias seguidos, podia ainda batizar cinqüenta pessoas sem descansar, e sem interrupção.

Por fim, com a idade de 60 anos, no meio da lida desta vida, Deus o chamou. Na mesma sala onde, antes da sua conversão, fumava ópio, passou alguns meses de cama, sem qualquer sofrimento, apenas com as forças quase completamente esgotadas. Na manhã do dia 19 de fevereiro de 1896, ao fechar os olhos aqui no mundo para ir estar na presença de seu Senhor, centenas de seus filhos na fé, que o amavam ardentemente, não puderam mais conter-se, rompendo em grande choro e fortes soluços.

Durante sua vida terrena entregou tudo ao Senhor. Para ele, não existia coisa demasiado preciosa que não pudesse usar para o seu Jesus. Não havia labor árduo demais, se pudesse ganhar uma alma pela qual seu Salvador morrera. Nunca encontrou "cruz" pesada, se pudesse levá-la por amor de Cristo. Jamais julgou o caminho difícil, tratando de seguir as pisadas de seu Mestre.

Assim o fiel pastor Hsi foi promovido para fazer serviço mais alto, mais sublime. Para estar em mais íntima ligação com Jesus.

A obra pioneira que deixou em Chao-ch'eng, Teng-ts'uen, Hoh-chau, T'ai-yuan, Ping-yang, e dezenas de outros lugares, é como pujante fortaleza e como resplandecente farol — dissipando as trevas do paganismo na China. Os abrigos e as igrejas fundados nesses lugares permanecem como imponente monumento à sua memória.

Dwight Lyman Moody

O Célebre Ganhador de Almas
(1837 — 1899)

Tudo aconteceu durante uma das famosas campanhas de Moody e Sankey para salvar almas. A noite de uma segunda-feira tinha sido reservada para um discurso dirigido aos materialistas. Carlos Bradlaugh, campeão do ceticismo, então no zênite da fama, ordenou que todos os membros dos clubes que fundara assistissem à reunião. Assim, cerca de 5 mil homens, resolvidos a dominar o culto, entraram e ocuparam todos os bancos.

Moody pregou sobre o texto: "A rocha deles não é como a nossa Rocha, sendo os nossos próprios inimigos os juízes" (Dt 32.31). Eis os detalhes desse interessante episódio, relatado em sua biografia:

Com uma rajada de incidentes relevantes e comoventes de suas experiências com pessoas presas ao leito de morte, Moody deixou que os homens julgassem por si mesmos quem tinha melhor alicerce sobre o qual deviam basear sua fé e esperança. Sem querer, muitos dos assistentes tinham lágrimas nos olhos. A grande massa de homens, demonstrando o mais negro e determinado desafio a Deus estampado nos seus rostos, encarou o contínuo ataque de Moody aos pontos mais vulneráveis, isto é, o coração e o lar.

Ao findar, Moody disse: "Levantemo-nos para cantar 'Oh! vinde vós aflitos!' e, enquanto o fazemos, os porteiros abram todas as portas para que possam sair todos os que quiserem. Depois faremos o culto, como de costume, para aqueles que desejarem aceitar o Salvador".

Uma das pessoas que assistiu a esse culto, disse: "Eu esperava que todos saíssem imediatamente, deixando o prédio vazio. Mas grande massa de 5 mil homens se levantou, cantou e assentou-se de novo; nenhum deles deixou seu assento!"

Moody então disse: "Quero explicar quatro palavras — recebei, crede, confiai, aceitai". Um grande sorriso passou de um a outro em todo aquele mar de rostos. Depois de falar um pouco sobre a palavra "recebei", fez um apelo: "Quem quer recebê-lo? É somente dizer: Quero". Cerca de cinqüenta dos que estavam em pé e encostados às paredes responderam: "Quero", mas nenhum dos que estavam sentados. Um homem exclamou: "Eu não posso". Ao que Moody replicou: "Falou bem e com razão, amigo; foi bom ter falado. Escute e depois poderá dizer: Eu posso". Moody então explicou o sentido da palavra "crer" e fez o segundo apelo: "Quem dirá: Quero crer nele"? De novo alguns dos homens que estavam em pé responderam, aceitando, mas um dos dirigentes de um clube, bradou: "Eu não quero!" Moody, vencido pela ternura e compaixão, respondeu com voz quebrantada: "Todos os homens que estão aqui esta noite têm de dizer: Eu quero ou Eu não quero".

Então, levou todos a considerarem a história do filho pródigo, dizendo: "A batalha é sobre o querer, só sobre o querer. Quando o filho pródigo disse: "Levantar-me-ei", a luta havia sido ganha, porque alcançara o domínio sobre a sua própria vontade. É com referência a este ponto que depende tudo hoje. Senhores, tendes aí em vosso meio o vosso campeão, o amigo que disse: "Eu não quero". Desejo que todos aqui, que acreditam que esse campeão tem razão, levantem-se e sigam o seu exemplo, dizendo: "Eu não quero". Todos ficaram quietos. Houve grande silêncio até que, por fim, Moody interrompeu, dizendo: "Graças a Deus! Ninguém disse: 'Eu não quero'. Agora quem dirá: "Eu quero"? Instantaneamente, parece que o Espírito Santo tomou conta do grande auditório de inimigos de Jesus Cristo, e cerca de quinhentos homens puseram-se de pé, as lágrimas rolando pelas faces, e gritando: "Eu quero! Eu quero!" Clamaram até que todo o ambiente se transformou. A batalha foi ganha.

O culto terminou sem demora, para que se começasse a obra entre aqueles que estavam desejosos de salvação. Em oito dias, cerca de 2 mil foram transferidos das fileiras do inimigo para o exército do Senhor, pela rendição da vontade. Os anos que se seguiram provaram a firmeza da obra, pois os clubes nunca se ergueram. Deus, na sua misericórdia e poder, os aniquilou por seu Evangelho.

Um total de 500 mil preciosas almas ganhas para Cristo é o cálculo da colheita que Deus fez por intermédio de seu humilde servo, Dwight Lyman Moody. R. A. Torrey, que o conheceu intimamente, considerava-o, com razão, o maior homem do século XIX, isto é, o homem mais usado por Deus para ganhar almas.

Não é exagero dizer que, hoje em dia, muitas décadas depois de sua morte, os crentes se referem ao seu nome mais do que a qualquer outro nome depois dos tempos dos apóstolos.

Que ninguém julgue, contudo, que D. L. Moody era grande em si mesmo ou que tinha oportunidades que os demais não têm. Seus antepassados eram apenas lavradores que viveram por sete gerações, ou duzentos anos, no vale do Connecticut, nos Estados Unidos. Dwight nasceu a 5 de fevereiro de 1837, de pais pobres, o sexto entre nove filhos. Quando era ainda pequeno, seu pai faleceu e os credores tomaram conta do que ficou, deixando a família destituída de tudo, até da lenha para aquecer a casa em tempo de intenso frio.

Não há história que comova e inspire tanto quanto a daqueles anos de luta da viúva, mãe de Dwight. Poucos meses depois da morte de seu marido, nasceram-lhe gêmeos, e o filho mais velho tinha apenas 12 anos. O conselho de todos os parentes foi que ela entregasse a prole para outros criarem. Mas com invencível coragem e santa dedicação a seus filhos, ela conseguiu criar todos os nove no próprio lar.

Guarda-se ainda, como tesouro precioso, sua Bíblia com as palavras de Jeremias 49.11 sublinhadas: "Deixa os teus órfãos, eu os conservarei em vida; e confiem em mim tuas viúvas".

Pode-se esperar outra coisa a não ser que os filhos ficassem ligados à mãe e que crescessem para se tornarem homens e mulheres que conhecessem o mesmo Deus que ela conhecia? Assim se expressou Dwight, ao lado do ataúde de sua mãe, quando ela faleceu com a idade de 90 anos:

Se posso conter-me, quero dizer algumas palavras. É grande honra ser filho de uma mãe como ela. Já viajei muito, mas nunca encontrei alguém como ela. Ligava a si seus filhos de tal maneira que representava um grande sacrifício para qualquer deles afastar-se do lar. Durante o primeiro ano, depois que meu pai faleceu, ela adormecia todas as noites chorando. Contudo, estava sempre alegre e animada na presença dos filhos. As saudades serviam para chegá-la mais perto de Deus. Muitas vezes eu me acordava e ela estava orando; às vezes, chorando. Não posso expressar a metade do que desejo dizer. Aquele rosto, como é querido!
Durante cinqüenta anos não senti gozo maior do que o gozo de voltar à casa. Quando estava ainda a setenta e cinco quilômetros de distância, já me sentia tão inquieto e desejoso de chegar que me levantava do assento para passear pelo carro até o trem chegar à estação... Se chegava depois de anoitecer, sempre olhava para ver a luz na janela da minha mãe.
Senti-me tão feliz esta vez por chegar a tempo de ela ainda me reconhecer! Perguntei-lhe: "Mãe, me conhece?" Ela respondeu: "Ora, se eu te conheço!" Aqui está a sua Bíblia, assim gasta, porque é a Bíblia do lar; tudo que ela tinha de bom veio deste livro, e foi dele que nos ensinou. Se minha mãe foi uma bênção para o mundo é porque bebia desta fonte. A luz da viúva brilhou do outeiro durante cinqüenta anos. Que Deus a abençoe, mãe; ainda a amamos! Adeus, por um pouco, mãe!

Ao contemplar o êxito de Dwight L. Moody, somos constrangidos a acrescentar: Quem pode calcular as possibilidades de um filho criado num lar onde os pais amam sinceramente ao Pai celestial a ponto de chamar diariamente todos os filhos para escutarem a sua voz na leitura da Bíblia e reverentemente clamarem a Ele em oração?

Todos os filhos da viúva Moody assistiam aos cultos nos domingos e levavam merenda para passar o dia inteiro na igreja. Tinham de ouvir dois prolongados sermões e, no intervalo, assistir à Escola Dominical. Dwight, depois de trabalhar a semana inteira, achava que sua mãe exigia demais, obrigando-o a assistir aos sermões, os quais não compreendia. Mas, por fim, chegou a ser agradecido a essa boa mãe pela dedicação nesse sentido.

Com a idade de 17 anos, Moody saiu de casa para trabalhar na cidade de Boston, onde achou emprego na sapataria de um tio seu. Continuou a assistir aos cultos, mas ainda não era salvo.

Notai bem, os que vos dedicais à obra de ganhar almas: não foi num culto que Dwight Moody foi levado ao Salvador. Seu professor de Escola Dominical, Eduardo Kimball, conta:

> Resolvi falar-lhe acerca de Cristo e de sua alma. Vacilei um pouco em entrar na sapataria, não queria embaraçar o moço durante as horas de serviço. Por fim, entrei, resolvido a falar sem mais demora. Achei Moody nos fundos da loja, embrulhando calçados. Aproximei-me logo dele e, colocando a mão sobre seu ombro, fiz o que depois parecia-me um apelo fraco, um convite para aceitar a Cristo. Não me lembro do que eu disse, nem mesmo Moody podia lembrar-se, alguns anos depois. Simplesmente falei do amor de Cristo para com ele, e o amor que Cristo esperava dele, de volta. Parecia-me que o moço estava pronto para receber a luz que o iluminou naquele momento e, lá nos fundos da sapataria, entregou-se a Cristo.

Na história dos crentes, através dos séculos, não há crente que fosse, no zelo, menos remisso e, no espírito, mais fervoroso em servir ao Senhor, desde a conversão até o dia da morte, do que Moody de Northfield. Quantas vezes depois, o senhor Kimball dava graças a Deus por não ter sido desobediente à visão celestial! Qual teria sido o resultado se não tivesse falado ao moço naquela manhã na sapataria?!

Era costume das igrejas daquela época alugarem os assentos. Moody, logo depois da sua conversão, transbordando de amor para com seu Salvador, pagou o aluguel de um banco, percorrendo as ruas, hotéis e casas de pensão à procura de homens e meninos que pudessem enchê-lo em todos os cultos. Depois alugou mais um, depois outro, até conseguir encher quatro bancos, todos os domingos. Mas isso não era suficiente para satisfazer o amor que sentia para com os perdidos.

Certo domingo, visitou uma Escola Dominical em outra rua. Pediu permissão para ensinar também a uma classe. O dirigente respondeu: "Há doze professores e dezesseis alunos, porém o senhor pode ensinar todos os alunos que conseguir trazer à escola". Foi grande a surpresa de todos quando Moody, no domingo seguinte, entrou com dezoito meninos da rua, sem chapéu, descalços e de roupa suja e esfarrapada, mas, como ele disse: "Todos com uma alma para ser salva". Continuou a levar cada vez mais alunos à escola até que, alguns domingos depois, no prédio não cabiam mais; então resolveu abrir outra escola em outra parte da cidade. Moody não ensinava, mas arranjava professores, providenciava o pagamento do aluguel e de outras despesas. Em poucos meses essa escola veio a ser a maior da cidade de Chicago. Não julgando conveniente pagar outros para trabalhar no domingo, Moody, cedo, pela manhã, tirava as pipas de cerveja (outros ocupavam o prédio durante a semana), varria e preparava tudo para o funcionamento da escola. Depois, então, saía para convidar alunos. Às 14 horas, quando voltava de fazer os convites, achava o prédio repleto de alunos.

Depois de findar as aulas na escola, ele visitava os ausentes e convidava cada aluno para ouvir a pregação, à noite. No apelo, após o sermão, os interessados eram convidados a ficar para um culto especial, no qual tratavam individualmente com todos. Moody também participava nessa colheita de almas.

Antes de findar o ano, seiscentos alunos, em média, assistiam à Escola Dominical, divididos em 80 classes. Em seguida, a assistência subiu a mil e, às vezes, ia a 1.500.

O êxito de Moody na Escola Dominical atraiu a atenção de outros que se interessavam pelo mesmo trabalho. De vez em quando era convidado a participar das grandes convenções das Escolas Dominicais. Certa vez, depois de Moody haver falado numa convenção, um orador censurou-o severamente por não saber dirigir-se a um auditório. Moody foi para a frente e, depois de explicar que reconhecia não ser instruído, agradeceu ao ministro por ter mostrado seus defeitos e pediu-lhe que orasse a Deus para que o ajudasse a fazer o melhor que pudesse.

Ao mesmo tempo que Moody se aplicava à Escola Dominical com tais resultados, esforçava-se também no comércio, todos os dias. O grande alvo da sua vida era vir a ser um dos principais comerciantes do mundo, um multimilionário. Não tinha mais de 23 anos e já havia conseguido juntar 7 mil dólares! Mas seu Salvador tinha um plano ainda mais nobre para seu servo.

Certo dia, um dos professores da Escola Dominical entrou na sapataria onde Moody negociava. Informou-o de que estava tuberculoso e que, desenganado pelo médico, resolvera voltar para Nova York e aguardar a morte. Confessou-se muito perturbado, não porque tinha de morrer, mas porque até então não conseguira levar ao Salvador nenhuma das moças da sua classe de Escola Dominical. Moody, profundamente comovido, sugeriu que visitassem juntos as moças em suas casas, uma por uma. Ao visitarem uma, o professor falou-lhe seriamente acerca da salvação da sua alma. A moça deixou seu espírito leviano e começou a chorar, entregando-se ao Salvador. Todas as outras moças que foram visitadas naquele dia fizeram o mesmo.

Passados dez dias, o professor foi novamente à sapataria. Com grande gozo informou a Moody que todas as moças se haviam entregado a Cristo. Resolveram então convidar todas para um culto de oração e despedida na véspera da partida do professor para Nova York. Todos se ajoelharam e Moody, depois de fazer uma oração, estava para se levantar quando uma das moças começou, também, a orar. Todos oraram, suplicando a Deus em favor do professor. Ao sair, Moody suplicou: "Ó Deus, permite-me morrer antes de perder a bênção que recebi hoje aqui!"

Moody, mais tarde, confessou:

> Eu não sabia o preço que tinha de pagar, como resultado de haver participado na evangelização individual das moças. Perdi todo o jeito de negociar; não tinha mais interesse no comércio. Experimentara um outro mundo e não mais queria ganhar dinheiro... Oh! delícia, a de levar uma alma das trevas deste mundo à gloriosa luz e liberdade do Evangelho!

Então, não muito depois de casar-se, com a idade de 24 anos, Moody deixou um bom emprego cujo salário era de 5 mil dólares por ano, um salário fabuloso naquele tempo, para trabalhar todos os dias no serviço de Cristo, sem ter promessa de receber um único cêntimo. Depois de tomar essa resolução, apressou-se a ir à firma B. F. Jacobs & Cia., onde, muito comovido, anunciou:
— Já resolvi empregar todo o meu tempo no serviço de Deus!
— Como vai manter-se?
— Ora, Deus me suprirá de tudo, se Ele quiser que eu continue; e continuarei até ser obrigado a desistir.
É muito interessante notar o que ele escreveu não muito depois, a seu irmão Samuel:

Caro irmão,
as horas mais alegres que já experimentei na terra foram as que passei na obra da Escola Dominical. Samuel, arranja uma classe de moços perdidos, leva-os à Escola Dominical, pede a Deus sabedoria e instrui-os no caminho da vida eterna!

Ao mesmo tempo em que Moody descrevia a sua alegria, foi obrigado a deixar a pensão, a alimentar-se mais simplesmente e a dormir num dos bancos do salão.
Acerca de seu desprendimento ao dinheiro, R. A. Torrey fez esta observação:

Ele [Moody] disse-me que, se tivesse aceitado lucros provenientes da venda dos hinários por ele publicados, eles somariam um milhão de dólares. Porém, Moody recusou-se a tocar naquele dinheiro, embora por direito fosse seu...
Numa certa cidade visitada por Moody nos últimos dias de sua vida, estando eu em sua companhia, foi publicamente anunciado que ele não aceitaria qualquer recompensa por seus serviços. O fato era que ele quase não tinha outros meios de sustento senão aquilo que recebia nas suas conferências. Todavia, não comentou o anúncio feito, mas saiu daquela cidade sem receber um centavo sequer pelo seu árduo trabalho; e parece-me que foi ele mesmo quem pagou sua conta no hotel onde se hospedara.

A parte da biografia de D. L. Moody que trata dos primeiros anos do seu ministério está repleta de proezas feitas na carne. Mencionamos aqui apenas uma, isto é, o fato de Moody ter feito duzentas visitas em um só dia. Ele mesmo, mais tarde, se referia àqueles anos como uma manifestação de "zelo, mas sem entendimento", acrescentando: "Há, contudo, muito mais esperança para o homem com zelo e sem entendimento do que para o homem de entendimento sem zelo".

Rompeu a tremenda Guerra Civil e Moody chegou com os primeiros soldados ao acampamento militar, onde armou uma grande tenda para os cultos. Depois juntou dinheiro e levantou um templo onde dirigiu 1.500 cultos durante a guerra. Uma pessoa que o conhecia assim comentou sua ação:

> Moody precisa estar constantemente em todos os lugares, dia e noite, nos domingos e em todos os dias da semana; orando, exortando, tratando com os soldados acerca das suas almas, regozijando-se nas oportunidades abundantes de trabalhar no grande fruto ao seu alcance por causa da guerra.

Depois de findar a guerra, dirigiu uma campanha para levantar em Chicago um prédio para os cultos, com capacidade para 3 mil pessoas. Quando, mais tarde, esse edifício foi destruído por um incêndio, ele e dois outros iniciaram nova campanha, antes de os escombros haverem esfriado, para levantar novo edifício. Trata-se do Farwell Hall II, que se tornou um grande centro religioso em Chicago. O segredo desse êxito foram os cultos de oração que se realizavam diariamente, ao meio-dia, precedidos por uma hora de oração de Moody, escondido no vão debaixo da escada.

No meio desses grandes esforços, Moody resolveu, inesperadamente, fazer uma visita à Inglaterra.

Em Londres, antes de tudo, foi ouvir Spurgeon pregar no Metropolitan Tabernacle. Já tinha lido muito do que "o príncipe dos pregadores" escrevera, mas ali pôde verificar que a grande obra não era de Spurgeon, mas de Deus, e saiu de lá com uma outra visão.

Visitou Jorge Müller e o orfanato em Bristol. Desde aquele tempo, a *Autobiografia de Müller* exerceu tanta influência sobre ele como já o tinha feito *O Peregrino*, de Bunyan.

Entretanto, nessa viagem, o que levou Moody a buscar definitivamente uma experiência mais profunda com Cristo foram as palavras proferidas por um grande ganhador de almas de Dubim, Henrique Varley: "O mundo ainda não viu o que Deus fará com, para, e pelo homem inteiramente a Ele entregue". Moody disse consigo mesmo: "Ele não disse por um grande homem, nem por um sábio, nem por um rico, nem por um eloqüente, nem por um inteligente, mas simplesmente por um homem. Eu sou um homem, e cabe ao homem mesmo resolver se deseja ou não consagrar-se assim. Estou resolvido a fazer todo o possível para ser esse homem". Apesar de tudo isso, Moody, depois de voltar à América, continuava a se esforçar e a empregar métodos naturais. Foi nessa época que a cidade de Chicago foi reduzida a cinzas no pavoroso incêndio de 1871.

Na noite em que teve início a tragédia, Moody pregou sobre este tema: "Que farei, então, de Jesus, chamado Cristo?" Ao concluir seu sermão, ele disse ao auditório, o maior a que pregara em Chicago: "Quero que leveis esse texto para casa e nele mediteis bem durante a semana. No domingo vindouro iremos ao Calvário e à cruz e resolveremos o que faremos de Jesus de Nazaré".

Moody declarou mais tarde:

Como errei! Não me atrevo mais a conceder uma semana de prazo ao perdido para decidir sobre a salvação. Se se perderem serão capazes de se levantar contra mim no dia do juízo. Lembro-me bem de como Sankey cantou e como sua voz soou quando chegou à estrofe de apelo:
O Salvador chama para o refúgio
Rompe a tempestade, breve vem a morte.
Nunca mais vi aquele auditório. Ainda hoje desejo chorar... Prefiro ter a mão direita decepada a conceder ao auditório uma semana para decidir o que fará de Jesus. Muitos me censuram dizendo: "Moody, o senhor quer que o povo se decida imediatamente. Por que não lhe dá tempo para consultar?"
Tenho pedido a Deus muitas vezes que me perdoe por ter dito naquela noite que podiam passar oito dias para considerar. Se Ele poupar minha vida não o farei de novo.

O grande incêndio rugiu e ameaçou durante quatro dias, consumindo Farwell Hall, o templo de Moody e a sua própria residência. Os membros da igreja foram todos dispersos. Moody reconheceu que a mão de Deus o castigara para o ensinar, e isso tornou-se para ele motivo de grande regozijo.

Foi a Nova York a fim de granjear dinheiro para os flagelados do sinistro. Acerca do que se passou, ele mesmo escreveu:

> Não sentia o desejo no coração de solicitar dinheiro. Todo o tempo eu clamava a Deus pedindo que me enchesse do seu Espírito. Então, certo dia, na cidade de Nova York — ah! que dia! Não posso descrevê-lo, nem quero falar no assunto; é experiência quase sagrada demais para ser mencionada. O apóstolo Paulo teve uma experiência acerca da qual não falou por catorze anos. Posso apenas dizer que Deus se revelou a mim e tive uma experiência tão grande do seu amor que tive de rogar-lhe que retirasse de mim sua mão.
>
> Voltei a pregar. Os sermões não eram diferentes; não apresentei outras verdades. Contudo, centenas se converteram. Não quero voltar para viver de novo como vivi outrora, nem que eu pudesse possuir o mundo inteiro.

Acerca dessa experiência, um de seus biógrafos acrescentou:

> O Moody que andava na rua parecia outro. Nunca jamais bebera mosto, mas então conhecia a diferença entre o júbilo que Deus dá e o falso júbilo de Satanás. Enquanto andava, parecia-lhe que um pé dizia a cada passo "Glória!", e o outro respondia "Aleluia!" O pregador rompeu em soluços, balbuciando: "Ó Deus, constrange-nos a andar perto de ti para todo o sempre".

Sobre o mesmo acontecimento, ainda outro escreveu o seguinte:

> O fruto da sua pregação tinha sido pequeno. Angustiado em espírito, ele andava pelas ruas da grande cidade, de noite, orando: "Ó Deus, unge-me com teu Espírito!" Deus ouviu e concedeu-lhe lá mesmo, na rua, aquilo por que rogava. Sua vida anterior era como se experimentasse puxar água dum poço que parecia seco. Fazia funcionar a bomba com toda a força,

mas tirava muito pouca água. Agora Deus fez sua alma como um poço artesiano, onde nunca falta água. Assim chegou a compreender o que significam as palavras: "A água que eu lhe der, virá a ser nele uma fonte de água que mana para a vida eterna".

O Senhor supriu dinheiro para Moody construir um edifício provisório para realizar os cultos em Chicago. Era de madeira rústica, forrada de papel grosso para evitar o frio; o teto era sustentado por fileiras de estacas colocadas no centro. Nesse templo provisório realizaram-se os cultos, durante três anos, no meio de um deserto de cinzas. A maior parte do trabalho de construção fora feita pelos membros que moravam em ranchos ou mesmo em lugares escavados por debaixo das calçadas das ruas. Ao primeiro culto assistiram mais de mil crianças, com seus respectivos pais!

Esse templo provisório serviu de morada para Moody e Sankey, seu evangelista-cantor. Eram tão pobres como os outros em redor, mas tão cheios de esperança e gozo que conseguiram levar muitos a Cristo e se tornarem ricos, apesar de nada possuírem. Onda após onda de avivamento passou sobre o povo. Os cultos continuavam dia e noite, quase sem cessar, durante alguns meses. Multidões choravam seus pecados, às vezes dias inteiros, e, no dia seguinte, perdoados, clamavam e louvavam em gratidão a Deus. Homens e mulheres até então desanimados participavam do gozo transbordante de Moody, transformado pelo batismo no Espírito Santo.

Não muito depois de haver construído o templo permanente (com assentos para 2 mil pessoas, e sem endividar-se), Moody fez a sua segunda viagem à Inglaterra. Nos primeiros cultos que realizou nesse país, encontrou igrejas frias, com pouca assistência, e o povo sem interesse nas suas mensagens. Mas a unção do Espírito, que Moody recebera nas ruas de Nova York, ainda permanecia na sua alma, e Deus o usou como seu instrumento para um avivamento mundial.

Não desejava métodos sensacionais, mas usou os mesmos métodos humildes até o fim da vida: sermão dirigido direto aos ouvintes; aplicação prática da mensagem do Evangelho à necessidade individual; solos cantados sob a unção do Espírito; apelo para que o perdido se entregasse imediatamente; uma sala ao lado, para onde levava os que se achavam em "dificuldades" em aceitar a Cristo; estímulo a que os salvos trabalhassem entre os "interessados" e recém-convertidos; uma hora de oração ao meio-dia, diariamente, e cultos que duravam dias inteiros.

O próprio Moody afirmou:

> Se estamos cheios do Espírito, e de poder, um dia de serviço com poder vale mais do que um ano de serviço sem esse poder.
> Se estamos cheios do Espírito, ungidos, nossas palavras alcançarão os corações do povo.

Na Inglaterra, as cidades de York, Senderland, Bishop, Auckland, Carlisle e Newcastle foram vivificadas como nos dias de Whitefield e Wesley. Na Escócia, em Edimburgo, os cultos se realizaram no maior edifício, e "a cidade inteira ficou comovida". Em Glasgow, a obra começou com uma reunião de professores da Escola Dominical, à qual assistiram mais de 3 mil pessoas. O culto da noite foi anunciado para as 18h30, mas muito antes da hora marcada, o grande edifício ficou repleto, e a multidão que não pôde entrar foi levada para as quatro igrejas mais próximas. Essa série de cultos transformou radicalmente a vida diária do povo. Na última noite, Sankey cantou para 7 mil ouvintes que estavam dentro do edifício, e Moody, sem poder entrar no auditório, subiu numa carruagem e pregou para as 20 mil pessoas que se achavam congregadas do lado de fora. O coral cantou os hinos de cima de um galpão. Em um só culto, mais de 2 mil pessoas responderam ao apelo para se entregarem definitivamente a Cristo.

Durante o verão, pregou em Aberdeen, Montrose, Brechin, Forfar, Huntley, Inverness, Arbroath, Fairn, Nairn, Elgin, Ferres, Grantown, Keith, Rothesay e Campbeltown; muitos milhares assistiam a todos os cultos.

Na Irlanda, Moody pregou nos maiores centros com os mesmos resultados, como na Inglaterra e Escócia. Os cultos em Belfast continuaram durante quarenta dias. O último culto foi reservado para os recém-convertidos, que só podiam ter ingresso por meio de bilhetes, concedidos gratuitamente. A essa reunião estiveram presentes 2.300 pessoas. Belfast fora o centro de vários avivamentos, mas todos concordam em que nunca houvera um avivamento antes desse com resultados tão permanentes.

Depois da campanha na Irlanda, Moody e Sankey voltaram à Inglaterra e dirigiram cultos inesquecíveis em Shefield, Manchester, Birmingham e Liverpool. Durante muitos meses, os maiores edifícios dessas cidades ficaram superlotados de multidões desejosas de ouvir a apresentação clara e ousada do Evangelho por um homem livre de todo interesse e ostentação. O poder do Espírito manifestou-se em todos os cultos, produzindo resultados que permanecem até hoje.

O itinerário de Moody e Sankey na Europa findou-se após quatro meses de cultos em Londres. Moody pregava alternadamente em cinco centros, e em cada um deles foram realizados sessenta cultos, com exceção de Vitória Hall (45 cultos). Os números da assistência nos servem para compreender algo da grandeza dessa obra durante esse período: Agricultural Hall — 720 mil pessoas; Bow Road Hall — 600 mil presentes; Camberwell Hall — 480 mil; Haymarket Opera House — 330 mil ouvintes; e Vitória Hall — 400 mil.

Vale acrescentar aqui o seguinte: "As diferenças entre as denominações quase desapareceram. Pregadores de todas as igrejas cooperavam numa plataforma comum para a salvação dos perdidos. Abriram-se de novo as Bíblias e houve um grande interesse pelo estudo da Palavra de Deus".

Quando Moody saiu dos Estados Unidos, em 1873, era conhecido apenas em alguns estados, e tinha fama apenas como obreiro da Escola Dominical e da Associação Cristã de Moços. Mas quando voltou da campanha na Inglaterra, em 1875, já era conhecido como o mais famoso pregador do mundo. Contudo, continuou o mesmo humilde servo de Deus. Foi assim que uma pessoa que o conhecia intimamente descreveu sua personalidade:

Creio que era a pessoa mais humilde que jamais conheci... Ele não fingia humildade. No íntimo do seu coração rebaixava-se a si mesmo e superestimava os outros. Ele engrandecia outros homens, e, sempre que possível, arranjava para que eles pregassem. Fazia tudo para não aparecer.

Ao chegar novamente aos Estados Unidos, Moody recebeu convites para pregar, vindos de todas as partes do país. Sua primeira campanha (em Brooklyn) foi um modelo para todas as outras. As denominações cooperavam — alugaram um prédio que comportava 3 mil pessoas. O resultado foi uma grande e permanente obra.

Durante um período de vinte anos, ele dirigiu campanhas com grandes resultados nas maiores cidades dos Estados Unidos, Canadá e México. Em diversos lugares, as campanhas duraram até seis meses. Em todos os lugares, Moody proclamava clara e praticamente a mensagem do Evangelho.

Em suas campanhas, havia ocasiões que eram realmente dramáticas. Em Chicago, o Circo Forepaugh, com uma tenda de lona que abrigava 10 mil pessoas sentadas e outras 10 mil em pé, anunciou espetáculos para dois domingos. Moody alugou a tenda para realizar cultos pela manhã — os donos achando muita graça em tal tentativa. Mas no primeiro culto a tenda ficou repleta. Foram tão poucos os que assistiram aos shows do circo à tarde, que os donos resolveram não fazer sessão no segundo domingo. Entretanto, o culto evangelístico realizou-se sob a lona no segundo domingo. O calor era tanto que dava a impressão de matar a todos, porém cerca de 18 mil pessoas ficaram em pé, banhados em suor e esquecidos do calor. No silêncio que reinava durante a pregação de Moody, o poder desceu e centenas foram salvos. Acerca de um desses cultos, certo assistente deu estas impressões:

> Nunca jamais me esquecerei de certo sermão que Moody pregou. Foi no Circo de Forepaugh durante a Exposição Mundial. Estavam presentes cerca de 18 mil pessoas, de todas as classes e de todas as qualificações. O texto do sermão foi: "Pois o Filho do Homem veio buscar e salvar o que se havia perdido". Grandiosa era a unção do pregador; parecia estar em íntimo contato com todos os corações daquela massa de gente. Moody disse repetidamente: "Pois o Filho do Homem veio; veio hoje ao Circo Forepaugh para procurar e salvar o que se perdera". Escrito e impresso, parecia um sermão comum, mas as suas palavras, pela santa unção que lhe sobreveio, tornaram-se palavras de espírito e de vida.

Durante a Exposição Mundial, no dia designado em honra de Chicago, todos os teatros da cidade fecharam porque se esperava que todo o mundo fosse à Exposição, a seis quilômetros de distância. Porém, Moody alugou o Central Music Hall, e R. A. Torrey testificou que a assistência era tão grande, que ele só conseguiu entrar por uma janela dos fundos do prédio. Os cultos de Moody continuaram tão concorridos que a Exposição Mundial teve de deixar de funcionar aos domingos, por falta de assistência.

Henrique Moorehouse, pregador escocês, dá a seguinte opinião acerca de Moody e seus discursos:

1) Crê firmemente que o Evangelho salva os pecadores quando eles crêem e confiam na história simples do Salvador crucificado e ressuscitado.
2) Espera a salvação de almas, quando prega, e o resultado é que Deus honra a sua fé.
3) Prega como se jamais fosse realizar outro culto, e como se os pecadores nunca mais tivessem a oportunidade de ouvir o som do Evangelho. Seus apelos à decisão "agora mesmo" são comoventes.
4) Consegue levar os crentes a trabalhar com os interessados depois do sermão. Insiste em que perguntem aos que estão assentados ao lado se são salvos ou não. Tudo na sua obra é muito simples. Aconselho os obreiros da seara do Senhor a aprenderem de nosso amado irmão algumas lições preciosas sobre a tarefa de ganhar almas.

O doutor Dale se pronunciou desta forma:

Acerca do poder de Moody, acho difícil falar. É tão real e ao mesmo tempo tão diferente do poder dos demais pregadores, que não sei descrevê-lo. Sua realidade é inegável. Um homem que pode cativar o interesse de um auditório de 3 a 6 mil pessoas, por meia hora, de manhã, por quarenta minutos, de novo, ao meio-dia, e de um terceiro auditório, de 13 a 15 mil, durante quarenta minutos, à noite, deve ter um poder extraordinário.

Acerca desse poder maravilhoso, Torrey também testificou:

Várias vezes tenho ouvido diversas pessoas dizerem que viajaram grandes distâncias para ver e ouvir D. L. Moody, e que ele, de fato, é um maravilhoso pregador. Sim, ele era em verdade um maravilhoso pregador. Considerando tudo, o mais maravilhoso que eu jamais ouvi; era grande o privilégio de ouvi-lo pregar, como só ele sabia pregar. Contudo, conhecendo-o intimamente, quero testificar que Moody era maior como *intercessor* do que como pregador. Enfrentando obstáculos aparentemente invencíveis, ele sabia vencer todas as dificuldades. Sabia, e cria no mais profundo de sua alma, que não havia nada demasiadamente difícil para Deus fazer, e que a oração podia conseguir tudo o que Deus pudesse realizar. (Grifo do autor)

Certo dia, na sua grande campanha em Londres, Moody estava pregando num teatro repleto de pessoas da alta sociedade, e entre elas havia um membro da família real. Moody levantou-se e leu Lucas 4.27: "E havia muitos leprosos em Israel no tempo do profeta Eliseu..." Ao chegar à palavra "Eliseu", ele não a podia pronunciar, e começou a gaguejar e balbuciar. Começou a ler o versículo de novo, mas de novo não podia passar adiante. Experimentou a terceira vez e falhou pela terceira vez. Então fechou o Livro e, muito comovido, olhou para cima, dizendo: "Ó Deus! use esta língua de gago para proclamar Cristo crucificado a este povo!" Desceu sobre ele o poder de Deus a ponto de derramar sua alma em tal torrente de palavras que o auditório inteiro ficou como que derretido pelo fogo divino.

Foi durante essa segunda visita às Ilhas Britânicas que realizou a sua obra entre os homens das célebres universidades Oxford e Cambridge. É uma história, muitas vezes repetida, de como ele, sem instrução, mas com a graça de Deus e diplomacia, venceu a censura e fez entre os intelectuais o que alguns consideram a maior obra da sua vida.

Apesar de Moody não ter instrução acadêmica, reconhecia o grande valor da educação e sempre aconselhava a mocidade a se preparar para manejar bem a Palavra de Deus. Reconhecia a grande vantagem da instrução também para os que pregam no poder do Espírito Santo. Existem ainda hoje três grandes monumentos às suas convicções nesse ponto — as três escolas que ele fundou: o Instituto Bíblico em Chicago, com 38 prédios e 16 mil alunos matriculados nas aulas diurnas, noturnas e em cursos por correspondência; o Northfield Seminary, com quatrocentos e noventa alunos, e a Escola Bíblica Monte Hermom, com quinhentos alunos.

Entretanto, ninguém se engane, como alguns desses alunos e como diversos crentes entre nós, pensando que o grande poder de Moody era mais intelectual do que espiritual. Sobre esse ponto, ele mesmo falava com ênfase.

Para maior clareza, citamos o seguinte trecho de seus *Short Talks*:

> Não conheço coisa mais importante que a América precise do que de homens e mulheres inflamados com o fogo do céu. Nunca encontrei um homem, ou uma mulher, inflamados com o Espírito de Deus que fracassassem. Creio que isso seja mesmo impossível; tais pessoas nunca se sentem desanimadas. Avançam mais e mais e se animam mais e mais. Amados, se não tendes essa iluminação, resolvei adquiri-la, e orai: "Ó Deus, ilumina-me com o teu Espírito Santo!"

Nos registros de R. A. Torrey podemos ver nitidamente como era o espírito dessas escolas que fundou:

> Moody costumava escrever-me antes de iniciar uma nova campanha, dizendo: "Pretendo dar início ao trabalho no lugar tal, e em tal dia. Peço-lhe que convoque os estudantes para um dia de jejum e oração". Eu lia essas cartas aos estudantes e lhes dizia: "Moody deseja que tenhamos um dia de jejum e oração para pedir, primeiramente, as bênçãos divinas sobre nossas próprias almas e nosso trabalho!" Muitas vezes ficávamos ali na sala de aula até alta noite — ou mesmo até a madrugada — clamando a Deus, porque Moody nos exortava a esperar até que recebêssemos a bênção. Quantos homens e mulheres não tenho eu conhecido, cujas vidas e caráter foram transformados por aquelas noites de oração, e quantos têm conseguido grandes coisas, em muitas terras, como resultado daquelas horas gastas em súplicas a Deus!
>
> Até o dia da minha morte não poderei esquecer-me de 8 de julho de 1894. Era o último dia da Assembléia dos Estudantes de Northfield... Às 15 horas reunimo-nos em frente à casa da progenitora de Moody... Havia quatrocentas e cinqüenta e seis pessoas em nossa companhia... Depois de andarmos alguns minutos, Moody achou que podíamos parar. Nós nos senta-

mos nos troncos de árvores caídas, em pedras, ou no chão. Moody então franqueou a palavra, dando licença para qualquer estudante expressar-se. Uns setenta e cinco deles, um após outro, levantaram-se, dizendo: "Eu não pude esperar até as 15 horas, mas tenho estado sozinho com Deus desde o culto de manhã e creio que posso dizer que recebi o batismo com o Espírito Santo". Ouvindo o testemunho desses jovens, Moody sugeriu o seguinte: "Moços, por que não podemos nos ajoelhar aqui, agora, e pedir que Deus manifeste em nós o poder do seu Espírito de um modo especial, como fez aos apóstolos no dia de Pentecostes?" E ali na montanha oramos. Na subida, tínhamos notado como se iam acumulando nuvens pesadas. No momento em que começamos a orar, principiou a chuva a cair sobre os grandes pinheiros e sobre nós. Porém, houve uma outra qualidade de nuvem que havia dez dias estava se acumulando sobre a cidade de Northfield — uma nuvem cheia da misericórdia, da graça e do poder divino, de sorte que naquela hora parecia que nossas orações bombardeavam essas nuvens, fazendo descer sobre nós, em grande poder, a virtude do Espírito Santo. Homens e mulheres, eis o que todos nós carecemos — o batismo com o Espírito Santo!

As anotações de R. A. Torrey também dão conta de como Moody era mesmo um estudante incansável:

Todos os dias da sua vida, até o fim, segundo creio, ele se levantava muito cedo de manhã para meditar na Palavra de Deus. Costumava deixar sua cama às 4 horas da madrugada, mais ou menos, para estudar a Bíblia. Um dia ele me disse: "Para estudar, preciso me levantar antes que as outras pessoas acordem". Ele se fechava num quarto afastado do resto da família, sozinho com a sua Bíblia e com o seu Deus.

Pode-se *falar* em poder, porém, ai do homem que negligenciar o único Livro dado por Deus, que serve de instrumento por meio do qual Ele dá e exerce seu poder. Um homem pode ler inúmeros livros e assistir a grandes convenções; pode promover reuniões de oração que durem noites inteiras, suplicando o poder do Espírito Santo, mas se tal homem não permanecer em contato íntimo e constante com o único Livro, a Bíblia, não lhe será concedido o poder. Se já tem alguma força, não conseguirá mantê-la, senão pelo estudo diário, sério e intenso desse Livro.

Tudo no mundo tem de findar. Chegou o tempo também para D. L. Moody findar o seu ministério aqui na terra. Em 16 de novembro de 1899, no meio de sua campanha em Kansas City, com auditórios de 15 mil pessoas, pregou seu último sermão. É provável que soubesse que seria o último: certo é que seu apelo era ungido com poder vindo do alto, e centenas de almas foram ganhas para Cristo.

Para a nação, a sexta-feira, 22 de dezembro de 1899, foi o dia mais curto do ano, mas para D. L. Moody foi o dia que clareou, foi o começo do dia que nunca findará. Às 6 horas da manhã dormiu um ligeiro sono. Então os seus queridos ouviram-no dizer em voz clara: "Se isto é a morte, não há nenhum vale. Isto é glorioso. Entrei pelas portas e vi as crianças! [Dois de seus netos já falecidos.] A terra recua; o céu se abre perante mim. Deus está me chamando!" Então virou-se para a sua esposa, a quem ele queria mais do que a todas as pessoas, depois de Cristo, e disse: "Tu tens sido para mim uma boa esposa".

No singelo culto fúnebre, Torrey, Scofield, Sankey e outros falaram à grande multidão comovida. Depois o ataúde foi levado pelos alunos da Escola Bíblica Monte Hermom a um lugar alto que ficava próximo, chamado Round Top. Três anos depois, a fiel serva de Deus, Ema Moody, sua esposa, também dormiu em Cristo e foi enterrada ao lado do marido, no mesmo alto, onde permanecerão até o glorioso dia da ressurreição.

Contemplemos de novo, por um momento, a vida extraordinária desse grande ganhador de almas. Quando o jovem Moody chorava sob o poder do alto na pregação do jovem Spurgeon, foi inspirado a exclamar: "Se Deus pode usar Spurgeon, Ele me pode usar também".

A biografia de Moody é a história de como ele vivia completamente submisso a Deus, para esse fim. R. A. Torrey disse: "O primeiro fator por cujo motivo Moody foi instrumento tão útil nas mãos de Deus é que ele era um homem inteiramente submisso à vontade divina. Cada grama daquele corpo de 127 quilos pertencia ao Senhor; tudo o que ele era e tudo o que tinha pertencia inteiramente a Deus... Se nós, tu e eu, leitor, queremos ser usados por Deus, temos de nos submeter a Ele absolutamente e sem reservas".

Leitor, resolve agora, com a mesma determinação e pelo auxílio divino: "Se Deus podia usar Dwight Lyman Moody, Ele me pode usar também!"

Que assim seja! Amém!

Jônatas Goforth

"Por meu Espírito"
(1859 — 1936)

Certo dia, no ano de 1900, em Changté, no interior da China, passou um correio galopando à doida. Levava um despacho da imperatriz para o governador, ordenando que tomasse medidas para exterminar imediatamente todos os estrangeiros. Na horrenda carnificina que se seguiu, Jônatas Goforth, com sua esposa e filhinhos, foram cercados por milhares de boxers, determinados a tirar-lhes a vida.

O pai da família, ao cair no chão com uma tremenda pancada que quase lhe partiu o crânio, ouviu uma voz dizer-lhe: "Não temas! Teus irmãos estão orando por ti". Antes de ficar inconsciente, viu chegar a galope um cavalo que ameaçava atropelá-lo. Ao voltar a si, percebeu que o cavalo caíra ao seu lado, esperneando de tal maneira que os seus atacantes foram obrigados a desistir do propósito de matá-lo. Assim, ele reconheceu que a mão de Deus o guardava maravilhosa e constantemente durante o tempo do morticínio dos boxers, no qual centenas de crentes foram mortos. Jônatas Goforth e sua família foram salvos de inumeráveis situações angustiosas entre o povo amotinado, até que, por fim, vinte dias depois, chegaram ao litoral do país.

Rosalind e Jônatas Goforth tinham as suas vidas escondidas com Cristo em Deus. Eis como viviam, nas suas próprias palavras: "Não é somente tolice aceitar para nós mesmos a glória que pertence a Deus, mas é grave pecado, porque o Senhor diz: 'A minha glória a outrem não darei'".

Quando ainda jovem, Jônatas Goforth adotou as palavras de Zacarias 4.6 como lema da sua vida: "Não por força nem por violência, mas pelo meu espírito, diz o Senhor dos Exércitos".

Alguém que o conhecia intimamente escreveu:

Antes de tudo, Jônatas Goforth era um ganhador de almas. Foi por essa razão que se tornou missionário no estrangeiro; não havia outro interesse, outra atividade, outro ministério que o atraísse. Com o fogo do amor de Deus no coração, ele manifestava um entusiasmo irresistível e uma energia incansável. Nada podia impedir seus esforços dinâmicos na obra, para a qual Deus o chamara. Era assim tanto aos 77 anos como quando tinha 57. Com a perda da vista durante os últimos três anos da sua vida, não diminuíram seus esforços — parece até que aumentaram.

Revela-se, nas suas próprias palavras, como foram lançados os alicerces da sua vida constantemente esforçada no serviço do Senhor:

Minha mãe, quando eu e meus irmãos éramos ainda crianças, com desvelo incessante, nos ensinava as Escrituras e orava conosco. Uma coisa que teve grande influência sobre a minha vida foi o fato de minha mãe me pedir que lesse os salmos para ela em voz alta. Tinha apenas 5 anos quando comecei a fazer esse exercício, e achei a leitura fácil. Com a continuação, adquiri o costume de decorar as Escrituras, coisa que continuei a fazer com grande proveito.

Todos podemos testificar que é fácil fazer com que a leitura das Escrituras e a oração cheguem a uma monótona formalidade. Mas, ao contrário, o semblante de Jônatas Goforth se iluminava com o reflexo da glória das Escrituras que recebia na alma. Depois da sua morte, uma criada católica romana declarou: "Quando o senhor Goforth se hospedava na casa onde trabalho, eu mirava seu rosto e dizia a mim mesma: 'O rosto de Deus pode ser assim!'"

Acerca da conversão de seu pai, Jônatas escreveu:

> No tempo da minha conversão, morava com meu irmão Guilherme. Certa vez, nossos pais nos visitaram, passando conosco mais ou menos um mês. Fazia tempo que o Senhor me dirigira a fazer culto doméstico. Assim, certo dia, anunciei: "Faremos o culto doméstico de hoje e peço que todos se reúnam depois do jantar". Esperava que meu pai se manifestasse contrariamente, porque em casa não costumávamos dar graças antes das refeições, quanto mais fazer culto doméstico! Li um capítulo de Isaías e, depois de falar algumas palavras, oramos juntos, de joelhos. Continuamos a realizar os cultos domésticos durante o tempo que eu estava em casa. Depois de alguns meses meu pai foi salvo.

O jovem Goforth, no tempo de estudante no ginásio, visava ser advogado, até que, certo dia, leu a inspiradora biografia do pregador Roberto McCheyne. Não somente se desvaneceram para sempre todas as suas visões de ambição, mas ele dedicou, também, a sua própria vida a levar almas ao Salvador. Nesse tempo, "devorou" os livros: *Os Discursos de Spurgeon*; *Os Melhores Sermões de Spurgeon*; *Graça Abundante* (Bunyan); e *O Descanso dos Santos* (Baxter). A Bíblia, contudo, era o seu livro predileto, e costumava levantar-se duas horas mais cedo para estudar as Escrituras, antes de se ocupar em qualquer outro serviço do dia.

Acerca da sua chamada, nesse tempo, ele escreveu:

> Apesar de sentir-me dirigido ao ministério da Palavra, recusava terminantemente ser missionário no estrangeiro. Mas um colega me convidou a assistir à reunião de um missionário, que fez o seguinte apelo: "Faz dois anos que passo de cidade em cidade contando a situação de Formosa e

rogando que algum jovem se ofereça para me auxiliar. Mas parece que não consegui transmitir com êxito a visão a nenhum. Volto, então, sozinho. Dentro de pouco tempo meus ossos estarão embranquecendo na encosta dum morro em Formosa. Quebranta-me o coração saber que nenhum moço se sente dirigido a continuar o trabalho que iniciei".

Ao ouvir essas palavras, senti-me vencido pela vergonha. Se o chão tivesse me engolido, teria sido um alívio. Eu, comprado com o precioso sangue de Cristo, ousava planejar a minha vida como eu mesmo queria. Ouvi a voz do Senhor dizer: "A quem enviarei, e quem há de ir por nós?" E respondi: "Eis-me aqui, envia-me a mim!" Desde então sou missionário. Lia avidamente tudo o que podia achar acerca de missões no estrangeiro e me esforçava por transmitir aos outros a visão que eu alcançara — a visão dos milhões da terra sem oportunidade de ouvir um pregador.

Por fim chegou o tempo de iniciar seus estudos em Toronto. O primeiro domingo ele o passou trabalhando entre os prisioneiros da prisão Don, um costume que preservou durante todos os anos de estudos nessa cidade. Durante a semana, dedicava muito tempo a andar de casa em casa ganhando almas para Cristo. Quando o diretor do colégio onde estudava perguntou-lhe quantas casas visitara durante os meses de junho a agosto, ele respondeu: "Novecentas e sessenta".

Foi nesse tempo dos estudos que Jônatas Goforth se casou com Rosalind Bell-Smith. Acerca do encontro de ambos ela escreveu:

Comecei, aos 20 anos de idade, a orar pedindo que, se o Senhor desejasse que eu me casasse, Ele me dirigisse um moço inteiramente dedicado a Ele e ao seu serviço... Certo domingo, achei-me em uma reunião de obreiros da Toronto Mission Union. Um pouco antes de começar a reunião, alguém à porta chamou Jônatas Goforth. Ele, ao levantar-se para ir lá fora, deixou a Bíblia na cadeira. Então eu fiz uma coisa que nunca pude explicar, nem para ela achei desculpas. Senti-me impelida a ir à cadeira dele, apanhei a Bíblia e voltei à minha cadeira. Ao folhear rapidamente o livro, achei-o quase gasto pelo uso, e marcado de capa a capa. Fechei-o e, sem demora, coloquei-o de novo na cadeira. Tudo isso aconteceu em um intervalo de poucos segundos. Ali, sentada no culto, eu disse a mim mesma: "Esse é o moço com quem seria bom que eu me casasse".

No mesmo dia fui apontada, juntamente com outras pessoas, para abrir um ponto de pregação em outra parte de Toronto. Jônatas Goforth estava também entre o grupo. Durante as semanas que se seguiram, eu tive muitas oportunidades de ver a verdadeira grandeza da alma desse homem, a qual nem seu exterior desprezível podia esconder. Assim, quando ele me perguntou: "Queres unir a tua vida à minha para irmos à China?" Sem vacilar um só momento, respondi: "Quero!" Mas, alguns dias depois, foi grande a minha surpresa quando ele me perguntou: "Prometes nunca me impedir de colocar o Senhor e a sua obra em primeiro lugar, mesmo antes de ti?" Era essa mesma qualidade de moço que eu pedira, em oração, para que Deus mo desse como marido. Então firmemente respondi: "Prometo fazê-lo sempre!" Oh! Como fora benigno o Mestre ao esconder-me o que essa promessa significava!

Poucos dias depois de eu haver prometido o que me pediu, veio a primeira prova. Eu sonhava, como mulher que era, com o bonito anel de casamento que ia receber. Foi então que Jônatas me disse: "Não te importas se eu te não comprar uma aliança?" A seguir explicou, com grande entusiasmo, como se esforçava na distribuição de livros e folhetos sobre o trabalho na China. Queria economizar o mais possível para essa importante obra. Ao ouvi-lo, e depois de contemplar a luz no seu rosto, as visões de uma aliança bonita se desvaneceram. Era a minha primeira lição sobre os verdadeiros valores!

Em 19 de janeiro de 1888, centenas de crentes se reuniram na estação em Toronto para se despedir do casal Goforth, que ia trabalhar na obra de Deus na China. Antes de sair o trem, todos baixaram a cabeça em oração e, ao partir, a grande multidão cantava: *Avante, soldados de Cristo!* E, uma vez fora da estação, os dois no trem rogaram a Deus que os guardasse para viverem eternamente dignos da grande confiança que esses irmãos haviam depositado neles.

Não muito depois de chegarem à China, Hudson Taylor lhes escreveu: "Faz dez anos que a nossa missão se esforça para entrar no sul da província e somente agora é que o conseguimos..." Se a Missão do Interior da China, com missionários e auxiliares experientes na língua e nos costumes do povo, sofre fracasso durante dez anos nessa província, como podia entrar ele, jovem inexperiente e sem conhecer a língua?! As palavras de Hudson Taylor — "avançar de joelhos" — tornaram-se o lema da missão de Goforth para entrar no norte de Honã.

Jônatas Goforth levou mais tempo para aprender a língua do que um companheiro seu que chegou um ano depois dele. Certo dia, ao sair para pregar, ele, em grande desespero, disse à sua esposa: "Se o Senhor não operar um milagre para eu aprender essa língua, serei um grande fracasso como missionário!" Duas horas depois, voltou, dizendo: "Oh! Rosa! Que maravilha! Ao começar a pregar, as palavras e as frases tornaram-se tão fáceis que o povo me compreendeu bem".

Dois meses depois, receberam uma carta dos estudantes no colégio Knox, em Toronto, contando como, em certo dia e a certa hora, eles se reuniram para orar pelo casal — "somente pelos Goforth" — e ficaram convencidos de que haviam sido abençoados por Deus porque sentiram muito a presença e o poder de Deus na oração. Goforth, ao abrir seu diário, descobriu que foi no mesmo dia e hora que Deus lhe deu a habilidade de falar fluentemente. Alguns anos depois, certo patrício seu que falava bem o chinês, disse-lhe acerca do seu estilo de falar: "Compreende-se a fala do senhor sobre uma área maior do que de qualquer outra pessoa que conheço".

Um missionário veterano assim aconselhou a Goforth: "Os chineses têm tantos preconceitos contra o nome de Jesus, que você deve esforçar-se para demolir os deuses falsos e só depois mencionar o nome de Jesus, se houver oportunidade". Ao contar isso à sua esposa, Goforth exclamou indignado: "Nunca! Nunca! Nunca!" Em nenhum tempo ele se levantou para pregar sem a Bíblia aberta na mão.

Quando, alguns anos depois, os missionários novatos lhe perguntaram o segredo do fruto extraordinário do seu ministério, ele respondeu:

> Deixo Deus falar às almas dos ouvintes por intermédio da sua própria Palavra. Meu único segredo para tocar no coração dos mais vis pecadores é mostrar-lhes as suas necessidades e pregar-lhes o Salvador poderoso para os salvar... Esse era o segredo de Lutero, era o segredo de João Wesley e ninguém se aproveitou mais dele do que D. L. Moody.

Para manejar a "Espada do Espírito" com grande execução, Goforth a "afiava", estudando-a diariamente, sem falhar. Em vez de falar contra os ídolos, ele exaltava a Cristo crucificado. Isso atraía os pecadores a deixarem as suas vaidades.

Em 1896, ele escreveu:

> Depois de chegar a Changté, há cinco meses, o poder do Espírito Santo se manifesta quase diariamente para nos alegrar. Durante esses meses, um total de mais de 25 mil homens e mulheres nos visitaram em casa, e todos ouviram a pregação do Evangelho. Pregamos, em média, oito horas por dia. Há, às vezes, mais de cinqüenta mulheres de uma vez no terraço. [Ele pregava aos homens, enquanto a sua esposa pregava às mulheres.] Quase todas as vezes que apresentamos Cristo como Redentor e Salvador, o Espírito Santo salva alguém e, às vezes, dez a vinte pessoas.

Contudo, não se deve pensar que esses missionários escaparam de grandes tribulações. Não muito depois de chegarem à China, um incêndio destruiu todas as suas possessões terrestres. O calor do verão era tão intenso que sua primogênita, Gertrude, faleceu, sendo necessário levar o cadáver a uma distância de setenta e cinco quilômetros a um lugar onde se permitia enterrar os estrangeiros. Quando faleceu outro filhinho, Donald, foi necessário fazer de novo a mesma longa viagem com os restos mortais. Depois de passarem doze anos na China, as águas de uma enchente subiram à altura de dois metros dentro da casa e eles novamente perderam tudo quanto tinham.

No ano 1900, logo após outra filha, Florença, morrer de meningite, veio a insurreição dos boxers, acerca da qual já nos referimos. No levante dos boxers, muitas centenas de missionários e crentes foram brutalmente mortos. Só a mão de Deus os guiou e os sustentou na fuga de Changté, já que foi preciso enfrentar uma viagem de 1.500 quilômetros, em tempo de intenso calor e de doença em um dos quatro filhos.

Inúmeras vezes foram cercados pelas multidões que clamavam: "Matai-os! Matai-os!" Uma vez, a multidão enfurecida arremessou pedras tão grandes que quebraram a espinha dos cavalos que puxavam a carroça, mas todas as pessoas do grupo escaparam! Goforth levou vários golpes de espada, um dos quais atingiu o osso do braço esquerdo, quando o ergueu para defender a cabeça. Apesar de o grosso capacete que tinha na cabeça ficar quase inteiramente cortado em pedaços, ele conseguiu manter-se em pé, até que recebeu um golpe que, por pouco, não lhe partiu o crânio. Mas Deus não permitiu que a mão dos homens os destruíssem, porque ainda tinha uma grande obra para fazer na China por intermédio desses servos. Assim, sem poder cuidar das feridas e com as roupas ensangüentadas, o grupo enfrentava as multidões furiosas, dia após dia, até alcançar Xangai. De lá, a família embarcou em um navio para o Canadá.

Logo que diminuiu o perigo na China, os nossos incansáveis heróis estavam novamente ocupados no trabalho em Changté. A região foi dividida em três: a parte que caiu, em sorte, a Goforth foi o vasto território ao norte da cidade, com inúmeras vilas e povoados.

O plano de Goforth era alugar uma casa em um centro importante, passar um mês evangelizando e, depois, mudar-se para outro centro. Queria que a sua esposa pregasse no pátio da casa, de dia, enquanto ele e seus auxiliares pregavam nas ruas e nos povoados ao redor. À noite, faziam os cultos juntos, ela tocando o harmônio. No fim do mês, podiam deixar um dos auxiliares discipulando os novos convertidos, enquanto o grupo passava para outro centro. Acerca desse plano a esposa de Goforth escreveu:

De fato, o plano foi bem concebido, a não ser por uma coisa: não se lembrou dos filhos que perdemos... Lembrei-me de como os meninos com varíola, em Hopei, me cercaram quando segurava a criança no colo. Lembrei-me das quatro covas de nossos pequeninos, e endureci o coração, como pederneira, contra o plano. Como meu marido suplicava dia após dia! "Rosa, por certo o plano é de Deus, e receio o que possa acontecer aos filhos se desobedecermos. *O lugar mais seguro para ti e os filhos é no caminho da obediência.* Pensas em guardar os filhos seguros em casa, mas Deus pode mostrar-te que não podes. Contudo, Ele guardará os filhos se obedeceres, confiando nEle!"

Não muito depois, Wallace caiu doente de disenteria asiática e, por quinze dias, lutamos para salvar a criança. Meu marido me disse: "Oh! Rosa, cede a Deus, antes de perder tudo". Mas parecia-me que Jônatas era duro e cruel. Então nossa filha Constância caiu enferma da mesma doença. Deus revelou-se a mim como um Pai em quem eu podia confiar para conservar os meus filhos. Baixei a cabeça e disse: 'Ó Deus, é tarde demais para a Constância, mas confio em ti; guarda os meus filhos. Irei aonde quer que me mandes". Na tarde do dia em que a criança faleceu, mandei chamar a Sra. Wang, uma crente fervorosa e amada, e lhe disse: "Não posso contar-lhe tudo agora, mas estou resolvida a acompanhar meu marido nas viagens de evangelização. Quer ir comigo?" Com lágrimas nos olhos, ela respondeu: "Não posso, pois a menina pode adoecer sob tais condições". Não querendo insistir, pedi que ela orasse e me respondesse depois. No dia seguinte, ela voltou com os olhos cheios de lágrimas e, com um sorriso, disse: "Irei com vocês". (grifo do autor)

É coisa notável que não tenha falecido mais nenhum filho dos Goforth, na China, apesar dos muitos anos que passaram na vida nômade de evangelização. Goforth observou tão fielmente seu costume de levantar-se às 5 horas para oração e estudo das Escrituras, como quando estava em casa, em Chantgé. Geralmente, para o estudo, tinha de ficar em pé diante da janela, com as costas viradas para a família. Acerca da obra em Chantgé, são de Goforth estas palavras:

Nos primeiros anos de meu trabalho na China, contentava-me com a lembrança de que sempre há sementeira antes da colheita. Mas já eram passados mais de treze anos e a colheita parecia ainda distante. Tinha a certeza de que haveria uma coisa melhor para mim se eu tivesse a visão e a fé necessárias para adquiri-la. Estavam constantemente perante mim as palavras do Mestre em João 14.12: "Na verdade, na verdade vos digo que aquele que crê em mim também fará as obras que eu faço, e as fará maiores do que estas; porque eu vou para meu Pai". E sentia profundamente como, no meu ministério, faltavam as "maiores obras".

No ano de 1905, Jônatas Goforth leu na autobiografia de Carlos Finney que um lavrador podia, com muita razão, orar pedindo uma colheita material independentemente de se cumprirem as leis da natureza, assim como os crentes podem esperar uma grande colheita de almas sem se cumprirem as leis que governam a colheita espiritual. Resolveu então saber quais eram essas leis e decidiu-se a cumpri-las, a qualquer preço.

Fez um estudo a fundo e de joelhos, sobre o Espírito Santo, e escreveu as notas nas margens da sua Bíblia chinesa. Quando começou a ensinar essas lições aos crentes, houve grande quebrantamento, com confissão de pecados.

Foi na grande exposição idólatra de Hsun Hsien que Deus primeiramente mostrou seu grande poder no ministério de Goforth. Durante o sermão, um obreiro exclamou em voz baixa: "Esse povo está tão comovido, pela pregação, como a multidão no dia de Pentecostes, pelo sermão de Pedro". Na noite do mesmo dia, num salão alugado e que não comportava toda a grande multidão pagã que queria assistir, Goforth pregou sobre o texto: "Levando Ele em seu corpo os nossos pecados sobre o madeiro". Quase todos mostraram-se convictos do pecado e, quando o pregador fez o apelo, levantaram-se clamando: "Queremos seguir a esse Jesus que morreu por nós!" Um dos obreiros presentes assim expressou o que viu: "Irmão, aquele a quem oramos durante tanto tempo para que viesse, veio de fato esta noite". Nos dias que se seguiram, pecadores foram salvos em todos os pontos de pregação e em todos os cultos.

Acerca do avivamento que nesse tempo visitou a Coréia, um dos missionários escreveu sobre o que presenciou:

> Os missionários eram como os demais crentes: não havia alguém entre eles de talento extraordinário. Viviam e trabalhavam como quaisquer outros, a não ser nas orações... Nunca senti a presença divina como a senti nos seus rogos a Deus. Parecia que esses missionários nos levavam ao próprio trono no céu! Fiquei muito impressionado, também, ao ver como o avivamento era prático... Havia dezenas de milhares de homens e mulheres transformados completamente pelo fogo divino. Grandes templos, com assentos para 1.500 pessoas, ficavam superlotados; era necessário realizar um culto para os homens e, em seguida, outro para as mulheres, a fim de que todos pudessem assistir. Em todos ardia o desejo de espalhar as Boas Novas. Crianças se aproximavam das pessoas que passavam pelas ruas, rogando-lhes que aceitassem a Cristo por seu Salvador... A pobreza do povo da Coréia era conhecida em todo o mundo. Contudo, havia tanta liberalidade nas ofertas, que os missionários não queriam ensinar mais sobre o dever de contribuir. Havia grande dedica-

ção à Bíblia, quase todos levando um exemplar no bolso. E o maravilhoso espírito de oração permeava tudo.

Ao voltar da Coréia, Goforth foi chamado à Manchúria. Mais tarde, ele escreveu: "Quando iniciei a longa viagem, estava convicto de que eu tinha uma mensagem de Deus para entregar àquele povo. Mas não tinha idéia de como presidir a um avivamento. Sabia pronunciar um discurso e sabia levar o povo a orar, porém nada mais sabia do que isso..."

Goforth teve um grande desapontamento ao chegar à Manchúria: os crentes não oravam como lhe prometeram fazer e a igreja estava dividida! Depois do primeiro culto, ele, sozinho no seu quarto, caiu de joelhos em desespero. E Deus respondeu à sua insistência, enviando tão grande desejo de oração às igrejas e tão profunda contrição pelo pecado, que elas não somente foram purificadas de toda classe de pecado, inclusive dos mais horrendos crimes, mas os perdidos, em grande número, vinham e eram salvos.

A senha do avivamento do ano de 1859 foi: "Necessário vos é nascer de novo", e a de 1870: "Crê no Senhor Jesus!" Mas a meta de Goforth era: "Não por força, nem por violência, mas pelo meu Espírito" (Zc 4.6). Que o Espírito Santo operava em vários lugares na Manchúria, em resposta às orações insistentes e em face de embaraços de toda sorte, vê-se claramente no que ele escreveu acerca da obra na cidade de Newchang:

Ao subir ao púlpito, ajoelhei-me um momento, como de costume, para orar. Quando olhei para o auditório, pareceu-me que todos os homens, mulheres e crianças na igreja estivessem com dores de julgamento. As lágrimas corriam copiosamente, e houve confissão de toda espécie de pecado. Como se explica isso? A igreja era conhecida como igreja morta e sem mais esperança, contudo, antes de enunciar sequer uma palavra, sem mesmo cantar um hino ou orar, começou essa obra maravilhosa. Não há outra explicação: foi o Espírito de Deus que operou em resposta às orações das igrejas de Mukden, Liaoyang e de outros lugares na Manchúria, as quais haviam experimentado a mesma qualidade de avivamento e foram induzidas a interceder por sua pobre e necessitada igreja irmã.

Jônatas Goforth, quando foi à Manchúria, era quase desconhecido fora do pequeno círculo da sua denominação. Depois de algumas semanas, quando voltou, os olhos dos crentes de todo o mundo estavam fitos nele. Contudo, permaneceu o mesmo humilde servo de Deus, reconhecendo que a obra não era dele mas do Espírito de Deus.

Chansi é conhecida como "a província dos mártires". Certo chinês douto contou a Goforth como presenciara nessa província, durante a insurreição dos boxers, em 1900, de uma só vez, a morte de 59 missionários. Todos eles encararam o carrasco com a maior calma. Uma mocinha, de cabelos louros, perguntou ao governador: "Por que devemos morrer? Os nossos médicos não vieram de países remotos para dar suas vidas para servir ao seu povo? Muitos doentes sem esperança não foram curados? Diversos cegos não receberam a vista? É por causa do bem que fizemos que devemos morrer?" O governador baixou a cabeça e não respondeu. Mas um soldado pegou a mocinha pelos cabelos e, com um só golpe, decepou-lhe a cabeça. Um após outro foram mortos; todos morreram com um sorriso de paz. Esse mesmo chinês contou como viu, entre eles, uma senhora falando alegremente ao filhinho. Com um só golpe ela foi prostrada, mas a criança continuou a segurar-lhe a mão; logo a seguir outro golpe, e um pequeno cadáver jazia ao lado do cadáver da mãe.

Foi a essa mesma "província dos mártires" que Deus enviou seus servos, os Goforth, oito anos depois, e onde Jônatas presenciou o seguinte:

> Em Chuwahsien, não muito depois de começar a falar, vi muitos dos ouvintes baixarem a cabeça, convictos, enquanto as lágrimas corriam-lhes pelas faces. Depois do discurso, todos os que experimentaram orar estavam quebrantados. O avivamento, que começou assim, continuou durante quatro dias. Houve confissão de toda qualidade de pecados. O delegado regional se admirou grandemente ao ouvir confissões de homicídios, de roubos e de crimes de toda sorte — confissões que só conseguiria arrancar deles açoitando-os até quase os deixar mortos. Às vezes, depois de um culto de três horas, ou mais, o povo voltava à casa para continuar a orar. Mesmo em horas tardias da noite, havia pequenos grupos reunidos em vários lugares para orar até quase clarear o dia.

No colégio de moças, em Chuwu, na mesma "província dos mártires", "as alunas insistiram para que lhes concedessem tempo para jejuar e orar... No dia seguinte, quando se reuniram de manhã, para a oração, o Espírito caiu sobre elas e ficaram de joelhos até a tarde desse dia".

Das centenas de exemplos evidentes da operação poderosa do Espírito Santo nos corações, dentre muitos outros lugares, citaremos aqui apenas os seguintes:

Changté: Quase setecentas pessoas estiveram presentes pela manhã. Havia um ferver de homens se esforçando para ir à frente, de modo que Goforth só conseguiu pregar à tarde. O culto era contínuo, prolongava-se o dia inteiro, com intervalos para as refeições.

Kwangchow: A igreja, com assentos para 1.400 ouvintes, não comportava as multidões. O Espírito Santo veio com poder extraordinário. Havia, às vezes, centenas de pecadores contritos chorando... Dois endemoninhados foram libertos e se tornaram crentes fervorosos na obra de Deus. Em quatro anos o número dos salvos aumentou de 2 mil para 8 mil.

Shuntehfu: Inesperadamente, uma dúzia de homens começou a orar e a chorar... sem poder resistir ao poder do Espírito Santo... Velhos discípulos de Confúcio vinham à frente, quebrantados e humilhados, para confessar a Cristo como seu Senhor. Um total de quinhentos homens e mulheres foram salvos. Foi, talvez, a maior obra do Espírito Santo que eu tenha visto.

Nanquim: A assistência foi de mais de 1.500 pessoas. Centenas que também queriam entrar não puderam e voltaram à casa. O culto da manhã durou quatro horas. O resto do tempo foi dedicado à oração e confissão de pecados. A massa de pessoas que desejava chegar ao estrado para confessar seus pecados foi tão grande que se tornou necessário construir outra escada... Subi de novo ao estrado, às 3 horas da tarde, para iniciar o segundo culto. Centenas de pessoas, nesse momento, começaram a vir à frente, e por isso eu não pude pregar... Às 9 horas da noite, seis horas depois de iniciar o culto, fui obrigado a me retirar e embarcar para Pequim, onde os crentes me esperavam para outra série de cultos.

Shantung: O avivamento foi tão grande que cerca de 3 mil membros foram acrescentados à igreja em três anos.

Acerca dos cultos entre os soldados do general Feng, a esposa de Goforth escreveu:

> Desde o início, sentimos a presença de Deus. Duas vezes, todos os dias, Goforth tinha auditórios de cerca de 2 mil pessoas, principalmente oficiais, que se mostravam grandemente interessados... A três cultos, às esposas foi permitido assistirem, e Deus me deu poder para falar-lhes. Quase todas declararam-se prontas a seguir a Cristo. O general Feng, ao experimentar orar, ficou quebrantado... A seguir, outros oficiais, um após outro, começaram a clamar a Deus entre soluços e lágrimas.

Assim continuou a obra, ano após ano, geralmente com três cultos por dia, apesar de grandes obstáculos. No período da seca de 1920, 30 a 40 milhões dos habitantes ao redor encararam a morte pela fome. Em 1924, Goforth escreveu à sua esposa, forçada por doença a voltar ao Canadá: "Completo hoje 65 anos... Oh! Como cobiço, mais que qualquer avarento cobiça o ouro, vinte anos ainda para ganhar almas!"

Depois de completar 68 anos de idade, e sua esposa 62, idades em que a maioria dos homens se afasta do serviço ativo, os dois foram enviados para um campo inteiramente novo na Manchúria — dessa vez um campo distante, vasto e frio, que se estende até as fronteiras da Rússia e da Mongólia. Acerca da sua partida, Goforth escreveu:

> Certo dia, em fevereiro de 1926, minha esposa estava deitada esperando a chegada da assistência para levá-la ao Hospital Geral de Toronto. De repente, a campainha da porta e a do telefone tocaram simultaneamente. Pelo telefone, fomos avisados de que não haveria lugar no hospital antes de três dias. Na porta, recebemos um cabograma do general Feng, da China, rogando que eu fosse sem demora. Nesse momento, eu disse à minha esposa: "Que farei? Não posso deixar-te". (Todos pensávamos que ela não viveria muitos meses mais.) Minha esposa, depois de orar, disse: "Vou contigo". Os membros da junta estavam reunidos na ocasião; apresentei-lhes o cabograma do general Feng e concordaram que eu fosse. Mas quando os informaram de que minha esposa queria acompanhar-me, mostraram-se horrorizados, respondendo que ela morreria no caminho. Então eu lhes disse: "Os irmãos não conhe-

cem essa mulher como eu. Quando ela diz que vai, ela vai!" Assim concordaram em que ela fosse.

Durante muito tempo, avisados pelo cônsul do novo campo da Manchúria, viviam com as malas arrumadas a fim de partirem imediatamente no caso de haver um segundo levante dos boxers, como todos esperavam. Contudo, desde o início, Deus honrou o serviço desses servos, conforme se lê no que ele escreveu na avançada idade de 70 anos: "Realizavam-se três horas de pregação de manhã pelo grupo de missionários e quatro horas à tarde... Desde o primeiro dia houve conversões; às vezes doze em um só dia. Grande foi o nosso gozo ao vermos cerca de duzentas pessoas aceitarem a Cristo durante o mês de maio".

Havia muito tempo que diversos amigos insistiam em que ele escrevesse a história de como o Espírito Santo operava no seu ministério. Em tempo de intenso frio, viu-se obrigado a extrair os dentes. Durante quatro longos meses sofreu dores cruciantes nos maxilares, a ponto de não poder pregar. Foi nessa época que seu filho menor chegou do Canadá. Goforth, então, conseguiu ditar a matéria para o filho datilografar. Dessa forma foi impresso o livro *Por meu Espírito*, obra de grande circulação e influência.

Após quatro anos de serviço, foi-lhe necessário voltar ao Canadá por causa da vista de sua esposa. Foi durante esse tempo que Goforth também começou a perder a vista. Enquanto convalescia das operações mal-sucedidas para restaurar-lhe a visão de um olho, ele relatou, uma por uma, as histórias da obra na China, histórias que a sua enfermeira estenografou e que, agora, completam o famoso livro intitulado *Vidas Milagrosas da China*.

Em 1931, Goforth e sua esposa, ela com 67 anos e ele com 72, com os corações ardendo pelo desejo de ganhar almas, voltaram mais uma vez à obra na Manchúria. Quatrocentos e setenta e dois convertidos foram batizados em 1932. Um dia Goforth voltou de uma viagem evangelística e entrou em casa às apalpadelas. Depois de ficar um momento ao lado da sua esposa, ele lhe disse em voz baixa: "Receio que a retina do olho esquerdo tenha saído do lugar". E assim tinha acontecido. A perda completa da visão era para ele uma tristeza, uma tragédia, sentida por todos. Ao mesmo tempo, chegou-lhes uma carta informando-os de uma redução tão grande no que recebiam para o sustento dos missionários e nas despesas das viagens evangelísticas, que parecia impossível continuar a obra. Foi a maior crise de toda a vida de Jônatas Goforth. Contudo, sem vacilar, olhou para Deus. A própria cegueira parecia mais uma bênção do que uma aflição: os crentes mostravam-se mais ligados a ele do que antes. Vencendo o desânimo inevitável dos que perdem a vista, não cessou de pregar com a Bíblia que amava, aberta nas mãos. No ano de 1933, setecentos e setenta e oito convertidos foram batizados.

Por fim, os Goforth cederam ao apelo dos crentes do Canadá a que retornassem à terra natal para animar as igrejas no envio de mais missionários. Durante os preparativos para a viagem, souberam que novecentos e sessenta e seis convertidos foram batizados naquele ano, 1934.

O culto de despedida foi um dos mais comoventes em toda a história da obra missionária. O obreiro tão amado pelos crentes, agora, por causa da cegueira, não podia ver como tinham enfeitado o templo, mas eles bondosamente, e com prazer, lhe descreveram tudo acerca das muitas e lindas bandeiras de seda e veludo que cobriam inteiramente as quatro paredes do templo. Os pregadores que falaram o fizeram chorando. Um deles disse: "Agora Elias está para sair de nosso meio e cada um de nós deve tornar-se um Eliseu".

Na hora da despedida, havia uma multidão de crentes chorando na plataforma da estação. Goforth, sentado diante da janela do trem, com o rosto virado para aqueles crentes que tanto amava mas não podia ver, continuava a fazer-lhes sinais com a cabeça, de vez em quando, levantando os olhos para cima, indicando, assim, a bendita esperança de uma reunião no céu. Quando o trem partiu, os crentes, com os olhos cheios de lágrimas, tentaram acompanhá-lo, correndo paralelamente, a fim de conseguirem olhar mais uma vez para o rosto desses queridos missionários.

Durante dezoito meses Goforth pregou a grandes auditórios no Canadá e nos Estados Unidos. Dia após dia, esse veterano estava em pé diante desses auditórios, com a sua amada Bíblia aberta nas mãos. Abria o livro, aproximadamente, na página que desejava, e citava as passagens de cor, durante o sermão. Isso ele fazia com tanta prática, tendo os olhos abertos, que era difícil crer que as não lia como outrora.

O ponto principal de suas mensagens descobre-se nas palavras que ele disse certo dia à sua esposa:

Querida, acabo de fazer um cálculo mental que prova com certeza qual o *resultado de dar ao Evangelho a oportunidade de operar.* Se cada um dos missionários enviados à China tivesse levado tantas almas a Jesus como os seis missionários do nosso campo durante o ano de 1934 — o último ano que passamos na Manchúria —, isto é, 166 almas por cada missionário, o número de conversões na China teria alcançado a cifra de quase um milhão, em vez de apenas 38.724, isto é, teria sido vinte e cinco vezes maior! (Grifo do autor.)

Certo dia, quando tinha de pregar somente à noite, ele disse à sua esposa: "Em vez de sairmos de casa hoje, acho melhor participarmos de um banquete da Palavra. Lê para mim o precioso Evangelho de João". Ela leu dezesseis capítulos desse livro. "Percebia-se que era um verdadeiro banquete para ele, pela atenção que prestava à leitura de certas passagens". Antes de falecer, tinha lido a Bíblia, de capa a capa, mais de setenta e três vezes.

Na noite do dia 7 de outubro de 1936, Jônatas Goforth, depois de um discurso fervoroso e longo sobre o tema "Como o fogo do Espírito varreu a Coréia", deitou-se tarde para dormir. Às 7 horas da manhã seguinte, a sua esposa levantou-se e vestiu-se. Logo a seguir, verificou que foi mais ou menos no momento em que ela se levantou que ele, "dormindo aqui na terra, num instante, acordou na glória, *vendo de novo*". Poucos dias antes, ele tinha dito que se regozijava em saber que o primeiro rosto que ia ver seria o de seu Salvador.

Cinco anos e meio depois de Jônatas Goforth haver dormido no Senhor, Rosalind Goforth reuniu-se ao seu amado marido e companheiro de lutas. As últimas palavras que pronunciou foram estas: "O Rei me chama. Estou pronta".

Dela também pode-se dizer, como foi dito a respeito dele: "Entregava-se à oração e ao estudo da Palavra para saber a vontade de Deus. Foi esse amor pela leitura da Bíblia e a ininterrupta comunhão com

Deus que lhe deram o poder de comover auditórios e convencê-los do pecado e da necessidade do arrependimento. Em todas as ocasiões, ele dominava a sua própria pessoa e confiava inteiramente no poder do Espírito Santo para descobrir as coisas de Jesus aos ouvintes".

Que o mesmo brado de guerra seja sempre nosso: "Não por força, nem por violência, mas pelo meu Espírito" e "Mas recebereis poder ao descer sobre vós o Espírito Santo".